陈正雷 著

# 陈式太极拳全书

## 上卷

人民体育出版社

太极拳创始人
陈王廷像

陈氏十四世、太极拳宗师
陈长兴像

陈氏十七世、太极拳宗师
陈发科像

陈氏十八世、太极拳宗师
陈照丕像

陈氏十八世、太极拳宗师
陈照奎像

本书作者、陈式太极拳大师 陈正雷 近照

全家合影

1988年全家合影

全家合练陈式太极拳

陈正雷大师
演练陈式太极拳

应美国武术联合会邀请，
携夫人路丽丽赴美教学

在意大利传授陈式太极拳

参加韩国首尔举办的国际
武术活动

在香港普及陈式太极养生功

# 可贵的武术延伸
## （序 言）

十年前在正雷先生的《陈式太极拳养生功》一书出版时，我应邀为他写了篇序。当时我就国外学者提出的 21 世纪将是个保健世纪，说了点儿太极拳在新世纪对人类的保健养生大有裨益的见地。八年后，正雷先生又推出《陈式太极拳全书》的新著出版，我在热诚祝贺之余，说说正雷先生在漫长武术之旅中的新风姿。

正雷先生与新中国同龄，正处盛年。他童年虽生活坎坷，但在新社会的阳光雨露滋润下，茁壮地成长起来了。在陈家沟浓厚武术氛围的熏陶下，他自幼习练太极拳，历经磨炼，终于成为当代武林中的佼佼者，被人们誉为"太极金刚"。如果说八年前我还只是看到他在武术功力的造诣、武术教学的卓越，那么如今他却是以一种新的风姿进入我的视野。这就是他在武术之旅中，正精心打造一个从小武术走向大武术的壮美景观——从武术拳技延伸到武术文化、武术经济的立体雕塑。这种延伸十分宝贵，十分可取，是武术事业发展的必由之路。

具有五千年历史的泱泱大国，中华文明源远流长不断延伸，对人类文明做出了突出贡献。马克思曾指出："火药、指南针、印刷术——这是预告资产阶级社会到来的三大发明。"提出"知识就是力量"的英国哲学家培根说中国的三大发明"改变了整个世界许多事物的面貌和状态"。武术是中华文明的一个小分支。虽然还没有看到它延伸到世界的最早记载，但是"功夫"一词早在一百余年前就被法国传教士带回欧洲了。上个世纪风靡的李小龙功夫影片，使"功夫"成为世界上一个新的流行词。武术在向世界延伸，特别是从上个世纪 80 年代起武术的延伸席卷全球，至今已有一百多个国家和地区武术组织加入了国际武术联合会。武术奔向奥运会的号角已经吹响。

正雷先生多年来专心致志于陈式太极拳在国内外的延伸，可谓硕果累累。在国内，他的学生遍于各地，在国外，他已在 30 多个国家留下了传授足迹。如果说在国内和世界传播太极拳还只是横向发展的话，那么把太极拳往纵向发展延伸到文化和经济领域，那就十分可贵了。武术从中国走向世界是一个飞跃，从小武术走向大武术又是一个飞跃。近年来这两个飞跃已经有很可喜的发展。武术文化方面探讨研究武术拳法拳理、武术哲学、武术伦理、武术美学、武术小说、武术诗歌、武术戏剧、武术影视、武术舞蹈、武术医学等的氛围日益浓厚，出现了一批优秀作品。武术经济方面也涌现了不少企业和经济实体。正雷先生这些年不仅奋力写就了多本太极拳著作，而且还以弘扬太极文化为宗旨成立了太极文化有限公司。他矢志"用现代经济的手段来发展太极拳""形成巨大的太极拳市场，从而带动太极拳产业的形成"。正雷先生的从小武术向大武术发展的秀丽蓝图的确引人入胜。我衷心祝愿他的太极之旅一路顺风，多姿多彩。

原国家体委副主任、中国武术协会主席、中国武术院院长　徐　才

二〇〇六五月于北京

# 认 识 创 新　　尊 重 创 新

## ——序《陈式太极拳全书》

### 康戈武

　　人民体育出版社即将出版陈正雷先生集成的《陈式太极拳全书》。作者的这部花甲宏著，是一部难得的全面之作、真切之作、发悟之作。说此书全面，是基于此书通过辑入作者自幼随伯父照丕、堂叔父照奎习得的祖传太极拳艺，录入作者在故乡收集的太极拳拳谱、拳论和拳家故事、轶闻，编入作者在研习太极拳、传播太极拳的基础上不断有所发现、有所感悟而新撰的拳论以及新编的功法和拳架，系统地展现了陈式太极拳的理论和技术体系。说此书真切，是基于此书作者既有着生长于太极拳发源地，生活于世传太极拳的家族氛围这一先天条件；又有着以习拳究理为好，以传播拳艺为务，视以武会友为乐的后天追求；给人以言出有据、招法可验、练之有效的真切感。说此书有"发悟"之用，是基于书中的"辑入"和"录入"，体现着"继承"对于延续武术发展发挥的传承作用；书中的"新撰"和"新编"，体现着"创新"对于丰富武术内容发挥的充实和完善作用。启示人们为了弘扬武术，既要致力于继承，又要努力去创新，以继承和创新的统一，推动武术的科学发展。

　　中国武术的发展，始终是沿着继承与创新统一的途径前进的。然而，在言谈文论中往往是强调"继承"有余、述及"创新"不足。因此，笔者沿着上述"发悟"，以《认识创新　尊重创新》为题，完成这篇序言。

　　中华武术因继承而源远流长，留下了悠久的历史；因创新而生机勃勃，逐步形成了博大精深的体系。在这里，继承的主体是武术的本质和构成武术的要素——攻防动作（运动素材）、对应合一技法（理论核心）。创新的方式是在一定价值取向下对构成要素进行重新整合，形成新的锻炼方法。

　　换言之，继承是过去的延续，两者间画的是等号。创新是对过去的突破，两者间画的是加号。"等号"将一代代继承人连缀成环环相扣的传承链，把构成武术的要素，传承至今。"加号"将一位位创新者不断整合武术要素形成的锻炼方法累积起来，逐步汇集成了功法运动、格斗运动、套路运动三类锻炼方法，以及以"源流有序，拳理明晰，特点突出，自成体系"为标准的一百多个拳种。

　　如果将武术锻炼方法的创新过程，比喻为诗词歌赋的创作过程，那么，一个个攻防动作就像是一个个文字，对应合一技法就像是文理，在表述一定对象的要求（价值取向）下，就能因应不同的表述对象，将同样的文字、文理整合出一篇篇不同样的诗词歌赋。如果将此比喻为音乐曲谱的创作过程，那么，一个个攻防动作就像是一个个间符，对应合一技法就像是乐律，在表述一定对象的要求（价值取向）下，就能因应不同的表述对象，将同样的音符、乐律整合出一首首不同样的音乐曲谱。诗词歌赋和音乐曲谱的整合成果，被称为"创作"，冠以创作者的名姓，载入文献，录入史册，享受着国家明文规定的"著作权"。然而，历代武人的"整合"成果，却往往被"越古越老越是真传""言祖不言师"，甚至是毫无依据的神传仙授之类言论掩没。"创新"成果得不到正视，导致"创新"精神得不到发扬甚至被扼杀。

　　笔者的上述比喻，或许不够贴切。只是想借助这种比较，直观认识"创新"的含义。这不仅仅是为了让为武术发展做出过创造性贡献的历代武人得到与文人、乐人同样的历史待遇，还在于记住一代代武人的创新业绩，才能理清武术技术演进的脉络和发展规律；记住各拳种流派的"源"起人及创"流"人的贡献，才能辨明这些拳种和流派兴起的成因；才能在尊重创新精神、尊重创新成果、尊重创新人物的同时，把尊师重道或重道尊师的武德传统落到实处并发扬光大。这是我——一个武坛后生、后学，对"创新"二字的认识，也是我对武术前辈的敬仰之心。

　　继承，在继承的基础上创新，是推动武术发展的基本方法，也是武术发展的基本规律。陈正雷先生这部《陈式太极拳全书》，汇集了他的继承成果和在继承基础上的创新成果，必将为推动太极拳的发展发挥积极作用。谨以此序向正雷先生表示祝贺和敬意。

二〇〇九年四月九日

# 武 文 兼 备 古 来 稀

## ——太极大师陈正雷印象（代序）

  早就听说陈正雷大师的著作《陈式太极拳全书》将由国家级的人民体育出版社出版了。我作为大师的崇拜者和好朋友，内心深感自豪，充满欢愉，也一直在盼着能早点读到这部巨著。不料却突然接到陈大师的电话，说是要我给他的书写点东西，我当时一下子就懵了！

  沉吟几天之后，又突然有所体悟，让我来做这件事情，这应当是大师用自我品格教人化人的巧妙方式吧：其一，是真名士自本色，大师不需拿名人装点自己；其二，爱好太极拳是不是深入研究太极拳，对大师来讲是能不能成为知心朋友的衡量标准之一；其三，从研究太极拳到能写出一点东西来，不仅是一种由实践到理论的自觉升华，更应当是从一般爱好到执著追求的境界跨越。太极拳从本质上讲是一门艺术，是传统审美文化的具象，所有热爱太极拳事业和愿意弘扬中华文化的同仁都必须自觉自愿深入进去求本质，提出具有一定深度的见解；其四，作为太极拳的一员，对老师了解最为直接，评价不会失真，臧否纯出自然，深入且全方位地品读老师，既是分内应做的事情，又能系统地接受老师的熏陶，可以说是一次难得的洗礼！

  爱好太极拳的人都知道，陈正雷大师厚重如山，他的底蕴一般人难以说透万一；陈正雷大师浩渺如水，他的内涵没有深入接触的人难以准确描摹"一斑"。此时我真正感觉到自己知识的贫乏甚至无知。然而，大师把厚爱寄予我们，用特殊的方式来激励我们，我怎能因为怕丢面子而默然向隅呢?我于是大着胆子，写成了这篇文字。

  先谈谈陈正雷这个人吧。

  我认识陈正雷大师已有二十多年。不管是他的拳界弟子，还是他的各界朋友，普遍对他的评价是为人善良，俭朴谦虚，循规处世，侠义交友，气韵沉雄，思维独到，才气飞扬。他虽心志很高，但却宽厚雍容，甚至于显得逆来顺受，这是他少年时代艰难生活历练的结果。他具有一定的国学基础，又在不同国度能够直接交流应对，是他勤奋聪颖、孜孜不倦的写照。他涉猎广泛，视野开阔，心胸豁达，是他为弘扬太极文化奔走世界的必然。他把太极拳人生化，把太极人生社

1

会化，把太极文化世界化，把太极拳事业推向了一个新的境界。不论从个人人生价值、人生理想的实现，还是对民族文化、人类健康的贡献方面来衡量，陈正雷作为一代宗师，都是值得我们钦佩并为之骄傲的。

年少时的陈正雷是困苦多艰的。幼小丧父使他犹如夜半置身旷野，茕茕独立，形影相吊，一任风吹雨打，听凭饥寒交迫，无助地彷徨着。很小就与大娘相依为命，而娘亲时常发作的怪病，让他孤苦之外又背负上沉重的负担——思想方面的恐惧、精神方面的困惑、生活技能方面的无知。饥一顿饱一顿地强撑着，愁一阵哀一阵地苦熬着，艰难于竭蹶之中，存聊于卒岁之想，"欲上太行雪漫天，欲下黄河冰塞川"。孤独与困苦的生活打造了他独立拼搏的个性，无助与哀愁磨炼出他坚韧不拔的毅力。幸运的是他赶上了和平年代，百废待兴的国家尽最大努力给予适龄儿童上学读书的机会。他尽可能地把注意力投入到读书当中，用汲取知识的满足来淡化生活的困窘。他生长的村庄虽然偏远，但这里诗书传家的风气却久远，这也就使他比别的地方的孩子更有条件接触到经史子集、唐诗宋词、小说戏曲等传统文化典籍。凡是能找到的书他都读，凡是能借来的书他决不放过。透风的矮草房，昏暗的煤油灯，秋冬借草垛避风，酷暑找河边大树纳凉。躲到人群外，沉浸书海中，忘了饥饿，疏远了天真烂漫的童年游戏，避开集市庙会煎果烹鲜的诱惑。一个农家的孩子，一个困苦的少年，最聪明的办法就是让生活方面的缺失用知识的获得作为补偿。太极拳世家对后代的要求是严格的。8岁就开始学习太极拳的陈正雷，饿着肚子淌着虚汗练拳，穿着透出脚趾的棉鞋，腰里扎根草绳在寒风中坚持练拳，练出真本领、凭着家传真功闯天下混口饱饭吃的朴素生活观，支配着他从不懈怠地练拳。习文练武充斥着他的生活，也引领着他的生活，同时更是他活下去的寄托。小小年纪，瘦弱身躯，艰难困苦的砥砺和着吮吸知识的滋养，使他过早地成熟了。

青年时代的陈正雷是充实的。伊洛河绕黄河曲，两水交汇演太极。上苍偏爱中原大地，让黄河和洛水在邙山脚下相会，一清一浊，形成一个巨大的漩涡，酷似一幅太极阴阳图。据说，人皇始祖伏羲曾经坐在邙山上观河洛汇流，察日月交替，测寒暑循环，参悟阴阳变化的规律，描摹出太极运行图，编绘出了河图、洛书。河洛文化浸润出的中原汉子，北采太行凌霄的豪气，南挹黄河奔腾的率性，豪侠超迈，英雄辈出。被毛泽东誉为"多谋略，善权变，为魏国重臣"的司马懿，被苏轼赞为"文起八代之衰，而道济天下之溺"的韩愈，被西方称为"上帝赐予人类的骄子"的音律天才朱载堉等，都是这片土地养育出的英才。他们的英风在这里千年激荡，他们的精神熏陶着这里世世代代的民众。太极拳始祖最初也正是看中了这一片"上风上水"，才毅然决然地在这里扎根立业，并融合着地域文化创造出了太极拳。陈氏太极宗族世世研拳理，代代有才雄，孜孜不倦地交流完善，最终综合发展成影响深远的太极拳流派。陈式太极拳走出了山沟，进入了京城，扩散到了民间，在中华大地上逐渐焕发出异彩。多苦多难的陈正雷延续了这门子血脉，秉持着这一束香火，传承着历史的重任，肩负着民族的重托伴随着特殊的岁月挣扎着长大了，在这个家族的希望和呵护中成长起来了。一边是嗜书如命地学习着，一边因为天资聪颖、练拳不辍，被伯父陈照丕认定为太极拳嫡宗传人的可塑之才，寄予厚望。他武文兼顾、凌晨读书、深夜练武，只争朝夕迎春送秋。可叹的是，有一个时期还要偷着练拳；可惜的是，环境没给他继续读书的机会；可喜的是，太极拳一度成为他在县办企业当业务员时公关的"名片"；可贺的是，太极拳终于被认定为国粹。天道酬勤，多难砺志，他24岁参加比赛就夺得了全省冠军。中国走进新的历史发展阶段，陈正雷的事业也跨入了如花似锦的春天！

始终坚持奋斗的陈正雷大师是成功的。"艰难困苦，玉汝于成"。陈大师的成功是他精于内修和人格外化的必然结果。他把苦难看做人生的有机组成和正常现象，把不懈地追求既定目标看成一个人的必然行为，奋进的冲动使他不愿稍作停歇。他自觉地把个人奋斗的目标与社会发展的潮流合拍一致，把自我目标的实现与民族文化的要求联在一起，高格调看待社会，低色调展示自我，合规律设计人生，不求闻达于当世，只想无愧于先贤。罗曼·罗兰认为，一个人关键是要成为伟大，而不是要显得伟大。尽管他甚至刻意地默默无闻，现实却总让他闪亮登场，优秀的学习成绩把他推到了班主席的位置，"耍老虎"使他成为远村近乡姑娘们心中的偶像，改革开放使他一夜之间扬名海内外……这看似偶然的结果实在是他多年不懈追求的必然收获。我曾多次听陈正雷大师谈他对人生、对成功的思索，他很少谈自己有什么过人之处，不喜欢讲自己的荣耀历史，没说过自己给与过某某人什么恩惠、什么帮助，他总喜欢把自己的成就归功于时代创造的环境、单位鼎力的支持、同事经常的鼓励和朋友全力的配合，总是那么一往情深的忆念着在困难的时候帮助过自己的人，而且显得那样的历久弥新、那样地充满感激。这种施恩莫念、受恩不忘的传统美德，这种专注前行的精神境界，这种融己于众的行事方式，使他始终能够乐观地对待人生、善良地对待朋友、平等地相处师徒、宽厚地融洽家人、淡然地看待名利、积极地设计未来。这种修为必然使他的收获一个接着一个，朋友纷至沓来，事业的坦途越走越宽广，幸运之神也自然而然地偏爱于他！

追求成功的陈正雷大师是思考型的。爱因斯坦认为，"机遇偏爱有准备的头脑"，这话仿佛是专门说给陈正雷的。听他讲授太极拳，那是一种享受，那可以说是百科全书式的广征博引、妙趣横生。说到"立身中正"，他说中国字为什么美?就在于它的周正，讲究上下搭配按比例、左右支撑求适宜。太极拳特别讲究架势，不能像外国文字那样上下不相对，左右不相随。说到"金鸡独立"，他强调要造"势"——上边的手要有擎天之力，向上拔气冲霄汉；下面的手要有动地之气，看似虚按，实则是内气出于掌心，入于土壤，如船抛锚深潭中，上浮力与下坠力对拉形成动态中的沉稳；单立的腿，要像王羲之书法中"势"字下面的一撇，撑起上半部，稳住下半部，铁画银钩，出神有味；动要有趋势，定则显气势，整个动作要呈现出八面威风之势。说到单鞭，陈正雷强调要辩证把握开合呼应，开中有合，合中有开，上下开则左右合，左右开则上下合，中间一击首尾动，上下四旁扣如弓。联系到战场就是排兵布阵时的一字长蛇阵，打前有后援，击后有前应，攻打中间则前后呼应。直讲得徒弟们浮想联翩。谈到练太极拳的诀窍，他说只练不想叫傻练，又练又想叫会练，练加上想再加上悟叫巧练，又练又悟再加上创新，才会精练出功夫。比如"陈式太极拳精要十八式"，就不能简单地把它当成是化繁为简的精选，而是多年练拳教拳实践经验的浓缩，是学习太极拳入门的要术，是养生健体的便捷招式。把简单的拳理说得玄而又玄，那恰巧是理解得不透彻的表现，把前代人很复杂的拳论和我们演练的动作用简单几句大白话讲出来，让人一听就懂，这是一种水平，也是会运用辩证法的表现。由此再展开，他认为只会带着学生练习太极拳，那叫传授武艺，懂点太极拳的人都能做到，可称之为武师；把太极拳动作与太极拳理论结合起来，那才叫做教拳，这需要一定的水平，可称之为教师或者教练；把太极拳与中华文化结合起来，并把太极拳的内在精髓与中华文化的丰富内涵融合起来，引导人们练武的同时体味文化，自觉地用文化理论指导练拳，明拳理、释内蕴，探幽入微，悦人性情，这叫做把太极拳审美化，这是做大师应有的水平。他多年思考的、追求的，就是这种境界。论练拳他不认为自己是最好的，但不论是国内还是国外举办太极论坛或交流活动，都喜欢邀请他，也许跟他对太极拳理论研究比较深入并与传统文化结合得比较紧密有关吧。陈大师的善于思考还在于他用市场的理念推广太极拳和弘扬太极文化。他果敢地打破了历来讲究师门、派别不兼容的陋习，主张太极拳文化是民族性的，太极拳的研习是世界性的，强调陈、杨、武、吴、孙各个门派风格不同，但拳理相通、传承相应、彼此相容，实为一体，应取长补短，加强交流与合作。因此，凡是有大型活动，他都尽其所能地邀请五大门派参加，按岁齿排顺序，依主宾定座次，相亲相敬，其乐融融，从没有听他说过几大门派中间有任何龃龉。这不仅是一种气度，更是一种眼界，是与时俱进的文明作为。本着这样的宗旨，他支持家人开办陈家沟太极拳馆，各地连锁布点，徒弟派往四面八方，遵循的原则是保本运作为要，推广太极拳、增进人类健康第一，扩大太极拳影响为本，弘扬太极拳文化为目标。把太极拳与中华文化结合，把陈式太极拳的发展与其他门派的精要融合，把健体与修心融会。经过多年的运作，全世界练习太极拳的人数呈几何级数增长，他的徒弟各安其位，各扬所长，人人有险招绝技，个个怀兴业之志，形成了合理的太极拳推广梯队，营造了太极拳的世界性影响。朋友遍天下，品牌响四方。

勤于思考的陈正雷大师收获是丰厚的。我这里讲陈大师的收获主要是指精神层面。日本天皇的弟弟三笠宫殿下两次邀请他到日本皇宫做客，享受日本国民羡慕的特殊礼遇。波利尼亚总督派专机载着他俯瞰国土景色，美国前总统老布什专门致函对他表达谢意……所有这些决不是金钱能够衡量其价值的，这是民族的骄傲，是作为一个中国人的自豪，是一个多世纪以来中华仁人志士、民族精英孜孜以求的华夏自强梦的现实演示！我们只是在事后听一听陈正雷随意讲讲当时的情景，都感到热血沸腾，民族自尊心、自信心和民族自豪感顿时倍增。我们同样可以想象出陈正雷彼时彼地作为一个中国人所品味出的幸福感和满足感。这就是为什么不少国家愿意给他国籍，用优厚的国民待遇挽留他，但是他却始终能够秉持着传承太极拳的使命意识、萦绕着华夏"根"的情怀而不愿去国离乡的原因所在。陈大师出生于太极拳世家，自幼耳濡目染于家风族规，自然形成了平和内敛、不事张扬的性格，与他相处如沐春风，和他交谈如饮甘醪。他具有极强的亲和力和包容性，这自然使他广收人缘，走遍国内外主要城市，都有人高接远送、礼敬有加。一方面固然是他的拳术名动天下，更主要的是人们感觉到他的可亲可敬，感受到他的平等待人，感触到他的内在魅力，感召于他的品格修养。记得有一次酒席上他对徒弟们的融洽和谐关系表示欣慰，曾发表了如下感慨："文人相轻，自古而然，练武争胜，最为常见。如果文人不互相诋毁，而是多加讨论，文化的发展会更加繁荣先进，文化的成就会更加辉煌。如果练武之人摒弃门派之见，少些高下之争，武术的功法技巧将比武侠小说里面描写的更加深厚、更加莫测。所以，交往可以深化，交流能够提高，交融酿出精纯，交好维持长久，平和与人相处是做大做强事业的基本要求。'拳'字的含义是，手紧紧地攥在一起，内聚形成合力。人要成功，必须学会把各个方面的人团结在一起。人生能不能有所收获，就是要看你会不会识人、交人、处人、用人。'君子周而不比，小人比而不周'，希望你们能够谨记。"陈大师的这番话，就是要告诉徒弟，得人心孚人望是人生的真收获，是全方位的精神享受。

收获颇丰的陈正雷大师是永不满足的。"天行健，君子以自强不息"。至少在目前，他就计划着今后要抓紧办的三件大事：一是组织出版太极拳文化丛书。他认为太极拳作为中国武术的一个门派，已经有了世界性影响，但它作为中华文化的有机组成，体系还有待完善，国外只是认为它属于"功夫"。即使是在国内，也有不少人认为买一套光盘就可以学习太极拳，把掌握基本动作等同于学会了太极拳，根本不愿去研究形而上的规律性和其中饱含的文化精髓。这种片面性的思维不能任其滥觞。要从哲学的、文化学的、生理学的甚至是美学等的角度对太极拳进行全面的研究和阐释，引导人们自觉地从接受文化内蕴的高度来领略太极拳、感受太极拳。这就是他计划组织出版太极拳文化丛书的出发点。二是想筹建太极拳文化园。任何文化都有其产生的土壤。陈正雷说，谈到少林拳，人们首先联想到的就是少林寺。少林拳源于宗教活动，因寺而得名，借寺而兴盛，寺又借拳而扬名。加上这其中达摩十年面壁中间活络筋骨而创拳的渊源，佛教千年祖庭散播传承的"缘"，十三棍僧救唐王的历史内涵，电影《少林寺》的现代化品牌扩散，使少林拳宗教色彩淡去，实用色彩浓厚，直观通俗，归属明确，根深叶茂，因而少林拳几乎成了中国武术的代名词，少林寺也成了中华武术的地域标志。太极拳则不然，"太极"的概念是自然的人化，法演先天，化生为一。太极之先，天地根源。太极即天地也。拳冠以"太极"之名，内含天地造化之机，表现为人化的自然，道家文化的底蕴较为浓厚。作为太极拳发源地的陈家沟，地处偏僻，在当时的历史条件下，太极拳要扩散出去，是相当困难的。从理论本源上讲，太极拳演绎的是太极运行之理、阴阳呼应之机；从教习层面看，太极拳巧妙地借助了"太极"文化理念，启发人生感悟，激发弟子的兴趣，启迪练习者的心智；但从推广层面来说，太极拳属于风雅格调，贵族韵味较浓，需要具备一定的文化基础去演绎。因而一旦走出陈家沟，在更广大的地域传播，太极拳便自然而然地产生流变，被人为赋予特定的内涵，更多地融入了民俗化、大众化理念，逐渐演变并形成五大门派散处各地，套路动作风格各异，致使外界对太极拳的认知差别很大。多门派、多风格对太极拳的内在拓展和内涵丰富善莫大焉，但对太极拳的品牌形成和扩散却产生了一定的滞缓作用，长此演变下去，不利于太极拳的发展。所以陈正雷强调太极拳急需追根归宗，避免将来产生不必要的历史纠缠。这就需要国家的、地方的、社会的特别是太极拳界的共同努力，做好系统规划，规范动作程式，选准地点，尽早建设带有地域标志性质的太极拳文化园，挖掘太极拳文化内涵，宣扬太极拳的历史贡献，协力同心呵护太极拳这棵"大槐树"，让世界有宗可认，让历史有源可溯，让未来有根可寻。三是论证建立中国功夫大学。在国外，体育早已做成了大产业，跆拳道作为韩国的一项产业也走向世界多年。但在我们国家，武术作为产业才刚刚起步，太极拳还处于"货郎担"阶段，陈正雷一直为此焦急着。他的设想是，国家和地方应拨出专项资金予以支持，在河南建立中国功夫大学，集结主要拳种，股份制参与，设立多个学院，面向世界招生，打造中国武术文化中心基地，形成武术高级人才摇篮和产业高地，逐步培育具有强势竞争力的中国武术产业，靠产业把武术文化做强，借助武术文化把体育产业做大。

上述随意道来，我并无意把陈正雷放到某种虚高的境界，只是把与他相处中的一些正常感知随意记录下来而已。但我多年来总在试图求解陈正雷，为什么我们在与陈正雷相遇相处时总会产生与别人相处所没有的那种感触？是不是陈正雷已经达到了某种常人难以达到的境界了呢？那么这是一种什么样的境界呢？

德国哲学家尼采认为人生有三个时期，即合群时期、沙漠时期和创造时期。合群时期，自我尚未苏醒，个体隐没在群体之中；沙漠时期，自我意识觉醒，开始在寂寞中思索；创造时期，通过个人独特的文化创造而趋于永恒之境。中国古代的禅宗将修行分为三个境界，第一境界是"落叶满空山，何处寻芳迹"；第二境界是"空山无人，水流花开"；第三个境界是"万古长空，一朝风月"。晚清一代宗师王国维在《人间词话》中说："古今之成大事业、大学问者，罔不经过三种之境界：'昨夜西风凋碧树，独上高楼，望尽天涯路。'此第一境界也。'衣带渐宽终不悔，为伊消得人憔悴。'此第二境界也。'众里寻他千百度，蓦然回首，那人正在灯火阑珊处。'此第三境界也。"

我引述以上这么多题外话的目的，是想请朋友们与我一起顺着这个思路，梳理一下陈正雷的人生轨迹，共同总结出他所追求和要达到的人生境界。

我认为陈正雷的人生有四个境界可循：他年少困苦多艰而不馁。"少年心事当拿云"，支撑他不馁的这股子昂扬之气，应当说是传承太极拳的担当意识，虽然他在那个年纪还不会有什么自觉意识，但刻意把太极拳作为生活的主要内容和人生追求的目标而坚持不懈地练习，这完全是常人所没有的境界，我们不妨看作是他把太极人生化，属于自觉无意识阶段；青年时期执著而不辍。改革开放使他有一种蛟龙入海、猛虎归山的感觉。由闻名全国到扬名海外，让他逐渐地认识到一个人的价值实现离不开社会的认可，获得了社会厚待之后必须回报社会，而回报社会的最好方式莫过于用加倍的努力、更加辉煌的成绩让所生活的社会环境因之而多彩，让所处的这个时代为之而闪光。为此，他不拘一格带徒弟，不辞辛劳打比赛，不计名利到省体委搞管理……只有一个心愿，把太极拳推向社会，让太极拳普及社会大众，使个人所长在社会中闪光。这是一种高度的自觉，我们认为这是把个人太极人生社会化，属于自觉自主阶段；中年荣耀而不骄。成功之后的陈正雷荣誉接踵而至，邀请纷至沓来，光环花环簇拥，他却一刻也没敢陶醉过。相反，他眼界开阔了，思路也随之而拓展。太极拳如何从现在的平面跃上一个新的高地，如何由地域的武术流派上升到民族文化的重要组成，如何让太极拳作为民族文化的瑰宝闪耀于世界文化之林等。他发现需要做的工作还很多，需要拓展的领域还很广，需要破解的难题还不少。太极拳是中国文化走向世界的理想载体，"会挽雕弓如满月，西北望，射天狼"，我们这代人责无旁贷、当仁不让啊！这种世界性意识，是一种人类情怀，是把太极拳文化世界化，是陈正雷要追求的至高境界，属于他人生中的自由自在阶段；年届花甲而不已。陈正雷靠着自己的执著和坚韧，把太极拳事业推向了一个新高峰，自我也随之而跃升到一种新的高度。他把自己与太极拳的发展紧紧地捆在一起，与民族文化的弘扬紧密地联在一起。他早已不再属于他自己，而是属于太极拳，属于民族文化的传播者，属于人类健康的使者。也就是说，陈正雷这个名字已经化入太极拳，化入这个世界，成为一种标志，一个品牌，进入了一种不能自己的境界。

陶潜有诗云："纵浪大化中，不喜亦不惧。应尽便须尽，不复独多虑。"这是陶渊明归隐多年、长期穷困生活所获得的无奈开悟，一种饱含苦涩的解脱之语。陈正雷大师则不然，他在五大洲四大洋的波诡云谲中往来穿梭，他被这个世界丰富之后又丰富着这个世界，继而自觉地从属于这个世界，因而显得自由自在，一切皆可化之，我们似乎可称之为一种常人可望而不可及的大化之境，这也正与太极拳达到至高境界时的无圈无点、无处不拳相吻合，属于不自主但自在阶段。我对陈正雷大师的总结只能是可备一说，但我相信，他的人生四境，对于每一个有追求的人，都应有着可贵的借鉴意义。

我在这里还想粗浅地谈谈这部书。首先我们应当肯定地说，这部书是到目前为止我们能够读到的太极拳方面最大部头的著作，从拳械套路到理论阐述再到拳论辑要，一应俱全。作为太极拳弟子，不仅需要通读，而且必须读透、反复读、读出心得，才有可能真正做到理论联系实际，悟拳上升到新的层面，练拳进入更高的境界。其次要对照性地品读这部书。细读就会发现，陈正雷大师这部著作与他以往的著作相比，不仅增添了许多新内容，更多的是写进了不少新见解，能给习拳者以醍醐灌顶的开悟。特别是对一些动作要领，大师结合教学实践和更加深厚的文化参悟，提出了自己不同于前人的新的领会，给有一定练拳基础的习拳者指出了进入化境的捷径。最重要的是，这部著作具有非常高的收藏价值。古人讲究著书立说要藏之名山，传之后世。陈正雷大师这部国字号珍藏版，馈赠友人情意无价，聚朋研读书香袭人，饰立书架儒雅照人，营造家风教化子孙，可以说是具有无限升值空间的精神资产。大师呕心沥血赐予我们这么精美的文化盛筵，拳拳之心可感，殷殷之意可期，绵绵之情可嘉。莘莘太极学子，曷其幸也！只是有一点，因为广大读者急切盼望早日读到这部书，出版社催要得紧，大师还有不少理论文章没来得及收录进来，给读者留下了不小的遗憾。我们也只能翘首以待将来吧！

河南省陈氏太极拳协会副主席　王民选

二〇〇八年五月于郑州

# 前　言

　　中华武术，源远流长，品种繁多。太极拳这株武术百花园中的奇葩，以其技击和健身多方面的作用，深受人们的喜爱，成为世界上习练人数最多的一项运动。

　　陈式太极拳是各派太极拳的本源。几百年来世代沿袭，历久不衰，不断发展，在各式太极拳中独留其刚柔相济、快慢相间、蹿蹦跳跃、松活弹抖的特色，深受拳界青睐，享誉中外。

　　余自幼随伯父照丕公学习陈长兴系统的老架一路、二路和刀、枪、剑、杆等拳械，以及推手和拳术理论。1972 年伯父去世后，又随堂叔父照奎公学习新架一、二路（叔祖发科公晚年所订）及推手、擒拿等技巧，对余拳理有所深化。余有幸跟随二位先辈学艺二十余载，基本掌握了各种套路、器械练法。后又与同门师兄弟共同切磋交流、探讨研究，方悟精妙。

　　陈式太极拳所包括的内容非常丰富，除拳术外，尚有短、长兵和各种对练套路。陈家沟前辈拳家陈鑫、陈子明、陈照丕等相继著书立说，使太极拳从理论到实践更加系统化。但是，他们著作的内容，包括太极拳始祖陈氏九世祖陈王廷和十四世陈长兴流传下来的拳论，都以拳术为主要研习对象，就陈家沟武术的丰富内容而言，其涵盖面稍嫌欠缺。太极拳随着社会的发展与进步，已逐渐由拳术提升并形成为一种太极文化。为适应太极拳发展的需要，我于上世纪 80 年代开始着手编写整理《陈氏太极拳械汇宗》一书，1989 年由高等教育出版社出版发行。

　　《陈氏太极拳械汇宗》出版以后，其部分内容又相继由人民体育出版社、世界图书出版社、山西科技出版社和中州古籍出版社采纳出版。1990 年以后，一部分内容先后又译成日、英、韩、法和西班牙等外文，并被拍成教学片在国内外发行，在全球武术界引起不小反响。近几年来，海内外武术界的朋友和爱好者经常来函来电，索要整套的陈家沟太极拳资料。我就在原《汇宗》的基础上，增加了新架一、二路、太极养生功、精要十八式，补充了部分古典拳论，人物传奇故事，并对其中的一些内容做了修改，最后形成了《陈氏太极拳械汇宗》四卷。《汇宗》四卷力争使陈式太极拳系统化、系列化，文化内容更趋丰富。但愿能奉

# 陈式太极拳全书

献给广大武术爱好者一部史料翔实、涵盖面广、实用性强、论述充分、特点鲜明、研习与收藏兼备的陈式太极拳资料。此资料现正式定名为《陈式太极拳全书》，并由人民体育出版社出版发行。

1982年以来，在我的武术生涯和学习编写太极拳理论和书籍过程中，原国家体委副主任、中国武术协会主席徐才先生对我的影响和鼓励使我永生难忘，在余写书、出书过程中徐才先生多次为余著撰写序言。中国武术协会、河南省武术协会历届领导鼎力相助，河南省委政研室王民选处长、原温县电视台台长崔春冬先生在百忙之中为本书写序和人物传记。在整理、誊写过程中，得到路丽丽、陈娟、陈斌、陈嫒嫒、张东武、高东祥、张保林、李务公、崔广博等大力支持和协助。套路图片由岳黎明、程明远拍摄。人民体育出版社张建林先生认真细心地做了编排。值此书付印之际，在此一并深表感谢。

陈正雷

2008年1月25日

读者如有各种相关问题，可通过以下方式进行联系。

通信地址：河南省郑州市文化路112号文化嘉园七楼
　　　　　陈正雷太极文化有限公司

邮政编码：450014

电　　话：0371-63219626

传　　真：0371-63219626

E-mail：taiji@cstjq.com
　　　　 czltj@163.com

联系人：刘根齐

# 目 录

1

# 目 录

## ·下 卷·

# 拳 术 大 师　　太 极 一 人

## ——记陈式太极拳第九代传人陈发科

### 崔春冬

民国时期的武术诗人杨季子曾有诗云："谁料豫北陈家拳，却赖冀南杨家传。"

明末清初，陈家沟陈氏九世祖陈王廷创编太极拳之后，陈家视为"独得之秘"，只在族内世代沿袭，外人难窥门墙。清道光年间，河北永年人杨露禅来到陈家沟，陈氏十四世陈长兴打破门规，收他为徒。杨露禅历时 18 载，拳乃练成，出师后到北京教拳，广收徒众，徒又传徒，太极拳如藤蔓得雨，向四面八方蔓延开来，逐渐衍变为杨、武、吴、孙四大流派，享誉海内外。而作为源流的陈式太极拳，依然蛰伏在陈家沟的沟沟壑壑之间，"养在深闺人未识"。

1928 年，陈家沟陈氏十七世陈发科腰别旱烟袋，走进了北京城（时称北平）。

一时间，京都武术界风卷云涌，众多武术名家纷纷来找陈发科较技。陈发科来者不拒，使出家传太极功夫，出手不见手，跌打掷放，只在一抖之际，威力惊人，对手无不铩羽而归。杨季子欣然赋诗云："都门太极旧尊杨，迟缓柔和擅胜场。不意陈君标异帜，缠丝劲势特刚强。"

陈发科在北京授拳凡三十年，武德高尚，有口皆碑。北京武术界尊他为"拳术大师"，并赠送银樽一座，上镌"太极一人"。陈发科授徒甚众，著名弟子许禹生、李剑华、顾留馨、洪均生、冯志强、沈家祯、田秀臣、雷慕尼、李经梧、肖庆林等和子照旭、照奎，女豫侠，均为中华武术界巨擘。

陈发科（1887—1957 年），字福生，陈家沟陈式太极拳第九代传人，他秉承祖业，自幼习武，太极功夫出神入化，为近代陈式太极拳代表人物。

## 百 炼 成 金 刚

陈发科出生于太极世家，曾祖父陈长兴、祖父陈耕耘、父亲陈延熙，皆为名噪一时的太极宗师。他 5 岁就开始练拳了，可是一直练到 14 岁，也没有练出什

1

么名堂，却是为何？

原来陈发科是陈延熙的老生儿子，上面有两个哥哥，不幸罹难瘟疫，早年夭折。人老惜子。只这一棵独苗，父母不免溺爱，含在嘴里，捧在手上，生怕有个闪失，除了严禁他上树掏鸟、下河摸鱼而外，其余不大管束。小孩子家不懂事，见老人娇惯，也就率性而为，拳想练就练，不想练就不练。尤其吃饭挑食，合口味都是他的，没别人的份儿，不合口味便不动筷子。做母亲的就变着法子做儿子喜欢吃的饭菜。他吃起来没个节制，每每吃得肚腹撑胀，以致消化不良，生起病来。医生说："饮食自信，肠胃乃伤。"于是"保和丸"论斤吃，"保和汤"成碗喝，奈何治了便好，好了又犯，久而久之，竟成了顽症。小发科面黄肌瘦，有气无力，一副病恹恹的样子，那拳越发三天打鱼两天晒网，练得少了。不要说陈延熙为此常常唉声叹气，就是街坊邻居也因此摇头不止。

一天傍晚，小发科出去玩儿，路过一个饭场，听见人们正在议论他。这个说："陈长兴这一支人，辈辈出好手，延熙以下，怕是续不上了。"那个说："可不是嘛。你看他那个儿子，14岁了，痨病鬼也似的，啥时候能练出功夫来？"有人就晃头："唉，娇子如杀子呀！陈发科算是没指望了……"

小发科躲在暗处，听得清清楚楚，惊得浑身冒汗，羞得恨不得有个地缝钻下去……

从此，小发科像变了一个人，每天练拳30遍，渐次增长到60遍，最多时，一天练拳100遍。初时，母亲又是高兴又是担忧——高兴儿子到底明白过来了，这么练下去，不愁练不出功夫来；担忧儿子身子骨原本就弱，这么没明没夜地盘架，旧病没除，再添新病咋办？后来见儿子胖了、壮了，身上的病病痛痛没了，脸上的气色越来越好，人也生龙活虎一般，便只剩下高兴了。

父亲陈延熙随时辅导儿子，指点至关重要的精妙之处，陈发科武功大进，到20岁时，已在村中出乎其类、拔乎其萃。这时候，他又成了村中青少年学习的楷模，家长教育自己的孩子，出口就是："你咋不好好练拳哩？你看人家陈发科！"

至今，陈家沟还流传着许多关于陈发科的故事。说他去附近村庄看戏，将石碌碡当板凳，用手翻扑滚过去，又翻扑滚回来。说村中人家盖房上大梁，几个小伙子抬一头，他独自扛一头，那一头吭吭哧哧抬不动，他这一头早放上了位置。说有一年夏天，他光着膀子、穿着大裤衩在街上走，有一个小青年和他开玩笑，悄悄溜到他的背后，用手扯他的大裤衩，他不动声色，抓住小青年的手夹进了屁股沟，继续往前走。小青年拽不出手，只得跟着走。他还故意问："你这孩子，老跟着我干嘛？"小青年疼得哎哟哟叫唤，连声喊："发科叔、发科叔。""还调皮不?""不敢了,再也不敢了。"他内劲一松,小青年方抽出了手……

## 雨 佛 寺 惩 匪

　　1926 年前后,军阀混战,社会不宁。温县匪患四起,百姓苦不堪言。陈发科应县政府之邀,带领侄儿陈照丕及村中青年陈德玉等出任县国术馆教习,突击捉拿持枪祸害百姓的土匪,保境安民。

　　且说温县西北与沁阳县交界一带,横行着一股土匪,有二十多号人。土匪头子名叫马虎头,因行二,人称"马二爷"。此人生得膀阔腰圆,武功高强,十数人难近其身,加上有一支盒子枪,十分猖獗,杀人越货,无恶不作。附近村庄小儿啼哭,大人吓唬,一声:"马二爷来了!"哭声立止。一次,陈发科带人抓了他手下三个匪徒,关进监狱。马二爷大怒,对手下人说:"这陈发科竟然欺负到我的头上来了,不给他一点颜色瞧瞧,他不知道我马二爷三只眼!"于是一夜之间,绑架了陈发科的三个好友,并且放出风来:"三个换三个,不然撕肉票!"陈发科早就想铲除这股土匪了,于是将计就计,也放出口风:"放人不难,先谈条件。""谈就谈,谁怕谁不成?"马二爷派人送信约陈发科在雨佛寺说话。他狂傲地对手下人说:"他陈发科武功了得,我马二爷也不好惹!"他拍拍腰里的盒子枪,"这玩意儿是烧火棍吗?"

　　陈发科得信,便与陈照丕商量:"土匪只准我带一个人,我看还是咱爷儿俩去。"陈照丕晃晃拳头,说:"谅他也动不了咱爷儿俩一根汗毛!"叔侄俩按照约定时间,直奔雨佛寺。

　　雨佛寺在县城西北,因年久失修,早已破败,却是这帮土匪的巢穴之一。寺不大,只一座大殿,两座配殿。陈发科叔侄到时,寺外并无动静,进寺只见三步一岗,五步一哨,匪徒们手持长枪短棍,如临大敌。大殿门口,两个凶悍的土匪各握一把明晃晃的钢刀,分立两旁。叔侄俩正要拾级而上,里面传出话来:"随从止步。陈发科进来。"此举早在陈发科意料之中,他对陈照丕耳语道:"我一动手,你即收拾外面这些家伙。"陈照丕点头会意。陈发科跨步入殿。

　　大殿内,神塑早已倾圮,台基上放了一张八仙桌,马二爷坐在八仙桌旁的柳圈椅上,盒子枪就在桌边,随手可及。陈发科的三个好友被捆绑在两旁的立柱上。"英雄,英雄,赤手空拳,竟敢闯我马二爷这阎罗殿。"一见陈发科进来,马二爷拍手笑道。陈发科并不理睬他,掏出竹烟管,装上烟,又摸出火柴,点着,美滋滋吸了一口,边吸边走,边笑眯眯地对三个好友点头致意,走向马二爷对面的柳圈椅。马二爷目不转睛地看着陈发科。陈发科似坐未坐之际,突然

"叭"地将火柴盒摔在桌子上，"轰"一声，冒起一团火光（那时火柴质量差，不但衣服、砖面上可以擦燃，整盒火柴一经强烈震动，也会自燃），就在马二爷一愣神的当儿，陈发科两膀抖动，猛力一推，八仙桌将马二爷连人带椅撞飞出去！但听"咔嚓！""啪！""嗵！"三响，柳圈椅背靠折断，盒子枪滑落，马二爷重重摔在方砖地上。这马二爷果然有些道行，一个鲤鱼打挺，扑上来就要抓枪。陈发科岂能容他得逞？迎上去就是一记侧肩靠，这一靠用足了十成力量，直打得马二爷凭空飞起一丈多远，"嗵"一声撞到大殿山墙上，跌下来大叫一声，"哇"地吐出几口鲜血，白眼一翻，再也动弹不得。——这一切，只发生在三两秒钟内，等把门的两个土匪反应过来冲进大殿，陈发科已经提枪在手，吓得二人慌忙将刀扔在一边，跪地求饶。

殿外，陈照丕夺过一根短棍，舞得呼呼生风，早打翻了五六个。陈发科见状，朝天放了一枪，喝道："住手！"众匪徒知道大势已去，纷纷交械投降。

陈发科救了三个好友，和陈照丕押着匪徒，返回县城。

## 勇挫"阎王爷"

1929 年，陈发科身穿粗布衣，腰别旱烟袋，走进了北平城。

陈发科是应北平著名国药店同仁堂东家乐佑申、乐笃同兄弟之请前来教拳的。

同仁堂生意虽然红火，但常受一些武林败类的欺诈。一年前，同仁堂曾聘陈照丕以教拳为名，坐镇同仁堂。因陈式太极拳初次亮相北平，某些武术流派不服，陈照丕应约在宣武门立擂，连打十七天，无人能敌，名震京华。南京市长魏道明慕名力邀陈照丕去南京教拳，而同仁堂挽留不放。为了两全齐美，陈照丕便推荐叔父陈发科来北平。陈照丕说："俺三叔的本事比我高明多了，还是我的老师呢。"

在陈照丕离去、陈发科还没到期间，同仁堂附近一家武馆几番派人到同仁堂骚扰，打伤伙计，砸毁店铺，强行索要贵重药品，众人敢怒不敢言。这家武馆的掌馆拳师名叫阎雷，自称"阎王爷"，常说自己出道以来，没有遇到过一个对手；常叹武道衰微，天下无英雄。据说他也着实十分了得：展开双臂，可以挂六百斤东西。因此，人称"六百斤"。他盘踞武馆多年，是北京一霸。

陈照丕在写给陈发科的信上，专门提到这个"六百斤"，说："此人霸道手辣，武功不弱。愚侄曾观他操演，自信胜他虽无十分把握，当不至落败。叔父大人修为高出愚侄十倍，'六百斤'若犯同仁堂，叔父大人擒他，如探囊取物耳！"

陈发科到北京的第三天，"六百斤"的一个徒弟又来同仁堂催索人参、虎骨酒。管账的王先生忙满面堆笑，说："小兄弟，东西一时凑集不齐，还请再宽限几日。"那徒弟道："交货只在今日。不交，你自去给俺师父说去。"王先生陪笑道："我正有事要给阎师父说哩。"拉了陈发科，请那徒弟行先，随他往武馆而来。那徒弟一边走一边冷笑，说："见俺师父哩! 骨头痒了不是?"

进了武馆大门，迎面大厅上方挂着一块横匾，上刻三个斗大金字"演武厅"。大厅中，一伙人正舞弄拳脚。一个黑壮汉，膀宽胸厚，双手叉腰，站在一旁观看。他身穿黑丝绸裤褂，手戴黑牛皮护腕，腰勒黑牛皮紧带，脚蹬黑马靴，看上去像一头黑熊。王先生回头递一个眼色，陈发科会意，知道这就是那个目高于顶、藐视天下武林的"阎王爷""六百斤"了。

"六百斤"明明看见王先生来了，却转身坐到身后太师椅上，跷起二郎腿，端过桌上的紫砂小茶壶，呷一口，悠哉悠哉地品呷。

"师父，同仁堂王先生来了。"那徒弟上前禀报。

"六百斤"斜王先生一眼，粗着嗓门道："我要的东西呢?"

"请阎师父恕罪。要的太多，小店一时准备不及。"

"什么?""六百斤"眼一瞪，"你再说一遍!"

王先生不慌不忙，依前言又说一遍。"啪!""六百斤"将茶壶摔在地上，腾腾两步上来，抓住王先生的双肩，恨声道："活不耐烦了你!"疼得王先生的额头上顿时冒出汗珠。

"住手!"陈发科喝道。声音不高，却震得"六百斤"和他的徒弟们一个愣怔。陈发科说："北平城是个讲理的地方，不是仗势欺人的地方!"

这时，"六百斤"似乎明白了。他"嘿嘿"冷笑两声，放开王先生，看定陈发科，怪声怪气道："呦嗬，我说姓王的今个儿咋有了胆子了，原来是请来帮手了。"他拨开王先生，上一眼下一眼将陈发科浑身瞅了个遍：面前这个中年人，粗布衣裳粗布鞋，光头，腰里别根竹烟管，咋看也是个乡巴佬。扭头干笑几声，问王先生："这是你从哪儿请来的高手啊?"

"六百斤"的徒弟们听见师父冷嘲热讽的口气，全都随声附和："是啊，这是从哪里请来的高手啊?"

"只怕是打坷垃的高手吧。"

"不不，是戳牛屁股眼的高手!"

陈发科不动声色，态度不卑不亢。王先生有些冒火，沉下脸道："这是我们店里新来的一个伙计，高手说不上，练过几年拳脚，想约个日子，向阎师父讨教几招，不知阎师父……"下面的话他没说，可分明是："你敢不敢应战?"

"六百斤"终究是个久在江湖道上走的角色，一听要与他较量，立马知道眼前这个乡巴佬绝非等闲之辈。他眼珠子转了几转，向陈发科拱手道："敢问高姓大名，仙乡何处？"陈发科也施礼道："在下河南陈家沟陈发科。"一听"陈家沟"三字，"六百斤"心下一紧，接着又是一问："可认识陈照丕？"陈发科道："家侄村野之人，阎师父倒知道他的名字。""六百斤"不由"啊"了一声，说："原来是一家子。"陈发科是何等人物？早看出"六百斤"有了忌惮，便欲化干戈为玉帛，因款款说道："久闻阎师父武功盖世，陈某很想与阎师父交个朋友。你我同为习武之人，当武德为先，慈善为本，贵馆所要同仁堂那些药物，阎师父，我看就免了罢……"

陈发科一番话，可谓柔中寓刚，绵里藏针。其中美意，"六百斤"自是听得出来，他若能就坡下驴，百事皆休。奈何他原是骄横惯了的，陈发科的规劝，他看作是对他的奚落，这口气便咽不下！况且，众徒弟面前当缩头乌龟，不敢应战，这面子又如何能放得下？传出去，他又如何在北平城里混人！关键是，他自恃武功了得，认为陈发科再厉害，又能厉害到哪里去？他碰到的硬手多了，哪个不是立着进来，爬着出去？因此，不待陈发科说完，"六百斤"仰天哈哈大笑，突然，眉毛一扬，狠声道："三天后，就在此地，阎某领教！"

王先生又追加一句："好。君子一言，驷马难追！"

三天工夫，说过去就过去了。

比武这天，武馆里人如潮涌，大厅内两旁的座位上早已挤满了人。许多饱受"六百斤"欺诈的商铺关门歇业，前来为陈发科助威。

陈发科和王先生到时，"六百斤"的大徒弟正在演练长枪，一杆枪舞得眼花缭乱，扑面生寒。"六百斤"向人们吹嘘道："俺这阎家枪舞起来，密不透风，针扎不进，水泼不入！"话音未落，陈发科微微一笑，顺手摘下王先生头上的礼帽，只一掷，礼帽不偏不倚，恰恰扣在他那大徒弟刮得光光的头顶上。惹得众人轰堂大笑。王先生趁机给大家介绍："诸位，这位是河南怀庆府温县陈家沟的陈发科，太极拳是他家的祖传。初到北平，三天前与阎师父约定，今日在此切磋武艺，请诸位指教。"

"六百斤"气得脸上一阵红一阵白，跳到场子中央，立个门户，向陈发科叫道："来来来！"陈发科迈步入场，向观众施礼后，随便摆个姿势，说："请发招吧。""六百斤"内劲暗运，周身关节"咯巴"作响，眼露凶光，恨不得一口吞了陈发科！但他并没有轻易出手，只是来回移动脚步变换角度，窥伺时机。陈发科全神贯注，以静应动。突然间，"六百斤"一拳击向陈发科面门，这一着却是虚的，另一拳黑虎掏心，直奔胸腹而来！"彼不动，我不动；彼微动，我骤动"。陈发科一见对方出手，身形早动，略略移步，已让过来势，顺势一带，一掌早拍在"六百斤"的脊背上！"六百斤"势在前倾，加上陈发科这一掌之力，哪里还能立得住脚？踉踉跄跄前仆，摔了个嘴啃泥。

"六百斤"自出道以来，未曾折过羽翅，今日众目睽睽之下，一招落败，这人丢得大了！爬起身来，脸成猪肝色，眼红如恶狼，大吼一声，又扑了上来！拳脚齐上，招招狠毒！这正犯了武家大忌：心急则意乱；意乱则气浮；气浮则下盘不固；下盘不固则拳脚无济实用。高手相搏，尤其如此。陈发科已知他的分量，走一个"化"字诀，于掌风拳影中，进退自如，并不还手。"六百斤"兀自忙乱半天，累得吁吁直喘，连陈发科的一根汗毛也没碰着，气极！上面双掌贯耳，下面一脚撩阴，欲叫陈发科血溅当场！陈发科轻"咦"一声，心道："本想让你知趣，自己收手。看来不给你一个小惩戒，你不会善罢甘休！"说时迟，那时快，陈发科一个侧身引进，"六百斤"拳脚走空，待他发觉不妙，急后退找身体平衡时，早已晚了，陈发科右膝顶在他的小腹上，他那黑熊一样的身躯，"嗵"一声，仰面砸在地上，挣扎几下没能爬起来，捂着肚子呻吟。能如此，还是陈发科发力之际，心念一动，膝下留情，不然，他这个假阎王早就见真阎王了。大厅里欢声雷动。

"六百斤"输了个底儿朝天，没有面目再待在武馆，当夜收拾细软，卷了行李，灰溜溜走了。

## 独 闯 "鸿 门 宴"

且说北京城里有一个姓袁的大户，家里养了一群保镖，这些保镖的头目，姓胡，名望来，武功自是上乘，在北京城有一些名头。真真是俗话说的："王八看绿豆——对眼。"这胡望来与"六百斤"臭味相投，两人是拜把子兄弟。听说"六百斤"被乡巴佬陈发科打败，大有狐悲之意，蓄志要替"六百斤"找回面子。但他与"六百斤"较技常处下风，自知不是陈发科的对手，便心生一计，叫人送个帖子给陈发科，说什么"生不用封万户侯，但愿一识陈发科"。约定时间，请陈发科到袁府赴宴。却暗中埋伏手下镖师，妄图以突然袭击的方法，挫败陈发科。

同仁堂管账的王先生，清楚胡望来与"六百斤"的关系，劝陈发科不要去，说姓胡的设的是"鸿门宴"。陈发科笑道："有酒喝有肉吃，岂能不去？"遂如约前往。套用一句老话便是"明知山有虎，偏向虎山行"。

陈发科来到袁府，但见三间门楼巍峨，门前一对石狮子，威武高大，雄踞两旁。正自踌躇，门内闪出一人上来问讯，便将陈发科引入，又折走有百数步，到达一所院落，那人只说："胡师父早在里边等候。"便自去了。陈发科见院门洞开，并无一人，略一凝神，大踏步走了过去。才才迈过门槛，蓦然一边闪出两个镖师，四拳齐发，击将过来，陈发科早内气贯注全身，眼观六路，耳听八方，见状轻收虚步，同时左右臂肘一动，两个镖师便趴下一对。进了二门，门后又闪出两个镖师，一边一个，上抓陈发科的双肩，下绊陈发科的双腿，陈发科看也不看，两膀往下一沉，两掌一齐抖出，两个镖师早躺在地下，捂着肚子哼哼连声。

"啊呀呀，陈兄果然好功夫，小弟好生佩服。"胡望来笑吟吟迎出来，先抱拳施礼，又伸出手来，与陈发科相握，突然手上加力，欲用顺手牵羊势将陈发科扳倒。不料陈发科手柔若无骨。仅一滑，便解脱出来。胡望来脸上一红，邀请陈发科进屋叙谈。

酒菜早已摆好。胡望来提壶倒酒，说："陈兄怀此高深莫测之功，恐怕当世难有人匹。"说着举杯与陈发科碰酒，内力却暗暗贯于酒杯之上。又不料两杯相触，自己的酒杯竟裂为数块，脸上不禁又是一红。两番暗中发难，两番颜面扫地，胡望来仍不死心。

陈发科胡乱喝了几杯酒，动了几筷菜蔬，便起身告辞。胡望来随后相送，说："酒淡席薄，不成敬意，还望陈兄海涵。"话到身到，突然抓住陈发科的手臂关节，就是一个擒拿。陈发科手臂旋动，一翻一裹一送，说了声"请留步"，胡望来应声被扔出一丈多远，撞倒了椅子，碰翻了桌子，桌上菜盘酒具稀哩哗啦碎了一地。陈发科头也不回，大步走出袁家大院。

## 教 拳 北 平 城

陈发科轻而易举击败"六百斤"和胡望来的消息不胫而走。陈式太极拳再次在北平城出了名，陈发科站稳了脚跟。许多人慕名前来拜师学艺。在同仁堂东家乐氏兄弟的帮助下，陈发科在中州会馆附近租了一所院落，开始设帐授徒。乐佑申还特意送给陈发科一管精致的铜制水烟袋，说："用这玩艺儿不上火。"

每当陈发科教拳时，总有许多人围观。一天清晨，陈发科来到教拳场地，见徒弟们有的在行云走架，有的在练习推手，有的操练器械，便在场子里走了一圈，纠正了几个徒弟的动作，反复讲解示范后，便坐在旁边的椅子上，捧起水烟袋吸起来。这时候，和往常一样，前来观看练拳的人越来越多，渐渐将场子围得水泄不通。

突然，从人群外挤进一个人来，众人一看，不由大吃一惊。只见这个人身量高大，又黑又壮，更为稀奇的是，他身上穿了一件铁坎肩，脚上蹬了一双铁鞋，往场子中间一站，犹如矗立了一座铁塔，此人看了看正在练功的青年们，嘿嘿嘿发出一连串的冷笑，说："你们这些人，真是撅屁股看天——有眼无珠！要学武，北平城名师多得很，拜谁为师不行？偏偏要找这个中看不中用的师父教！你看你们那架势，软绵绵像老婆纺花，慢悠悠像水里摸鱼，算什么狗屁功夫？也不知道你们师父的武艺，是跟师父学的，还是跟师娘学的？不知道天高地厚！竟敢在北平城亮牌子收徒弟！"

他瞟了瞟坐在椅子上的陈发科，又说："看来你就是这些人的师父了？有胆量，过来领教领教，不行，赶快小和尚卷铺盖——及早离寺！不要在这里丢人现眼，耽误人家子弟！"

原来，一些武林人士认为各流派武术在北平城已经枝叶繁茂，再来个陈式太极开花结果，会抢了他们的饭碗，想趁陈发科立足未稳，将他撵出北平。于是，便推举这个拳师，来踢陈发科的摊子。

陈发科知道来者不善，善者不来，一场争斗在所难免。他不慌不忙吹出烟灰，捂灭火香，端着水烟袋站起身来，说道："你说领教，不知道怎么个领教法？"

众人见这拳师比陈发科整整高出一头，两人对面一站，一个像铁打的金刚，一个像文弱的书生，不由都为陈发科捏一把汗。徒弟们忙围过来，护住师父。陈发科摆摆手，令徒弟们退下，打出一个场子来。

这拳师见陈发科从容不迫的样子，好像根本没有将他放在眼里，心中大怒，劈面一掌打来，口里叫道："就是这样领教！"陈发科一手端着水烟袋，身形略动，随即膀聚千斤力，照那拳师打去，只听"啪"的一声，这个足有200多斤的拳师竟像一截木头，直被摞到对面一丈多高檐头的房子上，又骨碌碌地滚了下来。——要说这拳师还真有些功夫，借着手搽房檐之力，在空中一个鹞子大翻身，稳稳地站在了地上，羞得满面通红。

陈发科的拳艺已达收放自如、出神入化之境，刚才那一记迎门靠，力量虽大，对手却内外无伤。这拳师定了定神，大叫一声："好厉害！"又冲了上来。陈发科仍然手端水烟袋，仍用老办法，将他打趴在地下。这次他不起来了，趴在地上磕头，非拜陈发科为师不可，说："师父今个儿不收我，我就跪在这儿不起来。"见陈发科迟迟不开口，又说："师父放心，今后在北平，若有人敢来找麻烦，师父动动嘴，我去收拾他！"

陈发科见他性情憨直，忙把水烟袋交给徒弟，双手将他搀扶起来。后来，经过了解，知道他为人忠厚，方收他做了徒弟。

陈发科在北平声名大震之后，不少武林人士慕名前来拜访陈发科，结果是因拜访而比试，因比试而折服，因折服而拜在他的门下。如许禹生、李剑华、刘慕三、洪均生等，最后都成了陈发科的学生。

## 武德高尚人称颂

陈发科武功绝伦，但他非常谦逊，谈起武艺，他总是说："我不中（不行的意思）。"与人比试，从不伤害对方。他的高尚武德，在当时北京武术界有口皆碑。

有一年，许禹生主持北平的武术比赛；拟请陈发科当裁判长。陈发科说："我只懂陈式太极，裁判错了反为不好。"推辞不做。又请当顾问，方允。当时的比赛不分体重级别，抽签抽到谁，谁就是对手。议论比赛时间时，大家同意每对打15分钟。陈发科提出："太长了。每小时才赛4对8人，那么多人多少天才能赛完？再说打笨架15分钟也分出胜负来了。这还是武术比赛吗？"大家见他说的有理，便问他认为多长时间为宜？他说："3分钟如何？"李剑华说："3分钟够吗？"他说："这是迁就一般水平，若依我说，则口里说一、二、三，甚至只说'一'，便胜负立判，那才叫武术呢。"李剑华笑道："有那么快吗？"陈发科笑道："不信，咱们试试？"于是让李剑华进招。李是东北大学的武术教师，身材高大，体重在200斤以上，一掌直奔陈发科前胸，陈发科右手接招的同时，向右略一旋身，右肘只一抖，将李打起一米多高、三米多远，撞墙上，将墙上挂的玻璃镜框震碎而落。李剑华起来笑道："信了信了，把我的魂都吓飞了。"陈发科笑问："你哪里疼了？"李摸摸身上，说："哪儿也不疼。"众人无不惊服，赞为绝技。

比赛期间，有人介绍全国摔跤第一名手沈三与陈发科认识。二人互道仰慕后，沈三直爽地说："我们学摔跤的对太极拳没有认识，总以为套路只是活动身体，而不是武术，如果比赛会上，练太极的抽签恰好和摔跤成对，该怎么办？"陈发科笑笑说："那也不能抽了不算。比如打仗，岂可挑选对手？不过，我却不一定能应付。"沈三说："咱们研究研究。"陈发科说："我虽然不会摔跤，但也喜欢摔跤比赛。"说着伸出双臂让沈三抓住，并说，"我见过摔跤是这样抓的。"当时很多人在场，都暗想：能看两位名家交手，今天有眼福。岂料没有三秒钟，却结束了。沈三撒开手，两人相视哈哈大笑。

　　两天后的晚上，陈发科正在中州会馆教拳，沈三提着礼品来了，陈发科忙迎上前去。坐定后，沈三说："多谢那天陈老师让我。"陈发科笑道："哪里哪里，彼此彼此。"学生们听不明白，因为那天他们并没见两位老师较技。沈三看他们的神色，便说："你们老师没给你们说吗？"大家说；"没说。什么事呀？"沈三遂竖起大拇指说："你们老师是这个！不但功夫好，品德更好！你们认为那天我们没比试吗？行家一出手，便知有没有。陈老师让我抓住他的两条胳膊，我想借劲借不上，想抬腿抬不起来，我就知道陈老师的功夫比我高多了。他要摔我，一摔一准，可陈老师当众给我留了面子，背后又不宣扬，真够朋友！"

　　沈三走后，有一个学生说："既然如此，老师怎么不摔他一下？"陈发科沉下脸道："摔他一下！为什么要摔他？"平时陈发科与学生说话和颜悦色，现在学生一见老师生气，低下头不吭声。老师抓住不放，又厉声问："你说，你说在大庭广众之中，愿不愿意让人摔一跤？"学生呐呐："不愿意。""啊，你也不愿意！自己不愿意的事，怎么能对人施呢？连想都不应该想！"陈发科缓和一下气氛，又谆谆教导学生们道："一个人成名不易，应当处处保护人家的名誉。"

　　每遇人前来切磋技艺，陈发科从不推辞，但总是预先声明："你有什么绝技尽管使出来，我若不胜，甚至受伤，不但不怪你，还要拜你为师。至于我，保证点到为止，绝不伤你一根毫毛。"他经常教育弟子："和人推手，发劲要加在胳膊上，不可直接发在身上，免伤内脏；也不能撒手，以防对方跌倒碰伤。"平时徒弟们问哪种拳好，似有贬低其他拳种之意。他总是说："都好。不好早淘汰了。"

　　陈发科是享誉全国的太极拳一代宗师，声名远播世界，日本武术界尊崇他为"拳圣"。

　　1957 年，一代太极宗师陈发科病逝于北京。

# 继往开来　一代宗师

## ——记陈式太极拳第十代传人陈照丕

崔春冬

　　太极拳的发祥地河南温县陈家沟的村南有一座陵园，里面青松翠柏，十分幽静。精心设计的拱形大门的上方，镶嵌一块石匾，上面镌刻六个大字：陈公照丕陵园。

　　凡到陈家沟参观和学拳的人，无论中国人还是外国人，莫不到陵园祭拜。清明时节或陈照丕老先生的诞辰和忌日，前来扫墓祭奠的人流更是络绎不绝。

　　这是陈家沟村民自发为陈照丕修建的陵园。在陈家沟陈式太极拳三百多年的发展史上，专门为一个太极传人建立陵园，这还是第一次。

　　人们景仰陈照丕，是因为他为陈式太极拳的推广和发展做出了不可磨灭的贡献。

　　如今的陈家沟，陈式太极"后继满乡里"，上至八旬老人，下至几岁孩童，人人会练太极拳。真正像民谣说的那样："喝喝陈沟水，都会跷跷腿。""会不会，金刚大捣碓。"

　　如今的陈式太极拳享誉海内外。一批又一批的外国朋友来陈家沟寻根问祖，学习太极拳。一批又一批从陈家沟走出来的太极高手到国外讲学传拳。被誉为四大金刚的陈正雷、陈小旺、王西安、朱天才和陈庆州、陈世通、陈小星、陈长留等陈式太极传人所教的徒弟，以及徒弟的徒弟难以数计……陈式太极拳以前所未有的强劲势头，迅速在世界各地推广开来，普及开来，发展开来。

　　而这一切，都是因为有了陈照丕。1992年，温县县长在陈照丕逝世20周年纪念大会上的讲话中说："没有陈照丕，就没有陈家沟的今天；没有陈照丕，就没有陈式太极拳的今天。"

　　陈照丕（1893.4.8—1972.12.30），字绩甫，陈家沟陈氏十八世，陈式太极拳第十代传人。新中国成立后曾任全国武术协会委员，被授予"全国太极拳名家"称号。他20岁外出教拳，晚年居家培养后人，把毕生的精力和心血都用到了推广和发展陈式太极拳的事业上。在教拳实践中，他刻苦钻研拳技理论，著书立说，先后编撰了《太极拳入门》（1935年出版）、《陈氏太极拳汇宗》（1935年出版）、《太极拳引蒙》（1962 年出版）、《陈氏太极拳须知》（即《太极拳理论十三篇》1972 年油印流传），是陈式太极拳发展史上继往开来、承上启下的一代宗师。

## 初学拳艺震匪帮

出生于拳术世家的陈照丕，幼年因母亲无奶，造成发育不良，体弱多病，3 岁时仍不会走路。他 8 岁起随父陈登科学拳，经过五年的苦练，粗窥门径，功夫初进，不但诸病皆除，身体也日渐强壮。实践使陈照丕体会到太极拳健身防病的功效，因此对家传拳技产生了浓厚的兴趣。父亲病故后，陈照丕随叔祖陈延熙和三叔陈发科继续深造，朝夕练功不辍，深悟其中奥旨。到 18 岁时，他已精熟了陈式太极拳所有拳术套路和刀、枪、剑、棍、大杆等器械。

1914 年，陈照丕随亲戚赴陕西、甘肃等地远游经商，受当地群众之请，开始收徒教拳。从此，陈照丕步入了教拳生涯。

1921 年，陈照丕返回故里。当时提倡国术、御侮强种的呼声很高，全国各地开办国术社甚多。温县也成立了国术社，请陈发科和陈照丕叔侄担任教习，并助剿枪匪，保卫桑梓。至今，由陈发科坐阵、陈照丕亲自赴战铲除土匪的故事还在温县广为流传。下面略举两例，以飨读者。

有一个杀人越货、无恶不作的惯匪，生得五大三粗，心狠手辣，横行在温县西乡一带。此人枪法好，白天打飞鸟，夜打火香头，百发百中。县衙多次派人缉拿，无奈去人慑于他的厉害，加上行动迟缓，每每被他闻风逃脱。一天，有人报告此匪弄了两个粉头在家鬼混，县里便叫国术馆派人捉拿。陈发科看看手下人，问："谁敢去？"大家面面相觑，无人应声。"我去！"陈照丕带了三个徒弟，摸黑直向惯匪住的村庄奔去。四个人轻轻翻墙而入，悄悄隔窗一看，土匪躺在床上，妖艳的女人一边一个，给他烧着烟泡，吸得正美，盒子枪就在床边的桌子上放着。再一看，门开着，挂有门帘。陈照丕低低说："你们把好门口，我上！"话落脚动，慢慢挪到门口，猛地一掀帘子，一个箭步冲上去。土匪吃了一惊，扔掉烟枪，赶紧伸手抓枪，已经晚了——他刚刚摸到枪把，还没抓住，陈照丕一个擒拿，将这个凶悍的家伙整个儿从床上掂了起来，随之肩膀一抖，将他打出门外，摔得鼻青脸肿。三个徒弟一拥而上，将此人用麻绳捆得结实，带回县城。为老百姓除了一个大害。

还有一次，一帮土匪抢劫之后，聚集在林召村东的济渎庙中喝酒作乐。陈照丕带着国术馆的几十个徒弟前去围剿。正是冬天，很冷，那天没有月亮，又很黑。他们将小庙围住，里面传出土匪们猜拳行令的吆喝声、叫骂声。陈照丕估计有人站岗，得先把岗哨干掉。他挑选两个身强力壮、武功好的徒弟跟着他，悄没声地运动到小庙门口，发现门虚掩着，便脱掉棉衣，推开门往里一撂，只见闪出两个黑影，两杆枪"噗噗"刺在棉衣上。陈照丕毫不怠慢，不等两个土匪将枪收回，扑上去同时扭住两个人的脖子，往里一带，两头相碰，登时脑浆迸裂，一命呜呼。此时，土匪们还在大殿里狂呼乱喊，一点儿也没有发觉。陈照丕打头，几十个徒弟鱼贯而入，将大殿围了个水泄不通。大家齐声呐喊，土匪们这才惊慌失措地准备反抗。陈照丕气昂昂只身闯进殿内，厉声喝道："识相的，跟我走!"十几个土匪便如此束手就擒了。

有陈发科和陈照丕在国术馆，一时间，横行乡里的土匪都闻声敛迹了。

1928年春，北京著名国药店同仁堂东家乐佑申和乐笃同兄弟托人聘请陈照丕前去教拳。陈照丕又离开家乡，赶赴北京。

陈照丕是到北京传授陈式太极拳的第一人。明末清初，陈家沟陈氏九世祖陈王廷创编了风格独具的太极拳之后，只在族内代代相传，直到第十四世陈长兴传于河北永年人杨露禅，始传于外姓，1850年杨露禅到北京传习太极拳，为适应清朝王公贵胄体质虚弱的需要，他逐步取消拳架中跳跃、发劲等动作，保留舒展大方、缓慢柔和的特点，形成了杨式太极拳，名扬京师。而陈式太极拳却鲜为人知。此次，陈式太极拳在北京一露面，立即引起了轰动。于是，迫于形势，陈照丕干出了一件名震京华的大事来。

## 北上京师，扬名陈式太极拳

河南同乡会的清末翰林李庆临是温县北张村人，他以太极拳发源于自己的故乡而感到自豪。在陈照丕到北京后，他投书《北平晚报》广为宣传，文称："我国提倡武术，其目的在于御侮自卫，强种卫国。我国拳种有大洪拳、小洪拳、少林拳等，五花八门，不可尽然。如学者选择不慎，偏其刚者摧折筋骨，偏其柔者无济实用。唯有我国的太极拳，刚柔相济，浑然一元……太极拳发源于河南温县陈家沟，陈王廷、陈长兴等诸先辈拳术早已声震全国。今有陈长兴公四世孙陈照丕，漫游到平，小作逗留，暂下榻南门外打磨场杜盛兴号内，如有爱好者，莫交臂而失机之，贻误终身，悔之莫及。"此文一出，激起了一些有门户之见的拳师的不满，不断有人手持报纸登门找陈照丕推手或散手较量。一天清晨，陈照丕正坐在屋内看报，听得门外有人问："陈照丕住这儿?"便见一个黑脸大汉气势汹汹闯进来。"你叫陈照丕?""不错。""听说你的拳很高明?""不行，不行。"

"不行就登报?!"黑脸大汉话音未落，便饿虎扑食般上来了，想连人带椅将陈照丕捺倒。陈照丕见他进门满脸怒气，早有防备，待他近前，用顺逆缠丝劲将对方两手轻轻向左右一拨，就势一个迎门靠，打在他前胸上，黑脸大汉来得快去得也快，"咚"地跌出门外。谁知黑脸大汉身法麻利，脚勾门槛，一个鲤鱼打挺，闪身又扑了上来。陈照丕已知他的手劲不小，一伸胳膊，故意给他个背劲，对方暗喜，抓住就拧，在他用上全力的当儿，陈照丕松肩沉肘，一个螺旋缠丝，把对方的抓拿劲引空，顺势击出一肘，又将黑脸大汉打出门外，在地上拖了几步远，绸衫蹭烂了，裤带也蹭断了。他爬起身来，仍是气势汹汹，拍拍身上的土说："明天宣武楼相见，去是君子，不去是小人!"

原来黑脸大汉是替师父下战书来了，要约陈照丕在宣武楼立擂交手。事情到了这一步，陈照丕没有退路。于是，他给姓杜的徒弟交待："明天晚上我要回不来，给家里捎个信就妥了。"

第二天，陈照丕如约来到宣武楼，举行了通常的仪式之后，陈照丕先对看热闹的人作了一番自我介绍，然后打一趟太极拳。才收势，便见一个后生"嗖"地跳上台来，对他拱拱手说："有事弟子服其劳，你过不了俺师兄弟这一关，休想见俺师父的面。来吧，我不信你这软不拉叽的拳能打人!"说罢，拳脚生风，照陈照丕打来。陈照丕让过来势，这时，如果乘着对方破绽，一个肩靠，便能将对方打下台去，但他怕对方太过难堪，没有乘势进攻。对方不知进退，又一个"双风贯耳"，双拳直奔陈照丕的两边太阳穴。陈照丕架开双拳，本来可以给他一肘，直攻心窝，但他又怕伤了对方，转腕缠住对方左臂，向下使了个按劲，对方便"咕咚"一声跪倒在地。陈照丕忙上前扶起，那人二话不说，转身跳下台去。

台下看热闹的人中，行家大有人在，早看出陈照丕几次手下留情，他们不仅佩服陈照丕的精湛技艺，更佩服他高尚的武德，不禁为他鼓起掌来。

掌声未落，又一个后生跳上了台……

就这样，第三个，第四个……陈照丕第一天一连打败了12个。

陈照丕知道，这只是个开始，硬仗还在后头。果然，第二天早上陈照丕在一伙崇拜者的簇拥下，走向宣武楼擂台。半路上，被一位拳师带领着包括黑脸大汉和上台打擂败阵者在内的百多个徒弟截住了。这是"找场子"来了。"找场子"是武林中流行的行话，用平常的话说就是"报仇"，就是找回失去的"面子"。试想，头一天，这拳师的十几个徒弟被陈照丕打得一塌糊涂，当师父的不出头为徒弟们找回面子，不要说他这些徒弟，只怕连他以后也不好在北京立足了。

陈照丕心想："今儿个若不让他心服口服，恐怕他会每天缠个没完没了。看这人也是个血性汉子，何不化干戈为玉帛，做一个朋友!"想到这儿，一拱手，满面笑容，径直向那拳师走去，一边走，一边脱下身上穿的蓝布长衫，提在手中，说道："这位仁兄，咱们到擂台上玩玩如何？"

那拳师怒喝道："少废话，咱就在这儿见个高低！"说着，拉开架式，一拳挥来。

陈照丕口中说了声"好！"让过对方拳势，一抖手中长衫，长衫竟紧束成了棍形，硬邦邦带着风声，向拳师腰间点来。

拳师大吃一惊，急忙中伸手便抓"布棍"，谁知"布棍"软塌塌垂了下去，他惊愕间，那长衫布如一条灵蛇，倏地在他胳膊上缠了几圈，他只觉得脚下一轻，竟凭空被陈照丕抖起一丈多高，头下脚上直栽下来。陈照丕的布衫却又在他身上轻轻一拂，他便稳稳地站在了地上。此时，陈照丕笑着说："仁兄好轻功。"拳师的徒弟们哪里知道其中的奥妙，也跟着喝起彩来。

拳师心里清楚，若不是陈照丕刚才的一拂，自己非跌个嘴啃泥不可，暗暗感激陈照丕给自己留了面子，见徒弟们胡乱喝彩，不禁红了脸，"扑咚"跪在陈照丕面前，说："陈师父，俺有眼不识泰山，请您开恩收下俺这个徒弟！"

陈照丕忙拉起他，说："拜师不敢当，若仁兄看得起俺，咱们兄弟相称好了。"那拳师高兴得了不得，连忙喝令徒弟们拜见师伯。听见师父吩咐，徒弟们哪敢怠慢，立刻像下饺子一样，扑扑通通跪了一地。师父又吩咐徒弟们："走，保您师伯打擂去。规规矩矩上台比武的，有你师伯对付，若有人胆敢捣乱，看我的眼色行事。"

擂台立了17天，和陈照丕交手的多达二百多人。多数三五个回合便败下台去，其中也不乏名人高手，但没有一个能胜得了陈照丕。

擂台本来还要继续立下去，最后还是当时北平国术馆的许禹生、李剑华出面，邀请北平武术界知名人士与陈照丕见面，大家坦诚相见，一场风波才算平息下来。从此，陈照丕在北平出了名，陈式太极拳在北平出了名。北平市政府、朝阳大学、中国大学、宇文大学等十几个单位纷纷邀请陈照丕为教练。

1928年秋，当时的南京市长魏道明，慕名再三邀请陈照丕到南京教拳，而北平武术界的朋友和徒弟们再三挽留不放。为了两全齐美，陈照丕推荐三叔陈发科来北平教拳。他告诉徒弟们："我三叔的本事比我高明多了，还是我的老师呢。"徒弟们的心愿得到了满足，与陈照丕挥泪相别。

陈照丕到南京后，任中央国术馆名誉教授并在市政府、侨务委员会和全国民营电业联合会等处教拳。1933年，陈照丕曾担任全国运动大会国术裁判委员会和全国第二届国术国考评判委员会委员。

1937年，日本帝国主义侵华战争爆发。1938年，南京沦陷，陈照丕不甘在日占区教拳，遂返回故里，加入地方抗日武装范庭兰部任武术教官。温县县志明载："平时，陈照丕教授战士们武术，训练战士们的近战本领，尤其是教授大刀用法。作战时，陈照丕亲率敢死队出生入死，战斗在第一线……"

后来范庭兰部队被日本打散，范庭兰阵亡。1940 年，陈照丕又前往洛阳教拳，先后任第一战区司令部、河南省教育厅和省直税务局国术教练。1942 年，黄河水利委员会委员长张含英（解放后曾任水利部副部长）聘请陈照丕到西安，在黄河水利委员会任武术教官。抗战胜利后，陈照丕随黄委会东迁古城开封。

1948 年开封解放时，陈照丕坚决不随国民党南逃，并主动保护机关财产，使之在混乱中免遭抢劫，解放军到后完整移交。他从亲身体验中，逐渐对共产党有了认识。党的关怀和教育，使他的思想觉悟有了很大的提高。他随机关参加了革命工作，在开封黄河修防段当管理员。新的安定幸福的生活环境，为陈照丕教拳提供了良好的条件。他不顾工作劳累，不图名、不图利，利用一切业余时间免费收徒传拳。

1958 年 1 月，陈照丕退休回到故乡温县陈家沟。同年 3 月，参加河南省武术表演大赛，荣获太极拳第一名。1960 年，参加全国武术表演大会，在这次全国武术界的盛会上，陈照丕被授予"全国太极拳名家"称号。1964 年，当选为全国武术协会委员。

陈照丕的前半生，是在四处漂泊、教拳为生的艰难环境中度过的。解放后，他才过上了安定的幸福生活。然而，他做梦也没有想到，在他的晚年，他会因为传拳遭受批斗，备受折磨。然而，他没有屈服，他传授发展陈式太极拳的决心老而弥坚。

## 返故里，全面推广太极拳

陈照丕在外教了大半辈子的拳。但是，他的故乡——太极拳的发源地陈家沟，却几乎没人会练太极拳。陈式太极拳几乎到了中断的边缘。

旧中国，由于封建制度和家庭观念，陈式太极拳有严格的清规戒律，传男不传女，传嫡不传庶，甚至传长子不传次子。因此，练拳者虽多，得道者甚少，再加上政治腐败，外敌入侵，天灾人祸，陈家子弟飘零四方，到解放初期，陈家沟只有一个姓王的小学教员能教几下拳脚。

一踏进陈家沟，陈照丕惊呆了：寻寻觅觅，冷冷清清，偌大个村庄，不见练拳走架人。他 40 年代初一走，十几年再也没有回来。1958 年春节前，他回来了，他是来家看看，决定退休后是否来家乡安度晚年。眼前的情景，使陈照丕潜然泪下；我在外辛辛苦苦传拳，一心想发扬光大陈式太极拳，而家乡却没人练了，陈式太极拳快要绝了。他在心中呐喊：陈式太极拳在我们这一代手中失传，对不起国家，对不起人民，对不起列祖列宗，对不起子孙后代！

返回单位，陈照丕立即给上级打报告，要求退休。组织上说，再有四个月，您退休可以拿百分之六十工资，现在走，只能拿百分之四十，多少年都过了，再等四个月不行吗？他却说，一天我也不能等！我要回去传拳，不要钱我也要走！当时，他已65岁，孩子在郑州黄委会担任财务科副科长，劝他在郑州一起生活，说您回去我们不能照顾您。他说，我不叫你们照顾。便提着简单的行李回来了，回来传播陈式太极拳来了，他要像祖辈那样："趁余闲，教下些弟子儿孙，成龙成虎任方便。"

一到家，陈照丕就在自己家里办起了武术学校，一切费用由自己承担。不论姓陈姓王，不论年长年少，不论是男是女，只要肯学，统统收；不论刮风下雨，不论白天黑夜，不论寒冬酷暑，只要肯来，统统教。陈照丕说："只要陈式太极拳不绝，割我的肉，要我的命都中！"

尤其对陈正雷、陈小旺、朱天才、王西安等一帮几岁、十几岁的孩子，陈照丕更是倾注心血，重点培养。一见面就拍着他们的小脑袋："练拳来没有？要练啊……"说着扭动身子跳几个架势，讲这招脚该如何走，那招手该如何转。村人都说陈照丕婆婆嘴，他说："娃娃们的脑袋里对太极拳是一张白纸，我说的话就是烟，经常熏，就给他们熏黑了。"

娃娃们终究是娃娃。有时陈照丕在上面教，他们在下面嘻嘻哈哈，相互逗乐，或者心不在焉，胡乱比划。陈照丕就停下来，给他们讲古人专心学艺和前人练拳的故事。他讲次数最多的有两个故事，现在陈家沟的人都还记得。一个是师旷治五音：为了静心，师旷弄盐水把眼睛洗瞎。一个是陈氏十三世陈秉旺练功夫：家里困难没啥吃，给人家打土坯挣粮食。伙计回家吃饭，他却从口袋里摸几颗炒豆吃，喝口冷水，还在土坯坑里练。练到啥程度？一听秉旺练拳，长辈们就说："中了，劲贯到拳上了。"到底多大劲？门口有棵两把多粗的榆树，抱着树发劲，树折了。过去人埋头苦练，功夫练成了都不知道！

陈照丕讲完，还是那句老话："练吧，娃娃，只要坚持练，功夫就上身了。"

一天晚上教拳结束之后，星斗满天，万籁俱静。陈照丕将陈小旺和陈正雷留下来。两人垂手而立，静等着五伯（陈正雷的伯父、陈小旺的堂伯父）吩咐。然而，五伯背着手在屋子里来回走动，并不发话。小旺和正雷知道事关重大，越发小心谨慎，站立规矩。果然，五伯坐到大椅上，将他们唤到跟前，缓缓说道：

"太极拳是咱家祖上留下的物业，是无价宝，别人学拳，可能练练就搁下去了，你们俩不同，你们肩上有个继承责任，孩子，懂吗？继承啊！……"陈照丕眼睛湿润，激动得唏嘘不已。

小旺和正雷两张小脸涨得通红，四个小拳头攥得紧紧的。

"这不是一朝一夕的事，你们要做一辈子的打算。"陈照丕看出了两个晚辈的心思，教导他们说："拳不离手，曲不离口。不论到什么时候，遇到什么情况，都要坚持练拳。记住，孩子，精诚所至，金石为开。"

这个晚上的谈话，陈小旺和陈正雷终生难忘。几十年过去了，五伯的话语还在他们的耳边轰响。

1958年冬天，在县体委的帮助下，陈家沟借了一座民房，宣布正式成立了武术体校。原来县里接到省里通知，说陈照丕老先生退休回家，不能卸下教拳的责任，要求县里帮助陈照丕创造良好的教拳条件。后来，县体委又安排陈照丕到温县一中高中部担任武术教师并兼教党政机关干部，陈照丕欣然前往。他骑一辆破旧自行车，往返于陈家沟——县城之间，直到1964年。

陈照丕在职时，每月40元工资，退休后只领16元，老伴没有工作，自然没有退休金。16元钱很难维持生计。后来，队里给他们分了自留地，他们在自留地种粮食，在院落中开出一块地种蔬菜。生活很是清苦，教拳很是辛苦，但陈照丕乐在其中，他作诗自慰：

> "传习太极几十年，
> 名利对我如云烟。
> 愿将拳艺献人民，
> 桃李遍地死如愿。"

陈家沟在黄河滩边，冬季风多、沙多，有时凶猛的风沙刮来，遮天蔽日，十步之内，不辨形物。

1966年冬季，"文革"的风沙刮到了穷乡僻壤的陈家沟。陈氏祖茔的碑楼被推倒，陈家祠堂被拆掉，祖宗牌位被砸毁。练拳活动被诬蔑为"夜聚明散""搞小集团"，严令禁止。陈照丕因当过南京国术馆名誉教授，在劫难逃，被揪出批斗。

陈照丕怎么也想不通教拳有什么罪，尤其使他不能忍受的是，脖子上给他挂着"黑帮"的大牌子，游街示众。他已经是74岁的老人了，一辈子走南闯北，做出了许多惊天动地的大事，何曾受过这等屈辱！1967年的初春，天还冷，农闲，陈照丕被批斗的次数越发频繁。一天夜里，老人被批斗回来，躺在床上转侧难眠，越想越不是滋味，终于不能自持，悄悄走出家门，扑进了村边的水井中。老人想了却残生，解脱无休止的揪斗……

跳进去，陈照丕就后悔了。他在心中喊："我不怕死，可我不能死，我得活下去，我传拳的任务还没有完成哩！"

好在井水只有半人深，但他出不来，他在冰冷的井水中浸泡到天明，才被人救了上来。但是，井中安放的引泉水的竹筒，上面削的尖尖的斜茬，将他的左脚面戳个洞穿，鲜血将整个井水都染红了。捞上来，老人已经奄奄一息……

陈照丕跳井伤脚的消息传出以后，村人的心都揪疼了。人们纷纷在夜半时分，悄悄拿舍不得吃的鸡蛋来看望他，千方百计安慰他。许多人流着泪说："您得活下去呀，咱村的拳还靠你传哩！……"

不管受到多大的打击，心情多么苦闷，陈照丕为增强人民体质，为振奋民族精神而教拳的信念始终没有动摇，他坚持传拳达到了如痴如狂的地步……

三个月后，陈照丕能下床了，但左脚还是不能走路。他急着出门，他要去给大家讲拳哪！老人将一块棉布绑在膝盖处，跪着杌子一步步挪出家门。一见老汉来了，人们赶紧围上来，瞅瞅没有外人，便问这问那，请教拳艺。陈照丕坐在凳子上，手比划，嘴讲解，不厌其烦。他就是这样，跪着凳子，走到哪儿，说到哪儿。有人说："你就不怕再挨批斗！"陈照丕朗声说道："我土埋脖子的人了，还怕啥哩！"

由于村人的反对，没人敢再批斗陈照丕。但是，村里还是没人敢于练拳，陈照丕心急如焚。半年后他的脚完全好了，办法也想出来了：不是叫打语录拳吗？好，我就打语录拳、诗词拳。老人唱着毛主席诗词，在村里走动。"红军不怕远征难"，太极拳起势。"万水千山只等闲"，"嗵"一声，一个金刚捣碓。人们难过地说："老汉是给气疯了。"陈照丕听了高声道：

"说我疯来我就疯，
说我癫来我就癫。
为啥做这疯癫事，
决心培养人接班！"

这一招还真管用。人们又开始打拳了，只是在走架时，有人近前，口中便念念有词，念的是毛主席语录和诗词。夜深人静，也有人敢于到陈照丕的住处学拳了，老人高兴得像个孩子似的，忙着手把手地教，忙着脸对脸地说，恨不得把太极拳的动作一下子都教完，要义一下子都说全，让人学会、记住。老人每天晚上都虚掩着大门，等着人去学拳。一个冬夜，陈照丕让老伴准备好茶水，独自披衣坐在床上，直等到更深人静，也不见一人前来学拳。迷迷糊糊睡过去又被冻醒过来，仍不见来人，老人苦苦一笑，遂下床练拳舞剑，直到大汗淋淋。想着眼前的一切，心里很不平静，口占小诗一首。

"大梦谁先觉，武场人独眠。
樵楼三鼓响，挥剑斩寒光。
汗流似春雨，冬天变伏天。
猜透太极妙，赛过活神仙。"

1969 年，毛主席发表了一条有关提倡打太极拳的语录，语录说："凡能做到的，都要提倡做。体操、打球类、跑跑步、爬山游泳、打太极拳及各种各样的体育运动。"陈照丕在大队部看到了这份报纸，便将报纸带回家去，在灯下看了又看，年近八旬的老翁激动得热泪盈眶。马上去找正在隔壁饲养室喂牲口的陈正雷。"小雷，练拳不犯法了，毛主席他老人家还说叫打呢。"说着像掏宝贝一样从怀里掏出那份报纸。当时，伯侄两个眼噙热泪，好久说不出话来，不知是苦，是辣，是高兴，还是心酸？陈照丕说："以后要叫打太极拳，我还要为国家做点贡献呢！光教你们不行，我还要把太极拳的理论好好写一下，贡献给国家，让更多的人学习它。"

第二天，陈照丕拿着报纸又出现在大街上，逢人便说："看！毛主席他老人家说话了，毛主席叫打太极拳哩……"老人来到人多的地方，把报纸让大家传看，自己拉开架势，悠悠然打了一趟太极拳，接着又打二路炮捶，边打边念自作的诗：

"慢云七十古来稀，
余今八十兴不萎。
老骨跌叉能铺地，
二起双脚满天飞。"

老汉念罢，收势，对大家说："不用怕了，打拳吧，太极拳是咱陈家沟的发明，是咱陈家沟的光荣，咱不能把老祖宗的物业丢了。毛主席叫咱打哩，咱就练吧……"

陈家沟又像前几年那样，掀起了练拳的热潮。陈照丕又像前几年那样，辛辛苦苦教拳……

1971年冬天，陈照丕为了进一步提高年轻人的拳术理论水平，着手编写《陈氏太极拳须知》（太极拳理论十三篇）。每天晚上老人都伏在小油灯下写到深夜。在徒弟们的帮助下，经过一冬一春的努力，陈照丕终于写出了初稿。此稿以问答的形式，通俗的语言，深入浅出地论述了太极拳理论和锻炼方法。这是他70年练、教太极拳的经验总结，心血的结晶。他让陈正雷抄写五份，除自己留一份外，其余分别寄给国家、省、地区和县体委。国家体委曾给陈照丕来信，说《陈氏太极拳须知》是非常宝贵的文化财富，但迫于形势不能发表。然而，"宝贵的财富"人人识得，此稿深受广大太极拳爱好者的欢迎，油印的小册子不胫而走，在全国各地流传开来。

## 高尚艺德，显著成绩

1972年9月，河南省要举行武术表演大会，指定要陈家沟组队参加。接到通知，陈照丕欣喜若狂，兴奋极了。当时，他已被公开聘任为村小学拳术教练，现在又要加紧培训参加比赛队员，时间十分紧张。陈照丕每天白天在校教学生，早上晚上培训学员，任务繁重，许多高难度、低架子的动作都要他亲自示范，培训场所离学校又足足一公里路程，毕竟是上了年纪的人了。这样，从6月到9月整整跑了三个月，脚都跑肿了，凉鞋穿不上，就自己把鞋后跟剪掉，用绳头攀着脚面，整天都是一路小跑。县体委一位负责人心疼地说："陈老师，真把您给累坏了。"陈照丕轻松地笑着说："这有啥，脚离心远着哩。"

陈照丕精神抖擞地率领着陈家沟代表队参加了在登封举行的省武术表演赛。老人亲自登台，表演了太极拳、太极剑和春秋大刀等套路和器械。比赛结束后，按照省体委的安排，陈照丕又来到郑州，给省领导表演，在紫金山公园辅导各地、市来的太极拳代表。每天来访者络绎不绝，他来者不拒，示范讲解，一遍又一遍。十几天时间，老人每天从早晨起床一直忙到夜里十二点钟以后才能休息。儿子几次来到他的住处，劝他适当掌握，不可劳累过度。他说："前几年我为教拳受尽打击迫害，只能偷偷地教。现在国家提倡，这么多人热心学习，多么好的机会！只要太极拳得以发扬光大，人民体质得以提高，我个人安危，何足挂齿！"

陈照丕终于累垮了，从省里参赛回来，他就开始肚子疼，脸色黑气森森。徒弟们都劝他到医院看看，恰在这时，又传来了令老人振奋的喜讯，省体委研究决定：陈家沟作为省代表队，参加11月在济南举行的全国武术观摩交流大会。陈照丕说："咱就盼着这一天哩，我没病，身板结实着呐！"他又没日没夜领着大家训练，决心在全国比赛中，一展陈式太极拳风采。

不到半个月，老人彻底垮了。一天训练中间，老人半躺在旁边的长条凳上，说："小雷，我这肚咋贼疼来？"正雷连忙跑过去给老人揉，谁知越揉越疼。正雷说去城里看吧，还是不去。就叫赤脚医生看一下，说是急性肠胃炎，开几副中药。药没煎成，老人就疼得直冒汗，一口口吐黑黄水。正雷一看病得不轻，赶紧找架子车，将老人往县城拉。到县医院一检查：急性黄胆性肝炎。只得住院。

省里通知下来了，请陈照丕老先生和侄女陈爱英去济南参加比赛，但陈照丕正躺在医院的病床上。只好叫爱英一个人去。后来听说爱英的表演受到大会的好评，陈照丕高兴得手舞足蹈，连连说："陈家拳后继有人了……"

一个多月后陈照丕出院了，医生交待："您这病完全是劳累所致，回去后多营养，少说话，少熬夜，不要疲劳……一旦复发，就不好看了。"但是，老人怎么能不劳累呢？一批批人来看望病情，请教拳艺。陈爱英去济南，许多武林人士听说陈照丕有病，纷纷来信来人慰问。开始，老人还在墙上贴个字条：因为我有病，不能多说话，请诸位原谅。渐渐就控制不住了，话越说越多，讲起拳来更是滔滔不绝。他耳背，只怕别人听不清，声音就特别大。频繁的接待和连续热情的讲拳，过于劳心伤神，陈照丕老人终于病情复发，第二次住进医院，仅仅四天，便与世长辞了。

噩耗传出，陈家沟的父老乡亲痛哭悲声，人们说："为咱陈沟拳……老人生生是累死的啊！……"

陈照丕老人是含着欣慰离世的。老人在诗中说："余今欣然无憾事，喜看后继满乡里。"在他的精心辅导下，陈正雷、陈小旺、王西安、朱天才、陈庆州、陈世通、陈小星、陈桂珍、陈爱英、陈素英、陈春爱等一大批年轻人成长起来，拳艺日臻精纯，如今都成了全国和全省的太极拳名手。

陈照丕性格豪爽，为人正直，诲人不倦。他在教拳中从不收礼。一位武术爱好者来访，带了些礼品，在陈照丕家住了几天，临走时，老人将礼品全部又交还他带走。在郑州表演教拳期间，有几个徒弟带了一些白糖来看望他，这在当时是稀罕物，老人拒不收纳，徒弟们执意留下。几天后，老人将白糖放在住处的桌上，坦然离去。他一生打败无数对手，但都是点到为止，没有打伤致残一人。他在教拳时注重对徒弟们进行武德教育，经常给徒弟们讲解《陈式太极拳门规戒律》，强调练拳的目的在于防病治病，强健体魄和防身自卫。不可恃技欺人，为非作歹。他在诗中写道：

"老当益壮从何处，朝夕锻炼偷天机。
世人不识太极妙，变化无穷奇更奇。
或问此技当何用？强身健体为人民。"

一代太极巨星殒落，人们无不悲痛。县体委的负责人致悼词时泣不成声，只得由别人代念稿子。参加追悼会的几千名干部群众缅怀陈照丕老先生对陈式太极拳继往开来的功绩和崇高的武德人品，无不泪流满面，整个会场，哭成一片。情景感人至深，令人难以忘怀。

陈照丕老人留下遗愿："就把我埋在院内，我要看着你们练拳。"遵照老人遗嘱，村人将陈照丕埋葬在老人生前居住的院落。

## 人们心中的永恒之碑

1982 年是陈照丕老先生逝世 10 周年，陈家沟的父老乡亲商议为陈照丕建立陵园。陈老先生的徒弟们积极响应支持。1982 年 12 月 30 日，人们把陈照丕老先生的坟墓迁入村南的陵园内，并立碑纪念。碑文曰："公弱冠为传拳即外出奔走，晚年家居授拳艺，老志犹坚，一生清苦劳碌……公上承祖业，下启后人，为增强人民体质，传播陈式太极拳呕心沥血，鞠躬尽瘁……公为武术事业奋斗终生，堪为陈式太极拳发展史上承上启下，继往开来的一代宗师，使后人无限敬佩和敬仰！"——这是镌刻在人们心中的碑文啊！

心之碑，永恒。

# 鞠躬尽瘁　弘扬太极

## ——记陈式太极拳第十代传人陈照奎

崔春冬

陈照奎（1928—1981 年），陈家沟陈氏十八世，陈式太极拳第十代传人。陈式太极拳一代宗师陈发科的幼子。生于陈家沟，长于北京，7 岁从父学拳，精通陈式太极拳理论和擒拿术及各种技击方法。授徒众多，对推广、普及、提高陈式太极拳做出了重大贡献。上世纪 70 年代几乎年年返乡，一住数月，将自己平生所学及心得尽授村中子弟，且教诲殷勤，不知疲倦。现陈家沟新一代所练的新架一路、二路及擒拿、走化、技击等技术，皆出自陈照奎。

## 刻苦练拳　技艺超群

陈照奎 1928 年出生于河南温县陈家沟，系陈式太极拳一代宗师陈发科的幼子，他出生这年，陈发科应邀到北平（现为北京）传拳授艺，从此定居北平。1932 年，4 岁的陈照奎随母亲也来到北平生活。

陈照奎 7 岁开始学拳。他开手就练陈式太极拳新架。这是陈发科在陈式太极拳老架的基础上创编的 83 势拳法。这套拳缠丝多，发劲多，在手法和身法上更加丰富和细腻，架子低，难度大，可以有效地缩短练功周期。陈照奎自幼聪慧，模仿能力强，且生得虎头虎脑，身体素质极佳，很快便将拳套打得像模像样。陈发科心里有说不出的高兴，几次对老伴说："这小子，天生一块练武的料。"

可是，孩童终究是孩童，陈照奎贪玩。父亲要求他每天练够 10 遍拳，他常常完不成任务。有时正练着拳，小伙伴一喊，他便跑出去玩了。尽管陈发科严加督促，苦口婆心劝导，对他总是耳旁刮风，不起作用。陈发科急上来，也在他的屁股上揍巴掌，揍也不行，打轻了，好像是给他挠痒痒；往重处打，自己又舍不得。陈发科想起自己小时候的顽皮，想，大了兴许就好了。

陈照奎 13 岁那年，有一天在放学回家的路上，与十几个与他年龄相仿的孩子发生口角，以至于打起架来。他施展家传拳术，左冲右突，将那帮孩子打得落花流水，狼狈逃散。他回家对父亲说："咱家的太极拳管用呀！"父亲看看他没有说话。但他从此练拳的兴趣一日浓似一日。

1942 年，陈照奎毕业于北平志成中学，因日寇入侵，时局动乱，家境艰难，未能继续升学，遂在家专业练拳。这时候的陈照奎，在父亲的严厉督促和循循善诱下，已经清楚地知道自己肩上所担负的继承责任，因此练拳十分勤奋，每天至少 30 遍。几年时间，功、窍二道突飞猛进。父亲见他功夫有成，接着传授他陈式太极拳传统一路、二路和五种推手方法及技巧，同时兼练抖杆子和单式发劲训练。

新中国成立后，陈照奎考入北京市第五建筑公司材料科工作。他除了上班外，早晚继续刻苦练拳。练新架和老架，都是一、二路连着练，架子一扎，少则 5 遍，多则 10 遍，一天不练够 20 遍不罢休。拳艺日臻完善。这时，父亲开始传授他"松、活、弹、抖"在推手较技中的灵活运用，以及抓筋、拿脉、反骨、擒拿等实用技击与技巧。陈照奎尽得真传，太极功夫蒸蒸日上，渐至炉火纯青之境。

后来，提起练拳，陈照奎曾对徒弟讲过："干什么事都得用心、专心，练拳也是这样，有时间认真练，没有时间找时间练。我在北京曾当过公共汽车售票员，每天坐车，我就结合实际想了个练法：乘客坐了座位，我就站在那里屈膝松胯，周身放松，随车移动调整身法，练持平衡。"陈照奎练拳认真刻苦，由此可见一斑。他还常说："要想功夫超过常人，就得下超过常人的工夫。一般人每天练 10 遍，你就得练 30 遍，一般人练 30 遍，你就得练 90 遍、100 遍。工夫三倍于人，必出超人之功。没有这种思想准备，不愿吃这种苦头，那就趁早换别的饭碗。"

1956 年，陈发科病重卧床，将陈照奎叫到床前嘱咐道："我本想把我修订的这套练法带回老家传一下，一直没有充足的时间，时间短了又不行，就这样一年年给耽搁下了。这个心愿只有你替我完成了。"陈发科接着说："拳术界以杨式太极拳流传最为广泛，是其他拳派所不及的。以前车之鉴而论，如果要发扬光大陈式太极拳，必须多教人，多教人才能发现人才，有了人才的继承，才能发扬光大。切记，切记！"陈发科次年病逝于北京。

父亲去世后，陈照奎独挡门面，越发用功操练，拳艺更上层楼。他的擒拿手法堪称一绝，轻柔刚猛，变幻莫测，令人防不胜防；他的推手功夫出神入化，化劲轻灵、巧妙，发劲冷脆、威猛。当时在北京拳术界，少有人匹。

## 四处奔波　弘扬太极

陈照奎传播陈式太极拳的生涯可以推至 1942 年。他辍学后，在家一边练拳，一边协助父亲教拳。参加工作后，业余时间在公共场所义务教拳。1962 年，应同门好友、父亲的弟子顾留馨的邀请，陈照奎辞去了北京的工作，赴上海传授陈式太极拳。他精妙的拳技，轰动了上海武术界，各路高手纷纷与他切磋，无不赞扬他的技法精湛高超。后奔波于上海、南京等地，公开举办陈式太极拳学习班，先后百余期，学员达数千人，当地报纸、杂志广为宣传他的事迹。

陈照奎教拳非常认真。在上海体育宫教拳时，他最年轻，只有 36 岁，但数他的教授方法好。上课讲解明确，细致周到，示范动作一丝不苟，清清楚楚，四个方向，来回跑动，一刻不停，又说又做。并且从不迟到早退。他教的擒拿术不同于社会上的 72 擒拿术，而是以化为主，以意领先，一气呵成，干净利索，令人无法逃避，是真正的太极擒拿术。当时上海的重量级举重冠军常冠群也在上海体育宫，陈照奎伸出一个指头任他拿，随便他怎么用力，就是搬不动那根指头。1964 年，陈照奎在南京体委开班授拳，南京武术界宗派很多，对太极拳功夫总是有点怀疑，都想与他比试。陈照奎来者不拒，跌打掷放，威力惊人，对手无不铩羽而归。陈照奎的弹抖功夫尤其卓绝，一用抖劲，许多人受不了。有一位闻名全国的武术家，听说陈照奎无人能敌，很是不服气，决心与陈照奎一试高低。这人是成名人物，挑战的方式也与众不同。在一次吃饭时他与陈照奎碰面了，两人打招呼，然后握手，他突然暗施大力。这人的手上功力十分强大，一般武林人士根本承受不了他这一抓，必定当场出丑。陈照奎毫无防备，一丁点儿思想准备都没有。对手一抓之下，他有感而应，旋动手臂，用个化劲，便解脱出来。这人也不怠慢，迅疾上前一步，看住陈照奎右腿，上面双掌发力，轻叫一声："你去吧!"话音未落，自己却似一只断了线的风筝，飞起五尺多高，一丈多远，"嗵"地一响砸在地上。原来，陈照奎见他来者不善，心中恼怒，在两人身体接触之际，对方力道似发未发之间，身形一晃，一个太极弹抖劲已是发将出去。陈发科徒手搏击天下无双，陈照奎秉承了父亲的擒拿弹抖之术，曾说："练就一身弹抖劲，试看天下谁能敌。"抖击对手之时，又在恼怒之间，用上了十层功力! 这人如何能禁当得起? 他躺在地下，竟向陈照奎伸出大拇指，说："果然是这个!"陈照奎因反感他突施偷袭，行径不算磊落，并不理他，自去坐席用餐。

1965 年，陈照奎回到故乡陈家沟，从堂兄陈照丕学习刀枪等器械。这是他自幼离开陈家沟后的第一次返乡，老少爷们都想见识他的太极功夫。于是，由村干部出面，组织村里 20 多个老年人和年轻后生，来到陈照奎居住的院落，请求他"给大伙跳趟头套架"。并说："自家爷们不说外气话，如果您身上东西多了，就卸下点儿；如果少了，就装走点儿。"陈照奎走到院子中央，稍微活动几下筋骨，然后合目息气，周身放松，虚领顶劲，双肩松开似脱，膻中穴聚而内含，气沉丹田。以预备式静立数秒后，忽然腰劲一旋，引得身体同步螺旋下沉，整个身子如一球体浑然滚动，旋转中双手似两条灵蛇出洞，又像两条软鞭缠绕，一招金刚捣碓打出，接着懒扎衣、六封四闭、单鞭……但见陈照奎立身中正，架子放得很低，上肢松柔灵顺，下盘固若磐石，静若处子，轻似风摆杨柳，又似行云流水，运劲不断；动如下山猛虎，蛟龙出海。外形缠绵，内含刚坚，同时胸腰运化有序，折叠蛹动有度，周身劲路贯串细腻而又规范，快慢相间，刚柔相济，妙不可言！

陈照奎演练的正是陈发科创编的新架一路。陈家沟人从来不曾见过这种练法，所以有的说："这拳和咱练的不一样啊？"有的说："拳都练转样啦，得叫照丕哥好好给他改一改。"还有的说："功夫还不错，就是身上妄动太多。"

陈家沟到底是陈家沟，懂拳的行家大有人在。只听陈茂森对那些快嘴快舌、胡乱议论的人说："你们懂个屁！胡说八道也不怕你十叔（陈照奎在家族"照"字辈中排行第十）笑话。好好看吧，这才真正是咱老陈家传下来的最宝贵的东西。"

陈照奎演毕，面不改色，心平气和一如常人，他缓步走到陈照丕、陈茂森、陈克忠等面前，抱拳施礼，说道："照奎自幼贪玩，功夫浅薄，还望三位哥哥多多指教。这次回来，就是想装些东西回去的。"陈照丕拉着他的手说："咱三叔（陈发科在叔伯弟兄中行三）的东西都叫你拿走了。回头你得把这些东西传给陈家沟的后人们。"陈照奎说："五哥（陈照丕在堂兄弟中行五），你放心，咱三叔临终嘱咐，叫我把这套拳带回来传下去。我一定办到。"

陈照奎在老家住了20多天，之后在办班教拳时开始传授刀、枪、剑等器械套路。此后，他在北京、郑州、石家庄、南京、焦作等地，巡回传拳近20年，培养了一大批如今在中国知名的太极好手，如陈瑜、张茂珍、马虹、杨天笏、万文德、张才根、张春栋、凌致安、张其林、吴崇奇、李德平、王长海、刘鹏等。

"文化大革命"中，学练太极拳被诬蔑为"四旧"，在扫除之列。陈照奎遭到造反派的批判，经常为躲避迫害到处漂泊流离。他没有工作，没有工资，是个以教拳为生的人，却不能教拳，他生活无着，只能辗转于各地的弟子家中，过着乞讨一般的生活，经常饥一顿饱一顿，有时两三天吃不上馍饭，只能喝水充饥。这给他的身体造成了很大的损害。尽管如此，陈照奎依然走到哪里，拳教到哪里，不能明着教，就偷着教。像郑州的张茂珍、石家庄的马虹等人，都是在这时候得以提高拳艺的。

## 返回故里　培育新人

陈家沟是太极拳发源地。自明末清初，陈家沟陈氏九世祖陈王廷创编太极拳之后，村人代代相传，名手辈出，傲然屹立在中华武术之林。然而，解放前，由于兵荒马乱，社会黑暗，陈家子弟飘零四方。到新中国成立时，陈家沟几乎没人会练太极拳，陈式太极拳几乎到了中断的边缘。1958年春节前，陈照丕返乡探亲，看到这种情况，65岁的老人流泪了。回到工作单位开封黄委会，陈照丕立即打报告退休，居住陈家沟，培育一代新人。

1972年底，陈照丕不幸逝世，陈家沟一大批太极新秀的拳艺还不成熟。村党支部书记张蔚珍和陈茂森前往北京请陈照奎回来传拳，为陈家沟培养陈式太极拳骨干力量。陈照奎欣然返乡执教，他说："是时候了，是完成父亲心愿的时候了。"

陈家沟热情地欢迎陈照奎，专门在大队部腾三间房，打扫干净，供他居住。又请了一位妇女为他做饭。一月开工资80元。怕人多学习不精，村里决定以陈小旺、陈正雷、王西安、朱天才为主要培养对象。当时虽然是"文革"中，但是由于有毛主席"提倡打太极拳"的语录，加上村党支部的支持，陈家沟掀起了学练陈式太极拳的热潮。1974年，批林批孔运动开始，练习太极拳又受到了限制，练可以，谈技击不可以。

一天晚上，陈照奎屋里的人不多，只有几位村里的新秀，陈正雷、陈小旺和专从郑州赶来向陈照奎请教的两位张姓客人，其他人都被挡驾了。还有一位身份特殊，是专门来搞批林批孔运动的驻村干部。屋里的政治气氛很浓。驻村干部先讲了一通批林批孔的重要性，又背诵了毛主席关于提倡打太极拳的那段语录，然后恭恭敬敬给陈照奎递一支烟，对火点着，请求道："陈老师吸过烟后，能不能跟小旺转两圈?"陈照奎吸了一口烟，缓缓吐出，说："好吧，大家要用心看。"说着瞟了陈正雷等一眼。

陈小旺赶紧站起来。他长得虎背熊腰，极是魁伟。小旺眼下的功夫，正雷是知道的。前些日子，小旺来找他谈拳，说到投机处，小旺来了兴致，靠墙斜站，一个进步顺肘，全身暴动不已，嗡嗡作响，小屋似有摇曳之感。连正雷娘都说："小旺拳成了。"正雷想，旺哥和十叔较量，十叔专门交代用心看，其中一定有门道。

陈照奎也站起来，他边吸烟，边扭头又看正雷等一眼，说道："太极到了最后是挨着何处何处击。"点头示意小旺，："来吧。"两人站到屋子中央，搭上手，陈照奎嘴噙着半截烟，也不下身法，只是随意站在那儿。小旺凝神坐胯，如临大敌。忽听陈照奎说："开始。"眨眼工夫，陈小旺竟如麻袋一般，被抛出两丈多远，撞在驻村干部身上，只听"扑通""哎呦"，两人一起滚翻在床上。在场的人相视咋舌，莫不惊叹。

陈小旺翻身坐起来，满脸疑惑不解的神色。他想，以自己的功夫，该能和十叔走上几招，怎么半招未过，就被发出圈外呢？正雷看得很仔细，却没看出门道。

接下来，陈照奎大讲太极精髓，口若悬河，滔滔不绝，直讲得驻村干部打呵欠、眼流泪、睡意朦胧。钟敲十二点，驻村干部告辞，几位新秀随之而去，屋内只剩正雷、小旺和郑州客人。陈照奎指着正雷对客人说："我这个侄儿，功夫也不错。"转而向正雷："来，咱爷俩转两圈。"

陈正雷巴不得这一声呢。他自忖这几年长进不小，该能和十叔过几招。谁知道搭手甫及，"啪!"还是那张床，他便躺上去了。小旺说："叫我再试试。"手刚伸，"啪"又上了床。兄弟俩轮番上阵，想摸摸其中的火候。十叔面带微笑，口中念念有词："挨着何处何处击。"念一句，抛出一个，不偏不倚，跌落点都是那张床。

兄弟俩丈二和尚摸不着头脑，问十叔："您用的是啥招?"

陈照奎笑道："没招，挨着何处何处击嘛。你们功夫不到家啊。"接着，陈照奎边示范边讲解，给正雷和小旺指点至关重要的精妙之处。

10年间，陈照奎几乎年年回陈家沟，一住数月，将自己平生所学及心得，尽授村中子弟，且教诲殷勤，不知疲倦。现陈家沟新一代所练的新架一路、二路及技击、擒拿、走化等技术，皆出自陈照奎。陈照奎为陈家沟陈氏太极拳的发展和提高，做出了重要的贡献。

同时，陈照奎不时应上海、南京、石家庄、郑州等地的邀请，前去办班。常常在陈家沟教拳数月后，抽空再赴各地推广普及陈式太极拳。由于他呕心沥血，劳累过度，不幸英年早逝。1981年因脑溢血迸发逝世于焦作，享年53岁。

在陈照奎的弟子中，许多都是当今武林名宿。陈小旺连夺国家武术大赛太极拳、太极器械、太极推手冠军，被河南武术馆聘为副馆长，又踏遍亚、欧、澳各洲，以技扬威，成为当代太极拳名家；陈正雷同样多次夺得国内外太极拳大赛金牌，常年应邀出国讲学传拳，足迹踏遍了30多个国家和地区，为"中国当代十大武术名师"之一；王西安、朱天才、马虹等都在国内外讲学传艺，被温县国际太极拳年会评为"太极拳大师"。

　　1963 年，由顾留馨编著、陈照奎演练的《陈氏太极拳》一书出版，影响深远，至今仍是陈式太极拳爱好者的必读书籍。陈照奎传拳的教案教材，已由弟子们整理成书，在海内外广泛流传。

# 第一章 太极拳概述

## 第一节 太极拳的源流、发展及演变

要知太极拳之由来，必先知太极之含义。太极即太虚。"太"者，有极其至大的意思。"虚"者，空虚无物之意。太虚为空空之境，真气所充，神明之宫府。真气之精微无运不至，故主生化之本始，运气之真元。太极乘气动而生阳，静而生阴。这就是太极生阴阳之理。

"阴阳"是古代哲学理论的代名词，用来说明一切事物内部不同属性的相互对立统一与转化。阴阳观念中具有对立统一，相互依存，相互协调，相互转化的特点，太极拳就是在符合阴阳对立统一的基础上，创造出的一套刚柔相济、内外相合、上下相通、快慢相间、形意结合、顺逆缠丝等阴阳相合的动作套路，阴阳相合而为太极，所以将这套拳称之为太极拳。如按太极拳姿势要求去练习，持之以恒，日久就可以练到五阴五阳的功夫，进入"妙手一运一太极，太极一运化乌有"的境界。达到这种程度时，太极理气活跃，气机相通，真气充盛，阴阳平衡，周身上下内外形气一体，如太极之象，混然一圆。

太极拳发源于河南省温县陈家沟。

陈家沟位于温县城东的青风岭上，600 年前叫常杨村。据温县县志记载："明洪武初年，因元铁木耳守怀庆（怀庆府管辖八县，温县在内），明兵久攻不下，急于统一天下。太祖迁怒于民，大加屠戮，时温民死者甚多……"相传有三洗怀庆之言。人烟几绝，乃迁民填补，屯田垦荒。十有八九由山西洪洞迁来，当地至今尚有"问我祖先何处来，山西洪洞大槐树"的说法。

陈氏始祖陈卜，原籍山西泽州郡（今晋城），后来由泽州搬居山西洪洞县。明洪武 7 年（1374 年），迁居河南怀庆府（今沁阳）。因始祖陈卜为人忠厚，精通拳械，为近邻乡民所敬重。故将其居住的地方叫陈卜庄（解放后，陈卜庄并归温县，至今仍叫陈卜庄）。先祖后因陈卜庄地势低洼，常受涝灾，又迁居温县城东十里的常杨村，村中有一条南北走向的深沟，随着陈氏人丁繁衍，常杨村易名陈家沟。

　　始祖陈卜居温县后，为奠定家业基础，偏重于垦种兴建。先是六世同居，七世分家，兴家立业，人繁家盛。为保卫桑梓，地方得安，在村中设武学社，教授子孙。1711 年，陈氏十世祖陈庚为陈卜立碑，方简单记述了陈卜史实。关于拳艺、人物、事迹的文字记载，仅从陈氏九世祖陈王廷记起。

　　据温县县志和陈氏家谱记载："陈王廷在明末拳术已著名。于拳术更加研究，又多所心得，代代相传，成为独特之秘。"

　　陈王廷（1600—1680 年），又名奏庭，明末清初人，文武兼优，精于拳械，功夫深厚，在河南、山东一带很有声望。他曾在山东扫荡群匪，贼闻名不敢逼近。因当时社会动荡，久不得志，他在年老隐居期间，依据祖传之拳术，博采众家之精华，结合太极阴阳之理，参考中医经络学说及导引、吐纳之术，创造了一套具有阴阳相合，刚柔相济的太极拳。陈王廷传授下来的有一至五路太极拳、炮捶一路、长拳 108 势、双人推手和刀、枪、剑、棍、铜、双人粘枪等器械。其中双人推手和双人粘枪，更具前所未有的独特风格。

　　陈王廷的著作因年代久远，多遭散失，现尚存《拳经总歌》和《长短句》词一首。《长短句》曰：

　　"叹当年，披坚执锐、扫荡群氛，几次颠险。蒙恩赐，枉徒然，到如今年老残喘。只落得《黄庭》一卷随身伴。闲来时造拳，忙来时耕田，教下些弟子儿孙，成龙成虎任方便。欠官粮早完，要私钱即还，骄谄勿用，忍让为先。人人道我憨，人人道我颠。常洗耳，不弹冠。笑煞那万户诸侯，兢兢业业不如俺。心中常舒泰，名利总不贪。参透机关，识破邯郸，陶情于鱼水，盘桓于山川，兴也无干，废也无干。若得个世境安康、恬淡如常，不妄求，听其自然。哪管它世态炎凉，权衡相参。成也无关，败也无关。不是神仙，谁是神仙？"

　　自陈王廷之后，陈家沟练习太极拳之风甚盛，老幼妇孺皆练习，当地流传的谚语说："喝喝陈沟水，都会翘翘腿。""会不会，金刚大捣碓。"这在一定程度上反映了当时的情形。这种风气世代沿袭，经久不衰，使得历代名手辈出。

　　十四世陈长兴（1771—1853 年），字云亭。著有《太极拳十大要论》《太极拳用武要言》《太极拳战斗篇》。他在祖传老架套路的基础上将太极拳套路由博归约、精炼归纳，创造性地发展成为现在的陈式太极拳一路、二路（又名炮捶）。后人称其为太极拳老架（大架）。长兴公以保镖为业，走镖山东，在武术界享有盛名。他在戏台前看戏，站立在千百人中（当时农村演戏，身强力壮者挤在台前，无座位），无论众人如何推、搋、拥、挤，脚步丝毫不动，凡近其身者，如水触石，不抗自颓，时人称为"牌位大王"。长兴子耕耘拳艺精奥，继续保镖山东，历时十余年，所遇匪盗敛迹，鲁人立碑叙其事以为纪念。耕耘子延年、延熙均为太极拳名师。长兴公教有名弟子杨露禅。

十四世陈有本在原有套路的基础上，又有些改动，逐渐舍弃了某些难度和发劲动作，架式与老架一样宽大，称为新架（现在称小架）。

十五世陈清萍，赘婿于赵堡镇（陈家沟东北 2.5 公里）在那里传拳。他在原套路上再进行修改，形成了小巧紧凑、逐步加圈、由简到繁、逐步提高拳艺技巧的练习套路，传和兆元（赵堡架），李景延（忽雷架）。

十六世陈鑫（1849—1929 年），字品三。他感到陈氏拳术历代均以口传为主，文字著作很少，为阐发祖传太极拳学说，遂发愤著书立说，用 12 年的时间写成《陈氏太极拳图画讲义》四卷，阐发陈氏世代积累的练拳经验。以易理说拳理，引证经络学说；以缠丝劲为核心，以内劲为统驭，是陈式太极拳理论宝库中最重要的一篇。他还著有《陈氏家乘》《三三六拳谱》等著作。

十七世陈发科（1887—1957 年），字福生。是近代陈式太极拳的代表人物，对发展和传播太极拳有杰出的贡献。自 1929 年至 1957 年一直在北京教授拳术，以其刚柔相济，采、挒、肘、靠、拿、跌、掷、打，兼施并用，技击技术极好，与人交手时以得人为准，以不见形为妙的高超击法将人跌出。因其为人忠厚，武德高尚，受到各界人士的欢迎。教授徒弟很多，有沈家桢、顾留馨、洪均生、田秀臣、雷慕尼、冯志强、李经梧、肖庆林等。其子照旭、照奎，女豫霞，拳艺亦很好。陈照奎曾在北京、上海、郑州、焦作等地教拳（主要传授其父晚年所定83 势拳架，现称新架），徒众很多，为普及陈式太极拳做出了很大贡献。

十八世陈照丕（1893—1972 年），字绩甫。1928 年秋，北平同仁堂东家乐佑申和乐笃同兄弟二人，慕陈式太极拳之名，托河南沁阳杜盛兴到陈家沟聘请拳师，族人公推陈照丕前往。到北平后，有同乡李敬庄（庆临）为其在《北平晚报》（1928 年 10 月）登载宣传，"我国提倡武术，其目的在于强种卫国，自卫御敌，收复失地"。陈照丕理论造诣极深，积数十年之经验，著有《陈氏太极拳汇宗》《太极拳入门》《陈氏太极拳图解》《陈氏太极拳理论十三篇》等书。他所授弟子的代表有陈小旺、陈正雷、王西安、朱天才等。他品德高尚，诲人不倦，对推广陈式太极拳做出了巨大贡献，深受国内外各界人士的崇拜，为陈式太极拳承前启后、继往开来的一代宗师。

现陈家沟所练的拳术套路有：老架一、二路（炮捶），新架一，二路（炮捶），小架一、二路，五种推手法。器械有：太极单刀、双刀、单剑、双剑、双锏、梨花枪夹白猿棍、春秋大刀、三杆、八杆、十三杆等。这些套路，从风格上，技击应用上，仍基本上保持原有的传统风格。

陈式太极拳经过近百年发展，演变出有代表性的杨、吴、武、孙四大流派。

**杨式太极拳**

杨福魁（1799—1871 年），字露禅，河北永年人。陈家沟陈德瑚在永年开中药铺，杨在药铺学徒，后陈德瑚带杨回陈家沟家中做些杂活。陈氏十四世祖陈长兴在陈德瑚家设武学，教后人习拳舞械。陈长兴见杨聪明伶俐，做事殷勤，为人忠诚老实，又喜爱拳术，与陈德瑚商量后，乃收为徒弟，传授太极拳。杨练拳极下工夫，夜里练拳疲困时，仅在长板凳上打盹。这种长凳很窄，很快就跌下来，醒后继续再练，如是者七年之久，拳乃练成。经老师与东家同意后，装卷归里，离开陈家沟（后又两次拜访陈家）。

杨露禅回家后，经亲友推荐到北京教拳，打败许多名手，名声大振，后到清宫王府教拳，因习拳的都是些贵族子弟，为了适应他们娇嫩体质的需要，便将陈式太极拳套路中的缠丝劲及蹿蹦跳跃发劲等难度较大的动作做了些改动，使其姿势较为简化，动作柔和，不纵不跳，后经其三子健侯修改成中架子。后再经其孙澄甫的修改而成为目前流行较广的杨式太极拳。其特点是：拳架舒展、动作和顺，姿势柔软。要求绵里藏针。杨澄甫（1883—1936 年）著有《太极拳使用法》《太极拳体用全书》，曾在北京、上海、广州等地传拳，是著名的杨式太极拳一代宗师。

**吴式太极拳**

杨露禅在清宫王府教拳时，满族人全佑从学于杨，后又学于杨班侯（1837—1892）。全佑传其子鉴泉，后来鉴泉从汉姓为吴，吴鉴泉（1870—1942）的拳架以柔化著称，推手守静而不妄动，形成了架式大小适中，柔和紧凑的特点。吴鉴泉曾在上海开办拳社，培养学生，成为现代流行的以柔化见长的吴式太极拳。

**武式太极拳**

武禹襄（1812—1880），河北永年人。初学同乡杨露禅大架动作，后慕名至陈家沟，求长兴公教拳。因长兴公年岁已高，不再传拳，其子耕耘走镖山东，不在身边，但见他求学心切，便将武介绍给陈氏同族十五世陈清萍。陈清萍的拳架小而紧凑，加圈缠丝，是陈式小架拳派的支流。武禹襄学拳很下工夫，潜心专练，后在杨式大架和陈式小架的基础上演变成为现在的武式太极拳。后传其甥李亦畲（1832—1892），李再传郝为真（1849—1920），郝传其子月如、少如。月如以教拳为业，武式太极拳始在外传。其特点：动作轻灵、步法敏捷、紧凑缠绵。

### 孙式太极拳

孙禄堂（1860—1930），河北完县人。先学形意拳，精通易理，兼习八卦。著有《形意拳学》《拳意述真》等书。在北京有"活猴"孙禄堂美名佳称。后又从郝为真学太极拳，将形意、八卦、太极拳融为一体，形成现在的开合鼓荡，架高步活，独具风格的孙式太极拳。

其他太极拳还有：

国家体委以杨式太极拳为主，并辅以其他流派的太极拳整理创编成简化太极拳二十四式、四十八式、八十八式。

为了适应国内、国际比赛，原国家体委、中国武术院创编了陈、杨、吴、孙、武五式太极拳竞赛套路。

为贯彻落实国家体委倡导的"全民健身计划"，陈家沟陈氏十九世、太极拳十一代传人陈小旺、陈正雷先后分别创编了陈式三十八式太极拳和陈式太极拳精要十八式。

综上所述，现在社会上流行的各式太极拳虽然在风格和特点上有所不同，在套路形式大小、繁简上也有差异，但是就其套路结构和拳势名称以及锻炼要领看，都明显地是从陈式太极拳演变而成的。

太极拳流传至今已有300余年历史，真正进入鼎盛发展时期，则是在20世纪80年代以来。

为了进一步弘扬太极文化，加强国际间太极拳的交流与发展，太极拳发源地温县从1992年开始，已成功地举办了8届国际太极拳年会，有30多个国家和地区参加，吸收年会成员组织120多个。目前，国内外陈式太极拳团体组织已达150多个。

## 陈式太极拳主要传递系统表

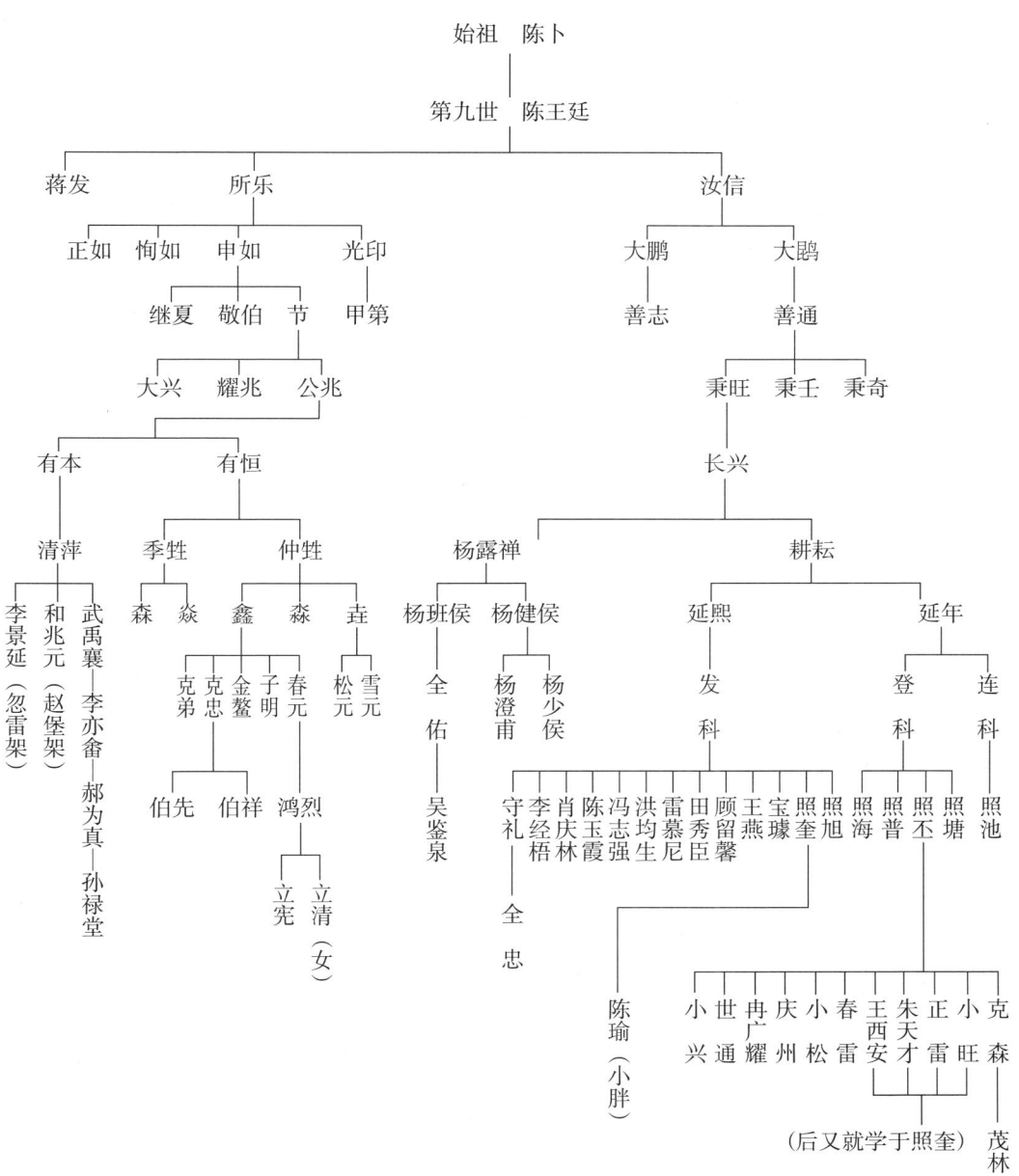

☆注：照丕、照奎全国学生很多，此表只限陈家沟。

# 第二节　陈式太极拳门规戒律

## 一、门尊十二严

端　举止端正庄重
敬　恭敬尊重
公　公正
正　正直正派
仁　仁慈、善良
义　正义
浩　浩然之气、胸怀宽广
勇　见义勇为
忠　忠诚老实
信　守信、信义
诚　诚心诚意
德　品德、道德

## 二、规守二十备

1. 不倚权欺人。
2. 不畏强凌弱。
3. 不惧险，救危。
4. 不为非作歹。
5. 不仗技采花。
6. 不借势狂妄。
7. 不走街卖艺。
8. 不串乡结党。
9. 不奢逸流浪。
10. 不自骄自满。
11. 不与狂徒较量。
12. 不与无知争强。
13. 不可骄谄贫富。
14. 不贪无义横财。
15. 不与酒色处事。
16. 不抗公私之债。
17. 不得损公碍私。
18. 不图显官厚禄。
19. 不当叛国臭徒。
20. 不应蹉懈习拳。

## 三、戒章十二禁

邪　不正当的事（歪风邪气）
反　坏、恶（指坏人坏事、为非作歹）
刁　无赖
猾　狡猾
奢　过分奢侈、挥霍

诈　欺诈、诓骗

疯　言行狂妄

卑　下贱、品质低劣

奸　奸诈、虚伪、背叛、下流

谎　不老实

狂　极端任性、狂妄、妄自尊大

恶　恶毒、凶狠、极坏行为

## 四、律则二格

1. 善良之人，端德者习拳，以健康强壮身体，为卫身之根，此乃陈门拳术本貌共遵。

2. 不良之人，邪恶者从拳，以资侮掠人致本，为患害。此乃陈门拳术戒绝反对。

## 五、学拳须知

学太极拳不可不敬，不敬则外慢师友，内慢身体，心不敛束，何能学艺。

学太极拳不可狂，狂则生事非。不但手不可狂，言亦不可狂，外面形迹必带儒雅风气，不然狂于外，必失于中。

学太极拳不可满，满则招损。俗语云："天外还有天。"能谦则虚必受教，人岂不乐告之以善哉，积众以为善，善斯大矣。

学太极拳着着当细心揣摩，一着不揣摩，则此势机智情理终于茫昧，即承上启下，处处尤当留心，此处不留心，则来脉不真，转关不灵，动一着自成一着，不能自始至终一气贯通矣，不能一气贯通，则与太和元气终难问津。

学太极拳先学读书，书理明白，学拳自然容易。

# 第三节　陈式太极拳的特点

## 一、外似淑女　内似金刚

中华武术，门派繁多，各门派都有其独到之处，归纳起来，不外乎是内、外两家。

外家拳多以拳打脚踢为主，蹿蹦跳跃，腾挪闪战，攻防含意较为明显，让人一看便知是武术。陈式太极拳则别具特色：以意导气，以气运身；内气不动，外形寂然不动，内气一动，外形随气而动；以内气催动外形，上下相随，连绵不断，以腰为轴，节节贯串，不丢不顶，圆转自如，轻轻运转，默默停止。其攻防含意大都隐于内而不显于外，往往使人误认为此拳像摸鱼一样，不是武术。特别是老架一路，以柔为主，要求周身放松，不用僵力，主要是锻炼下盘功夫，使足下生根，转髋灵活，疏通气血，练就充足的内气，意到气到，气到劲到，立身中正，八面支撑，使身体内外各部建起巩固的防线，形成一身备五弓的蓄发之势。这样，不遇敌则已，若遇劲敌，则内劲猝发，如迅雷烈风，故外似淑女，内似金刚，此为陈式太极拳的一大特点。

## 二、螺旋缠绕的运气方法

头顶碎砖，脖缠钢筋等，这是硬气功的运气方法。内气运到头顶上，头能将砖碰碎；运到脖颈上，能将钢筋缠绕起来。

陈式太极拳结合力学和经络学的理论，采用螺旋缠绕的运气方法，以小力胜大力，以弱力胜强力，好像用一个小小的千斤顶，就能将载重几吨货物的汽车顶起来一样。所谓太极拳蓄发相变、引劲落空、借力打人、以四两拨千斤，皆是螺旋劲所起的作用。故《陈氏太极拳图说》讲："虚笼诈诱、只为一转。"从经络学上来讲，经络是指布满人体的气血通路，源于脏腑，流于肢体，脏腑经络气血失和，则神机反常而生疾病，和则气血流畅而强身延年。太极拳结合经络学说，以拳术与导引吐纳为表里，拳势动作采用螺旋缠丝式的伸缩旋转，要求"以意导气、以气运身"，"气宜鼓荡、气遍身躯"，内气发源于丹田，以腰为轴，节节贯串，微微旋转，使腰隙（两肾）左右抽换，通过旋腰转脊，缠绕运动，布于全身；通任、督两脉，上行为旋腕转膀，下行为旋踝转膝，达于四梢，复归丹田，动作呈弧形，圆活连贯，一招一势，承上启下，一气呵成，导致气血循环，此为运劲（即运气），它区别于用劲。这种系统的运气方法符合经络学说的道理，是其他拳法和体育运动所少有的。

### 三、把武术与导引吐纳相结合

导引和吐纳是我国源远流长的养生术，早在公元前几百年的《老子》《孟子》等著作中就有记载。汉初淮南子刘安就编成《六禽戏》，汉末著名医学家华佗又改为《五禽戏》，他模仿禽兽的动、摇、屈伸、仰俯、顾盼、跳跃等动作，并结合呼吸运动，用于治病保健锻炼，是后来气功和内行功的先导，也是道家养生学的基础。陈式太极拳把导引、吐纳术和手、眼、身法、步法的协调动作有机地结合起来，成为内外兼修的内功拳运动。

### 四、陈式太极拳的刚柔相济

刚和柔，两者是相互对立的，然而陈式太极拳却把刚劲与柔劲糅和在整个套路中，一招一势刚中寓柔，柔中寓刚，达到刚柔相济。《太极拳十大要论》中规定："运动之功夫，先化劲为柔，然后练柔成刚，及其至也，亦柔亦刚。刚柔得中，方见阴阳。故此拳不可以刚名，亦不可以柔名，直以太极之名名之。"为什么太极拳的劲力要以刚柔相济为准呢？因有刚而无柔的劲缺乏韧性，易折易损，没有技击格斗的实用价值，只有柔而无刚的劲因失去爆发力也无实用价值。故《太极拳十大要论》指出："然刚柔既分，而发用有别，四肢发劲，气形诸外，而内持静重，刚势也；气屯于内而外现轻和，柔势也。用刚不可无柔，无柔则环绕不速；用柔不可无刚，无刚则催迫不捷。刚柔相济，则粘、游、连、随、腾、闪、折、空、掤、捋、挤、按无不得其自然矣。刚柔不可偏用，用武岂可忽耶！"

刚和柔的变换，从神与气上来讲，是通过隐与显表现出来的，隐则为柔，显则为刚。从姿势上来讲，是通过开与合表现出来的，合则为柔，开则为刚（即蓄则为柔，发则为刚）。在运动过程中表现为柔，在运动到落点时表现为刚。因有神气的隐显与姿势的开合，刚柔就能够充分地表现出来。落点是运动到达尽头之点，是神显与气聚之处，所以表现为刚，除此之外，运气转换过程则宜用柔法。陈式太极拳的每个动作都有开有合，每个开合动作都有运劲、有落点，落点要用刚劲，其他都用柔劲。这是做到刚柔相济必须掌握的原则，也是练习避实击虚、蓄而后发、引进落空、松活弹抖的基础。

## 五、意识、呼吸、动作三者密切结合

陈式太极拳是内外兼修的内家拳术，内家拳的动作都是在意识的引导下进行的。意，即心意、意识。陈鑫《拳论》说，"打拳心为主"，"妙机本是从心发"，"运用在心，此是真诀"。"以心为主，而五官百骸无不听命"。"问：运行之主宰？曰：主宰于心，心欲左右更迭运行，则左右手足即更迭运行；心欲用缠丝劲顺转圈，则左右手即用缠丝劲顺转圈；心欲沉肘压肩，肘即沉，肩即压；心欲胸腹前合，腰劲塌下，裆口开圆，而胸向前合，腰劲刹下，裆口开圆，无不如意；心欲屈两膝，两膝即屈，右足随右手运行，左足随左手运行，两膝与左右足皆随之，不然多生疵累，此官骸不得不从乎心也。吾故曰：心为一身运行之主宰。"以上所言，即是心意与动作的关系。《拳论》又云："打拳以调养气血，呼吸顺其自然……调息绵绵，操固内守，注意玄关……轻轻运行，默默停止，惟以意思运行。"由此可知意识、呼吸和动作三者的密切关系。在走架子时，一举一动都是在意的指挥下，将手、眼、身法、步法的协调动作和呼吸有机地结合起来，开呼蓄吸，顺其自然，心意不可使气，轻轻运转，成为内外统一的内功拳运动。

## 六、实战性的竞技运动
### ——双人推手和双人粘枪

武术自古以来就有踢、打、摔、拿、跌五种分部练习法，而摔法只讲摔，不讲打，几千年来就一直独立发展，其他四种虽也综合锻炼，但仍各具特色。古代有"南拳北腿""长拳短打"之称，也就说明这种分歧。与戚继光同时代的名手，如山东的"李半天"之腿、"鹰爪王"之拿、"千跌张"之跌、"张伯敬"之打等，也都各具一技之长。同时，由于踢、打、拿、跌四法在实践中有较大的伤害性，历来大都只作假想性或象征性的练习，这就为花、假手法开了方便之门。而前人所苦心积累的点滴经验，也因实践不足，很难提高技击水平。这就是我国古代一些著名拳种在教传之后"失其真意"或竞技无一人传习的原因之一。

陈王廷以粘、黏、连、随、掤、捋、挤、按为中心内容，在螺旋缠绕的基础上，创造了陈式太极拳双人推手法，练习大脑反应和皮肤触觉的灵敏性，综合了踢、打、摔、拿、跌等竞技技巧，并且还有所发展。譬如拿法，它不限于拿人的关节，而是着重拿人的劲路，这就高于一般拿法的技巧。陈式太极拳这种推手方法，技击性较强，因此对发展体力、耐力、速度、灵敏和技巧都是行之有效的。

这种推手方法代替了假想性和象征性的花、假手法，解决了实习时的场地、护具和特制服装等问题，成为随时随地两人可以搭手练习的竞技运动。

陈王廷创造了双人粘枪法。粘随不脱、蓄发相变的刺枪术和八杆对练是太极拳派长兵器的对抗性基本练法。结合陈式拳术与众不同的缠丝劲运到器械上，为长兵器对练开辟一条简便易行、提高技术的途径。

# 第四节　陈式太极拳的健身与技击作用

"户枢不蠹"这句古代的名言，远在《吕氏春秋》就有记载，它在我国人民中广为流传，说明我国人民很早就懂得了"运动"有增强体质、防治疾病的作用。我国古代的史学家陈寿在《三国志·魏书·华佗传》中，记载了华佗所创的《五禽戏》，就是摹仿虎、鹿、熊、猿、鸟的动作来活动关节，以防病延年。

我国古代道家的"静坐""导引"之术，均为养生疗病之道。《素问·异法方宜论》说："其民食杂而不劳，故其病多痿厥寒热，其治宜导引按跷。"《素问·上古天真论》又说："恬惔虚无，真气从之，精神内守，病安从来。"这都充分说明"运动"和"清静"各从不同的角度养生，以达到强身疗病的生理效应。

自古迄今，养生疗病之术，种类颇多，各有特色。而太极拳则是总结了前人各种养生之术的精华，结合阴阳之理，把螺旋缠丝运动融于清静之中，把清静化于螺旋缠丝运动之内。这种动与静的巧妙结合，产生了内气催外形，思维与动作、快与慢、开与放、分与合等动作意气的相互协调，从而在思想上得以安逸，从形体器官上得以锻炼，元气得生，宗气得充，精气得保，收到祛病健身、技击防身的双重效果。

## 一、太极拳的健身作用

1. 改善神经系统的抑制过程，消除病灶反馈性影响。

神经系统的作用，是调节全身各器官功能活动，保持人体内部的完整统一，以适应外部环境变化的需要。太极拳中清静用意、"意守丹田"，乃为静功养身之术。这种静功，可以增加自我意念的控制能力，从而产生阻止病因病灶反馈信号机制的传递，起到纠正修复病灶反馈的恶性循环，抑制病情发展，提高健康水平。心静勿虑，意守丹田，是鼓动内气的基础，是产生毅力的条件。毅力是练拳的保证，锻炼持之以恒，就可以从内气到外形协调一致。使气沉于丹田，贯于尾间，环流周身，从而使脏腑得充，周身得养，精力充沛，有利于病变和精神创伤的修复，有利于病体的恢复和精神的保养，由于它能促进大脑神经细胞的功能完善，使兴奋与抑制过程协调，对精神创伤、神经类疾病如神经衰弱等，有良好的防治作用。

2. 增强心脏功能，改善微循环系统，扩大肺活量，提高气体交换能力。

血液担负着营养周身各组织器官的作用，而心脏则是血液运行的动力，毛细血管是微循环物质交换的场所。一个久练拳的人，每分钟心律在 60 次左右，这种由于久经锻炼而得来的心律减慢，延缓了心脏舒张期，使心肌得以充分休整，促使心肌收缩力加强，输出量增加，提高了心脏的工作能力。

持久锻炼，内气得以流通，周身放松，使微循环功能加强，有利于毛细血管内外的物质交换，促进组织对氧的利用率，减少肌酸的蓄积，减轻疲劳，益于疾病的恢复，特别是对慢性冠心病、高血脂症、动脉硬化症都有较好的防治作用。

肺是气体交换的场所，呼吸下纳于肾是气体交换的重要条件.肾纳气，则气沉丹田，肾不纳气则上浮胸中而喘.太极拳锻炼的呼吸方式要求深长匀柔，它可以增加膈肌及腹部肌肉的活动度和调节肋间肌的呼吸功能，使肺与胸廓之间的牵张力加大，增加肺活量，提高肺泡与毛细血管壁的接触面积，使氧及二氧化碳弥散能力增强。经过长期锻炼，可使呼吸频率减少，增强呼吸效果，具体的表现是在练拳时"汗流浃背不发喘"。它对防治慢性肺气肿有一定的作用，对防治各种慢性肺部病变均很适宜。

3. 强健肌肉，改善骨的理化特性，畅通经络，有利于营卫气血的通行。

太极拳的运动方式是一动无有不动。从内气的畅通到外形的变化，从五脏六腑到四肢百骸，都寓于"动"中，顺逆缠丝的螺旋运动及上下相随，内外结合，快慢相间，节节贯串运动都融为一体。从脏腑组织到肌体组织、关节韧带、腱鞘肌群，都得到活动和锻炼。久而久之，肌肉丰满发达，骨骼强健有力，使骨的理化特性得以改善，提高骨的抗折、抗压、抗弯、抗脱臼能力：对老年人关节病（关节僵硬、行走坐起不便、足膝萎软、屈伸无力、骨质增生）有良好的预防作用。

经络是气血运行的通道，人体健康与否，与经气畅通与否密切相关，练太极拳的人，练到一定程度，就有小腹发热、四肢末梢发胀、发麻之感。中医针灸学认为这种现象是"得气"的表现，也就是调动内气，打通经络，经气运行的表现。

太极拳运动，主宰于腰，虚领顶劲，气沉丹田，腰为肾之腑，又为带脉所绕之处。腰脊运动带动身形，行于手指，达于四梢，复归丹田。丹田乃小腹部位，任督冲脉乃一源三歧，出会阴，复灌诸经。长期锻炼，可使肾气旺盛，带脉充盈，阴阳调和，神清目明。

"尾闾中正"乃太极之要领，这是稳定自己重心，加强发劲的根本。太极拳中的"虚领顶劲"与"尾闾中正"上下相应，"百会穴"与"长强穴"相互灌注，有利于督脉经气的畅通。百会、长强乃督脉之要穴，气通此穴后，便能升提中气，增强韧带及扩约肌功能。故对脱肛、痔疮、子宫下垂均有良好的治疗和预防作用。

总上所述，"尾闾中正"、"虚领顶劲"有利于任脉、督脉经气的运行。任为阴脉之海，总任一身之阴经（手足三阴经脉），督为阳脉之海，总督一身之阳经（手足三阳经脉）。内联奇经诸脉，使之畅通。加之"气沉丹田，螺旋缠绕"，从内到外，从躯体到四肢末梢，得以特殊的运动，动则谷气得消，血脉流通，病不得生"（华佗传）。当然，要使其起到防病健身作用，并非一朝一夕之功，在动作正确的基础上，持之以恒地刻苦锻炼，不管男女老幼，都可收到防病健身、延年益寿的效果。

## 二、太极拳的技击作用

陈式太极拳不仅健身有法，而且技击奥妙。中华武术，门派繁多，攻防技巧，各有所长，拳打脚踢，谓之一般。然而，陈式太极拳却独树一帜，流传300余年，仍保持本来特色。它以掤、捋、挤、按、采、挒、肘、靠为中心内容，在粘、黏、连、随的基础上以螺旋缠丝的内劲为统驭，将抓、拿、摔、滑、打、跌熔为一炉，内外兼练，成为武坛上最优秀的拳种之一。

练习陈式太极拳三年一小成，九年一大成，练到上乘功夫，可达周身一家，以静制动，以逸代劳，以不变而应万变，亦可得机得势，舍己从人，随机应变，灵活运用，引进落空，借力打人，陈家沟流传的《推手歌》云："掤捋挤按须认真，周身相随人难侵，任人巨力来打我，牵动四两拨千斤。"

拳论中说："斯技旁门甚多，虽有区别，概不外乎壮欺弱、慢让快耳。有力打无力，手慢让手快，是皆先天自然之能，非关学力而有为也。察四两拨千斤之句，显非力胜，观耄耋能御众之形，快何能为？"可见，太极拳技击不是比力而是比技巧。"壮欺弱、慢让快"那是自然的本能，不是技巧的功能。所谓技巧，则是顺应自然以克制自然，达到"弱胜壮、慢胜快"。自然界中的杠杆支点和螺旋转化的原理，就具有"四两拨千斤"的功能。太极拳技击利用这种原理，即可柔化一切重力，此为化劲。有此化劲功夫，就可以轻制重。同时，太极拳的运动是运用了离心力，并以腰脊做中轴，使一切动作皆走内圈；走内圈速度虽较慢，但仍可较之走外圈快，这是"后人发，先人至"的缘由，也是"慢胜快"的关键所在。

通过持久练功，内气充盈。在此基础上，陈式太极拳螺旋缠丝劲在技击时有三种表现：一种是受到外来侵力的冲撞时，用不失掤劲的"旋贯力"将力点化解。若其余力未尽，再加力相助，使其扑空栽倒。若对方感到力点被化，随即回抽时，就马上转劲跟上加力打回劲，使其跌出，此为引进落空合即出之法。另一种是进击时的旋转"穿透力"。就是借机发人时，将周身之力集中一点，快速旋转加力，如子弹离开枪膛的来福线，有穿透之威力。其三就是"化解力"。在被人擒拿控制时，顺其劲路螺旋缠绕，避实就虚，无孔不入，将对方劲力化解，并能顺劲制人。

# 第五节　陈式太极拳对身体各部位的要求

陈式太极拳对周身各个部位，都有严格要求。

## 一、头颈部

陈鑫在《太极拳图说》中说："头为六阳之首，周身之主，五官百骸莫不体此为向背。"《拳论》规定："百会穴领其全身"，"自始至终顶劲决不可失"。还有"虚灵顶劲""提顶""吊顶""头顶悬"等说法。所以用领、提、虚、灵等字来描绘头颈部位，主要是怕中气过于上冲，从而引起颈部肌肉僵直，失掉头部的灵活性，导致全身的僵滞。

从力学来讲，头处在人体上下垂直线上；从生理学来讲，头部的大脑是神经系统的中枢。如果练拳时头部东倒西歪，势必影响身体的平衡和协调，不但失去动作姿势的优美，也影响精神的集中。《拳论》说："腰脊为第一主宰，喉头为第二主宰。"练拳时，头颈部要领掌握得好，才能使精神集中，一招一式，举手投足，受着意识的指导，动作起来，才能使周身灵活。否则就显得精神涣散，动作失去完整和协调。就像陈鑫指出的："一失顶颈，四肢若无所附，且无精神。故必领起，以为周身纲领。"

具体要求是：头部要保持正直，劲部肌肉要保持松弛状态，使头部有悬起的感觉。注意不要勉强和呆板，避免前俯后仰、东倒西歪。身体移动和旋转时，头颈部与身躯、四肢要上下一致，双目要平视延远，运行中，以手为主，眼神注于该手的中指端。下颏要微向内收，牙齿和口唇要微合。舌尖抵住上腭，以加强唾液分泌。耳听身后，兼顾左右。总之，处处要自然轻松，不可有丝毫急躁的情绪。

## 二、躯干部

躯干部指的是人体的胸背、腰脊、腹部和臀部。这些部位是人体内脏所在和内脏的保护性支架，在健身、防身和技击等方面，都起着重要的作用。

1. 胸背。陈式太极拳对胸部的要求是要含、要虚、要松。陈鑫说："胸要含住劲，又要虚。""胸间松开，胸一松，全体舒畅。"胸部含虚和胸间松开，可以自然形成腹式呼吸，使呼吸深长舒畅。从技击意义上讲，"紧要全在胸中腰间运化"。胸部虚含，锁骨和肋骨松沉，可以使上肢虚灵和身体重心向下降，于技击大有裨益。

陈式太极拳对背部的要求是要舒展松沉，"用中气贯注"。人体背部呈微弧形，有脊椎骨上下连接，是脊髓、神经所在的部位。按照经络学说，背部是督脉的通道，督脉属阳脉之海。练拳时，背部肌肉要注意舒展和向下松沉，要根据脊椎生理状态，随屈就伸，保持脊背的相对端正，以利于气血的通畅，做到"牵动往来气贴背"，便于及时使"力由脊发"。有的学派对背部提出了"拔背"的要求，笔者认为用这个"拔"字，容易使人产生误解，就字义讲，"拔"是向上提拔的意思。人体脊背部不论是上拔或前屈，都会使背阔肌和肋间肌拉紧前伸，迫使胸部向内吞缩，两肩前扣，形成弓背耸肩的错误姿势，既影响和破坏身法的优美，又使胸腔受到一定压迫，妨碍呼吸的顺畅。

2. 腰脊。人在日常生活中，行走坐卧要保持正确的姿势，腰脊起着重要的作用。在练习太极拳的过程中，腰脊的作用更为重要，有"腰脊为第一主宰"的说法。陈式太极拳对腰部的要求是：腰劲向下塌。就是腰部椎弓要按生理特性，略向内收下沉，向下塌住劲，腰是上下体转动的枢纽。在含胸的情况下，向下塌住劲，能够使心气下降，下盘稳固。同时，还要注意两肋微内收，即拳论中的"束肋"。但是腰劲下塌不可用力太过。在陈鑫的论著中，一方面说"腰劲贵下去，贵坚实"，另一方面说"腰中要虚，一虚则上下皆灵"。他说："腰为上下体枢纽转关处，不可软，亦不可硬，折其中方得。"如果腰部过于用力，会使腰大肌收缩，影响上下体转动的灵活性。

在塌腰的同时，还要注意使腰脊直竖，就是所谓"直腰"。成年人的脊柱由

24 块椎骨、1 块骶骨和 1 块尾骨，借软骨、韧带及关节紧密连结而成，由于直立的影响，从侧面看，有颈弯、胸弯、腰弯和骶弯四个生理弯曲。其中腰椎是向前弯曲的。又因为椎骨之间，有关节软骨和关节韧带相连接，活动性强，伸缩性大，所以，容易受其他部位的肌肉牵引，而出现俯仰歪斜的现象。做好"直腰"，就是为了尽可能地减小腰弯的前曲度，避免在全身放松的情况下影响脊椎的正常生理状态，维持立身中正，使腰脊更好地起到"车轴"的作用。拳论说："心为令，气为旗，腰为纛（古代军队里的大旗）。"这里指的就是腰脊要像旗杆那样直竖着，需要说明的是，在练习过程中，腰椎以上的胸椎部分，根据动作的需要，有时虽然有些轻微的伸缩，但不可随意摇摆，要注意曲中求直。

3. 腹部。陈式太极拳对腹部的要求是要"合"。陈鑫说："中间胸腹，自天突穴至脐下阴交，气海、石门、关元如馨折，如鞠躬形，是谓含住胸，是为合住劲，要虚。"又说："胸腹宽宏广大，向前合住，中气贯注。"腹部是丹田所在的地方，丹田是中气归宿的场所。练习太极拳时，周身之劲，往外发者，皆起于丹田。腹肋的左右气冲向维道、气海、关元，中极诸穴虚虚合住，有利于中气出入丹田，有利于任脉的通畅。有的太极拳家提出"腹松"；有的提出"空胸实腹"。实际上，腹部肌肉随着中气出入丹田有张有弛，两者并不矛盾，是"中气存于中，虚灵含于内"。

4. 臀部。陈式太极拳对臀部的要求是要"泛"。陈鑫在《太极拳图说》中，曾多次提出臀部要"泛起"，要"翻起"。他说："屁股泛不起来，不惟前裆合不住，即上体亦皆扣合不住。"在塌腰、合腹、开胯、圆裆的配合下，臀部向后微泛，有利中气贯于脊中，有利于腰劲、裆劲、腿劲的运用。泛臀绝不是撅屁股，不是凸臀。泛臀是塌腰、合腹、圆裆、开胯、合膝的必然结果。"前裆合住，后臀自然翻起"。有的太极学派提出了"敛臀"，就是臀部微向里收的要求。敛臀固然可以防止撅屁股的毛病，但是，如果只注意臀部向里收敛，则前裆大开，后裆夹住，裆劲不能开圆，这会影响身体转动的灵活性。

## 三、上肢部

1. 肩肘。"松肩沉肘"是各派太极拳的共同要求。有的也叫"沉肩垂肘"或"沉肩坠肘"，就是两肩关节要向下、向外松开，两肘关节要向下沉坠。松肩和沉肘是相互联系的，只有做到沉肘松肩，两臂才能圆满松活，运动自然。拳论讲："转关在肩，折叠在腕。"也就是说，解脱擒拿，内劲运动在胸、腰。通过肩、肘，力达手腕，方能解脱。肩、肘关节通顺，内劲才能达到掌指。如果肩、肘受到障碍，便会影响内劲运用，从而也影响了周身协调。在练习时，经常要注意两肩关节的松弛，有意识地向外引伸，使劲逐渐拉开下沉；两肘则要有下垂之意，以起到"护肋"的作用。同时，还要注意使腋下留有大约一个拳头的空隙，以利于手臂的旋转自如。肩、臂的上下左右旋转，虽然要求轻灵，但不可漂浮和软化。处处要力争圆满，做到轻而不浮和软化；处处要力争圆满，做到轻而不浮沉而不僵。但是这种功夫必须日久才能达到。陈鑫说："肩膊头骨缝要开。始则不开，不可使之强开，功夫未到自开时，心说已开，究竟未开。必功苦日久，自然能开，方算得开。此处一开，则全胳膊之往来屈伸，如风吹杨柳，天机动荡，活泼地毫无滞机，皆系于此。此肱之枢纽，灵动所关，不可不知。"

2. 腕。陈式太极拳有竖腕、坐腕、折腕、旋转腕等多种变化，是随着动作的需要、身法的协调而变化的。如搂膝、懒扎衣、单鞭等势，手掌都应竖腕；掩手肱拳、云手、当头炮等势应直腕；抱头推山、六封四闭等势应坐腕；懒扎衣转六封四闭和高探马下边的过渡动作三换掌等势应折叠腕；六封四闭前边的过渡动作，倒卷肱转换动作等势应旋转腕。但是，不论千变万化，必须结合身法，以中气运行而变化之。既要使腕部灵活多变，又要使腕部具有一定的柔韧性。绝不可为了花哨好看而变为浮漂软化，失去腕部的掤劲，这样在推手时就容易被对方拿住手腕而受制。

3. 手。陈式太极拳很重视手的作用。拳论说："此艺全是以心运手，以手领肘，以肘领身。""每一举一动，其运化在身，表现在手。"又有"梢节领（手为梢节），中节随，根节催"之说，从手型讲，主要有掌、拳、勾三种。下面分别论之。

（1）掌。陈式太极拳对掌的要求是瓦拢掌。就是拇指与小指有相合之意，中指、食指、无名指微向后仰。五指均轻微合拢，但不可用力，掌心要虚。有的拳家主张"三空"，即掌心空、脚心空、心空。但这不是绝对的，在拳式的运动中也会有变化。如在运劲与合劲时，掌心要虚；在开劲与发劲时，掌心就要实。

陈式太极拳的缠丝劲有顺有逆，在手上的表现也有所不同。如在做逆缠丝时，拇指领劲向外按（如六封四闭为左右双逆缠），内劲由拇指到食指，到中指，依次贯足趾梢；在做顺缠丝时，小指领劲向里合（如云手一势往里合劲时，皆为顺缠，往外开时皆为逆缠），由小指到无名指到中指，一直合于拇指，都是随着手臂的旋转依次贯注指肚，也就是力达指梢。只是陈式太极拳在运行中除随着身法与手臂的旋转依次贯注指肚外，思想意识与眼神都是贯注于中指。陈鑫说："中指劲到，余指劲也到。"

（2）拳。陈式太极拳的握拳形式是以四指并拢卷曲，指尖贴于掌心，然后拇指卷曲，贴于食指与中指中节上，握成拳形，但又不能握得太紧。如握太紧会使整个手臂与半侧身体肌肉的紧张度增加，呈现僵硬，内劲不能顺利达到拳顶。所以拳谚有"蓄势散手，着人成拳"之说。也就是说，在蓄劲时要虚握拳，在发劲着人的一瞬间成拳，力贯拳顶，使劲由足而生，行于腿、主宰于腰，通过肩、肘，达到拳顶，周身完整一气。但注意在发拳时腕部千万不能软，拳顶不能上撩，也不能下栽，必须直腕。如腕部软塌，拳遇实物，就会受伤。

（3）勾手。就是五指合拢，腕部勾住放松，不能形成死弯。如用力死勾，会使腕部与臂部僵直，失去灵活，阻碍经气的循行。勾手可以锻炼腕部的旋转，含有叼手、擒手与解脱擒拿的方法，在套路练习中对勾手的动作意义不可忽视。

## 四、下肢部（腿部）

下肢是支撑身体的根基和劲力发动的根源。拳论说："其根在脚，发于腿，主宰于腰，形于手指。""有不得劲处，身便散乱，必至偏倚，其病必于腰腿求之。""步为周身之枢纽，灵与不灵在于步，活与不活在于步。"都是讲腿步姿势动作的重要性。

1. 裆。陈式太极拳对裆部的要求是要圆、要虚、要松、要活。避免出现尖裆、塌裆和死裆。拳论说："肾囊两旁谓之裆，贵圆贵虚。"又说："裆内自有弹簧力，灵机一转鸟难飞。"裆在套路运行和技击方面都起着重要作用。

圆裆。就是两胯根与两膝盖要撑开、撑圆而又有相合之意。每逢开步时，一腿实，一腿虚，虚腿脚尖里扣，小腿肚和大腿肌（即股内斜肌）才有内旋外转之意，再加上会阴处的虚虚上提，裆部就有圆、虚之感，就可避免尖裆（人字裆）的虚实不分。松裆和活裆，就是胯节与臀部肌肉要放松，不能死顶住骨盆，虚实要灵活变换。裆部的虚实变换，不像挂钟一样左右摆动，在左右变换时，走的是平行"∞"字，内外旋转；在前后变换时，走的是下弧线。这样才能避免"死裆"不动，虚实不分，只见上肢活动的现象。塌裆是臀部低于膝盖，膝关节有了死弯，步法不轻，犯了转关不灵的毛病。裆部的会阴穴是任督二脉的起点，练拳时头顶的百会穴与裆部的会阴穴上下呼应，阴阳经气得到平稳，也有利于立身中正。

在运动过程中，腰与裆有密切关系，裆与胯、膝也要相互配合。腰能松沉，胯能撑开，膝能里合，裆劲自能撑圆。陈鑫在《陈氏太极拳图说》中说："下腰劲，尻微翻起，裆劲自然合住。"又说："尻骨，环跳蹶起来，里边腿根撑开，裆自开；两膝合住，裆自然圆。"

2. 胯（髋）。陈式太极拳对胯部的要求是：胯根要开，就是胯关节要松开。拳论讲："腰如车轴，气如车轮。"腰部的左右旋转和腿部的虚实转换，是靠胯关节的松活来完成的。如果两个胯关节不松活，死顶住骨盆，腰也难以起到车轴的作用。"松胯"这一要求，一般是不太好掌握的。因为胯部支撑着上半身的重量。胯部放松，膝关节的负担就要加重：一般初练的人，腿部力量差，膝关节支持不了全身的重量，所以不敢松胯，形成膝盖前栽、鼓肚挺胸、身体后仰的不良姿势。正确的要求是：保持躯干部的中正安舒，下蹲时，膝盖不能超过前脚尖，胯部和臀部像是后边有凳子坐着一样。髋关节的放松，又必须与肩关节的放松上下结合，如果胯不松而肩硬向下垂，肋部和腹部肌肉受压，影响肋部、腹部肌肉的松弛下沉及膈肌的下降，气机升降功能就会不同程度地受到影响，就难以达到"腹内松静气腾然"的要求。

3. 膝。膝是由关节和关节韧带等周围组织所组成，活动性能好，伸缩力强，是胫腓骨与股骨的结合部，它在太极拳运动中的地位是非常重要的。因为太极拳是在屈膝松胯的基础上保持立身中正的。在整套架式练习时，膝关节要始终保持一定的弯曲。拳架身法的高低、步法的大小，都与膝关节有直接的关系。从身法上讲，身法低，步幅大，膝关节承受负担就重。在套路练习中，腿部支撑力的大小，全身的重量都是由膝关节的调节来完成的。

初学太极拳的人，应该先练高身法，待腿上有了支撑力，再逐渐降低身法。这样由高到低，活动量由小到大，循序渐进，以免膝关节受伤。同时还要注意膝关节的保护，练拳之后，关节及身体组织血液运行加速，关节局部有热感，这时皮窍开而腠理松，千万不可用冷水洗或风吹，以免风湿乘机入侵，引起关节皮肉的风湿痹症。

陈式太极拳在技击上对膝部也有一定的要求，双人推手，两腿相并，两膝互相粘化，可以外撇、里扣、膝打，既可迫使对方失势，也是护裆、护臁骨的方法。《拳论》有"远用足踢，近便加膝"的说法。

4. 脚（足）。脚是周身之根基，两脚姿势的正确与否，对保证步法的灵活稳健有重要的作用。陈式太极拳对两脚的要求是：两脚踏实，脚趾、脚掌、脚后跟皆要抓地，涌泉穴（正脚心）要虚。脚趾不能翘，脚掌不能左撇右歪，前搓后晃。在开步及迈步时，要定准方向和位置，要做到"落地生根"，不能乱动。这样才有步履清晰、沉着、稳健的感觉。

另处，在运行中，向前迈步或向左右开步时，都要屈膝松胯，脚尖上翘里合，脚跟里侧着地向外铲地滑出，开步到适当的位置，再移重心落实。向后退时，脚尖先落地，再移重心逐渐踏实。在向左右旋转方向时，一脚支撑重心，另一脚脚尖上翘外摆或里扣，以脚跟外侧着地，方向位置移好，再移重心踏实。脚尖外摆和里扣时，要使腿部具有螺旋缠丝劲。

脚在技击上可分为勾、套、蹬、踢、踩等方法。勾、套、踢一般是用脚尖的方法；蹬、踩是用脚跟及脚掌的方法。

以上对周身各部位的要求，贯串在整个太极拳套路中，它们是相互依存、相互联系、相互制约的，任何一部分的姿势正确与否都会影响全身。所以初学者必须细心揣摩，认真思考，按照全身各部位的要求，在基本功夫上打好基础，这样才能逐渐在整个套路运行中，将各部位的姿势恰当配合，从而掌握动作中的速度、路线和方法，逐渐达到身端步稳，动作连贯圆活，节节贯串，上下相随，周身协调，一动全动，一气呵成，动如流水静若山，慢如行云疾似电的境界。

# 第六节　陈式太极拳的练习步骤与方法

## 一、熟练套路　明确姿势

所谓"套路"是指太极拳的整套架式；所谓"姿势"是指每个架式的动作结构。初学时主要侧重于套路熟练，方位正确，同时适当注意姿势的规范。经过一段时间练习后，套路已熟练，这时就必须侧重于姿势的正确，这样才能产生内气，发挥健身及技击上的效果。现分两个方面，谈谈这一阶段的练习方法及注意事项。

1. 动寓静之内，静寓动之中。练陈式太极拳必须保持思想上的清静，排除一切内外干扰，只有这样才利于收敛内气，引动鼓荡。《太极拳论》说："静养灵根气养神。"所谓灵根的"根"，就是根本，也就是肾脏。中医学认为"肾为先天之根"，内藏元阴元阳，是人体生命活动的原动力。"静则养根"，也就是说，只有在意识清静的条件下，才能有助于肾气的旺盛与收藏，从而使五脏健运，内气充沛，神得所养，动作矫健。

2. 注意身体。初练太极拳，不应要求过高，操之过急，就像初学写字一样，能写成横平、竖直、点、钩等笔画，组合成方块就行。初学太极拳，身法上只要求头部自然端正，立身中正，不偏不倚；步法上只要求能做好弓步、虚步、开步和收步，知道方位即可。至于不可避免出现的毛病，像挑肩架肘、横气填胸、呼吸发喘、手足颤抖等现象，不宜深究。但运行方位、角度、顺序必须绝对正确，力争做到姿势柔软、大方顺随。

每天坚持练 10 遍左右，两个月即可将套路练熟。这时要进一步考虑动作要求。从头至足，一招一势进行纠正。在动作速度上尽量放慢，以利于揣摩思考动作的正确与否。每天坚持练 10 遍拳，再练习一个时期，就可以通过这一阶段而进入第二阶段了。

## 二、调整身法　周身放松

所谓"身法"，是指练拳时对周身各部位要求的原则。要调整身法，首先必须在放松上下工夫。为了使骨节松开，伸筋拔骨，可选练些动作，如"金刚捣碓""掩手肱拳""摆脚跌叉"等，但要尽量放松，不要用拙力。

这一阶段练习出现的主要毛病是立身不正、横气填胸、挑肩架肘等。产生这些毛病的主要原因有两个：一是对"放松"的含意理解不够；二是腿的支撑力不足，难以放松。《拳论》说："身必以端正为本，以周身自然为妙。"也就是说套路架式的练习，身法上要以立身中正为根本。所说的"端正"，也有两种含意：一是指躯干四肢及头的位置中正，即身体不偏不倚之意；另一种是身体在歪斜情况下，保持相对平衡，如开步时的上引下进动作。所谓"放松"，就是说在腿的支撑下，全身各部自然协调地松下，气沉丹田。初学时由于对这些问题没有理解和注意，加上功力浅薄，不可避免地会发生上述毛病。可通过增加练拳遍数、放低身法、加大运动量，并且做一些单腿或双腿下蹲运动及站桩功来克服上述毛病。同时注意松胯、屈膝、圆裆，保持立身中正。随着腿部力量的增长，身法的放松，胸部、背部、肋部及膈肌自然下沉，体内的气机升降协调，呼吸自然，肺活量增强，这些毛病就会消除。

这一阶段练习，需要 3~4 个月时间。届时，身法已得到调整，姿势已基本正确，并且随着练习质量的提高，已有内气活动的感觉。

## 三、疏通经络　引动内气

经络遍布周身，内联脏腑，外系肌表，从而沟通人体上下表里，是调节机体和内气运行的通道。"气"是构成和维持人体生命活动的精微物质，是极其微小的物质微粒，很难直观察觉，只能通过人的感觉器官，根据事物的各种变化而体现它的存在。人体的气的来源有以下几个方面，一是禀赋于先天父母之精气，二是饮食物化生的水谷之精气，以及存在于人体内的精气，通过脾、肺、肾三脏的生理功能综合作用而生成。《太极拳论》说："气者，生之本；经者，气之路，经不通则气不行。"又说："以吾本身自有之元气，运行吾身。""以气运形，一气贯通。"说明气是本身固有的本元物质，只有在经络畅通无阻的情况下，才能引动与鼓荡，达到一气贯通，从而产生防病健身和技击效果。

前面已经说过，在"调整身法，周身放松"阶段后期，体内已有内气流动的感觉，练拳也有兴趣。但是这个感觉如波浪起伏，时有时无，时隐时现。经过一段时间，甚至会全然没有。这是经络之气通流不畅、气机运行不利、内气引动不力之故，因此，在这一阶段练习中必须注重于意念引导，在大脑意识的指挥下，以意运形，使内气节节贯串；如有不顺之处，可以自行调整身法，以得劲为准；练习速度宜慢不宜快；一招一式要精力专注，活泼无滞。外形尽量与内气意识保持一致。这样进一步练习一段时间，内气就会自然畅通，僵劲拙力也会慢慢克服，逐渐达到周身相随，连绵不断，内气会按拳势要求，产生有规律的鼓荡，达到一气贯通。

## 四、形气结合　如环无端

所谓"形"是指形体，也就是拳势动作的外在表现。"气"即指内气。从医学角度讲，"形""气"是统一的，是相互依附，相互为用的。《太极拳论》说："以心行气，务令沉着，方能收敛入骨。"又说："以气运身，务令顺随。"就是要求每招每势，都要注意以意引气，以气运身，顺其自然，催动外形。通过形气结合的反复练习，使内气周而复始，如环无端地在体内运行。努力做到：周身一致，内外合一，外形在内气的催动下，一动则周身全动，一静则周身全静，动静开合，起落旋转，无不顺其自然。在练习过程中，身与手，内与外某一部位不够协调，某一部位即产生矛盾，就会影响内气的贯通，从而使意气与形体难以结合。如动作运行速度的快慢，以及身法位置角度掌握不够，就难以适得其中，在套路架式的练习中，就会产生身慢、手快、眼不随等散乱现象，不能身手一家，动作协调。谚云："手到身不到，击敌不得妙；手到身也到，击敌如摧草。"说明形气结合，身肢顺随的重要性。

这一阶段的练习，要注重于意念与形体姿势的结合，也就是心到、意到、气到、形到，使内气一气贯通。同时应当理解，某一部的开合，是全身整体开合的局部表现；全身总的毛病，也可以从局部反应出来。因此，凡是调整局部姿势时，务必注意整体的调整，从而达到意气合一。这一阶段的具体表现为：肌肤发胀，手指发麻，足跟发重，丹田有发沉之感。

## 五、周身相随　内外一致

"周身相随，内外一致"的意思，是指全身形成一个完整的运动体系。陈长兴在《太极拳十大要论》中说："太极拳者，千变万化，无往非劲，势虽不侔，而劲归于一。夫所谓一者，自顶至足，内有脏腑筋骨，外有肌肤皮肉，四肢百骸，相联而为一者也。破之而不开，撞之而不散。上欲动而下自随之，下欲动而上自领之，上下动而中部应之，中部动而上下和之，内外相连，前后相需，所谓一以贯之者，其斯之谓欤！"此段论述，具体阐明了周身相随、内外一致，以及一气贯通的整体表现。

在周身内外相随一致这一阶段，内气虽已贯通，但很薄弱。在练拳时，稍不注意或运动不当（如疲劳过度或精神欠佳），都会影响内气的贯通和运行。在前一阶段，如身、手、内、外产生了矛盾，可以用调整身法的办法去解决，使姿势顺随，内气贯通。而在这一阶段，就不许可用调整身法的办法去解决。这一阶段，要求周身相随，以内气催外形。气不到，外形寂然不动；气一到，外形随气而动。以心行气，以气运身。每招每势，气由丹田发起，内走五脏百骸，外行肌肤毫毛，运行周身而复归丹田，缠绕往来，圆转自如。动作以缠丝劲为核心，以内气为统驭，形成一个完整的运动体系。"缠丝劲"发源于肾，起于丹田，遍布全身，处处有之，无时不然，衍溢于四体之内，浸润于百骸之间，达四梢通九窍，增长内气无穷，使内劲收敛入骨。伸筋壮骨，气血流通，消化饮食，祛病延年，皆缠丝内劲之功效。"缠丝劲"为陈式太极拳之精华。

此段时间，每天除坚持练架式套路以外，可以结合练习推手，从而体会粘连黏随、掤捋挤按的劲别，校正拳势运劲的正确与否。每天还可以增加练习几遍炮捶，用来增强耐力和爆发力；练习刀枪剑棍等器械，以检验手眼身法步的配合，从而在练拳时，能够做到不假思索、不犯疑意、不期而然、内外一致、周身相随的程度，完全掌握太极拳的要求和运动规律。

通过这一阶段练习，已经有了自我纠正的能力，可以脱离老师的指导，不走弯路。继续深入研究，就可逐步进入奥妙境界。陈鑫说："理不明，延明师；路不清，访良友；理明路清，而犹未能，再加终日乾乾之功，进而不止，日久自到。"

## 六、稳固根基　充实内气

所谓"稳固根基，充实内气"，意思是指在上一阶段练习的基础上，更进一步地扎稳下盘，以促使内气的充实和饱满。《拳论》云："根本固而枝叶荣。""培其根则枝叶自茂，润其源则流脉自长。"练习拳架，就是培根润源的方法。这里所指的"根"，具有根基之意，也就是下盘。《太极拳论》云："下盘稳固，上肢自然轻灵。"所说的"下盘"，就是指肢体的下半部分——腿而言，靠腿的支撑力，以两足为基础，裆劲圆活自然、沉稳。另一种说法是"根本"指元气。元气藏于肾，肾气足则精力充沛，即为"根本固"。所谓"润其源"，源指根源，即本源。元气为诸气之本。根源于肾，通于丹田，禀赋于先天，又称先天之本，五脏六腑之根。肾藏元阴元阳，元阴以养五脏之阴，元阳以养五脏之阳，周身之阳得以温，阴得以养，故生机旺盛，则又反过来益助肾气，充盈丹田。这样相互资益，周而复始，从而使根本固，源流润。

经过以上几个阶段，练拳时周身已形成一个完整的运动体系。但在配合呼吸上不能恰当自然和细腻。在第一至第四阶段，由于动作姿势的僵硬不协调，及内气外形不结合，要求动作配合呼吸是做不到的。到了第五阶段，虽然周身相随，内外结合一致，但在动作加速、疾变，或者快慢相间时，动作与呼吸就难以配合。在这一阶段练习时，随着练拳质量的提高，动作与呼吸必须严密配合。要特别指出，此阶段的腹式呼吸形式与医学上的腹式呼吸恰恰相反，就是要做逆式呼吸。在正常的生理条件下，人们的呼吸方式和过程，是由肺、胸膜、肋间内外肌、膈肌等来参与完成的。主要表现以胸式呼吸为主，同时在腹肌配合下完成。在胸腔脏器病变时，由于胸式呼吸受到限制，则代偿性地使腹式呼吸加大加强。这种腹式呼吸的运动表现为：吸气时膈肌收缩，腹腔脏器下移，腹内压升高，腹部向外凸出；呼气时膈肌舒缓，腹腔脏器上移回位，腹壁收敛。太极拳中的"腹式逆呼吸"与上述情况恰好相反。其表现为吸气时，小腹内收，膈肌上升，丹田之气由小腹上升，胃部自然隆起，胸廓自然扩张，肺活量加大；呼气时小腹外凸，膈肌下降，内气下沉至丹田，胃部与胸廓自然平复。由于腰肾旋转，气沉丹田与丹田内转就结合一致。发劲时呼吸的配合，是用短促的一吸一呼来完成的。

在呼吸配合一致以后，除了正常的套路练习外，还要加练些辅助功。如练站桩，采用大马步、弓步、丁步都行，练拳前后坚持20分钟，练习稳固桩步，呼吸行气，发展力量和耐力；练抖杆子，用后尾直径6~8厘米、长3米的白蜡木杆，每天用拦、拿、扎的方法抖100下。另外还要把拳式内的单势发劲分别抽出练习，以增加在根基稳固、内气充实情况下的蓄发力。

## 七、触觉灵敏　知己知彼

这一阶段，主要是练习全身空灵，身体皮肤感受的灵敏性，也就是接受信息传递采取行动的应激反射。练习太极拳的人，随着功夫的加深，这个应激反射过程也随之加强，直至接受信息传递如闪电，应激反射如雷霆。人体的反射活动基础称反射弧，包括五个基本部分，即感受器、传入神经、神经中枢、传出神经和效应器。简单地说，反射过程的进行，是由一定的刺激被一定的感受器所接受，感受器发生兴奋，兴奋由神经冲动的方式经过传入神经，传向神经中枢，通过神经中枢的分析综合活动产生兴奋。兴奋又经过特定的传出神经到达效应器。这一阶段主要是练习加强加快这个反射过程。练好这种功夫，必须以充实的内气做中流砥柱，使内气充盈丹田，贯注全身，内至脏腑经络，外至肌肤毫发，周身各部如电充身，触觉极其灵敏。格斗时才能做到"动急则急应，动缓则缓随""彼微动，己先动，后发先至"。

这一阶段，仍应按前段练习套路和辅助功，还应经常练习推手竞技，在实践中，锻炼听劲、灵劲，周身上下结合劲。在练拳时，功应内收，气行于外的表现和缠丝劲的外形动作，也应内收与缩小。这也就是由大圈到中圈的练习方法。拳架练习，应缓慢柔和，平稳舒展。陈复元说："学时宜慢，慢不宜痴呆；习而后快，快不可错乱；快后复缓，是为柔，柔久刚自在其中，是为刚柔相济。"这段练习，就是"快后复缓"阶段。积功日久，就可做到静如山岳，急如闪电。就像射箭一样，慢拉弓弦开满月，力聚弓背；松弓弦，矢疾出，威力大，其快无比。

这一阶段后期，可以做到：眼神如捕鼠之猫，动作如翱翔之鹰，身形轻灵矫健，意识反应及皮肤触觉十分灵敏，运动出于无心，鼓舞生于不觉。

## 八、得机得势　舍己从人

"得机"就是利用最恰当的时机；"得势"就是得到己顺人背的形势；"舍己从人"意思是舍掉自己，以顺从别人，随顺化解，不顶不抗。对方控制住我的手（梢节），我以肘肩来化解；控制住肘肩，我以胸腰来化解；控制住胸腰，我以裆劲与手臂来化解。陈鑫在"单鞭"一势中写道："击首尾动精神贯，击尾首动脉络通，中间一击首尾动，上下四旁扣如弓……"形象地说明练拳时要周身相随，蓄发相变，舍己从人，顺随化解。所谓"借力打人"或"四两拨千斤"，就是利用杠杆、滑轮、离心力、向心力、摩擦力等力学原理，使对方之力又加于对方之身，以我之小力击倒对方。

这一阶段，是由中圈到小圈时期。《太极拳论》云："要想拳练好，除非圈练小。"在这一阶段练习时，外形要求轻松自然，舒展大方；内劲如行云流水，连绵不断。应用时劲由内换，一般人难以看出。这些内劲在体内的表现，像是一股热流发于丹田，随着意识的引导，由根到梢，由内到外，绵绵不断地遍布全身，每时每刻都有肌肤发胀，手指发麻、脚跟发重、头顶发悬、丹田发沉，膀胱发热的感觉。对敌时得机得势，舍己从人，以得人为准，以不见形为妙。

## 九、身如火药  一动即发

"身如火药，一动即发"，是内气充实饱满阶段技击的形式表现。此段是太极拳的基本成功阶段，功夫已基本达到刚柔相济，周身肌肤充满了内气，已具有强大反弹力。只要对方之力一加我身，犹如火药见火，轰然而发。

达到了这层功夫，周身内外已成为浑圆一体，犹如太极之象。在这个充盈的太极圈内，有纯厚的真气为根基，有旺盛的机能之气为动力，有十二经络联系内外，在意气鼓荡的作用下，使一切外来之力无法加于自身。不但不能使这个浑圆的太极整体遭到丝毫破坏，反而由于太极内气的无穷威力，产生强大的反弹作用，使进击者得到相反的效果。这好像去击打充满气的皮球一样，用力越大，它跳得越高。另一种是太极浑圆一体的球形圆滑作用，遇有外力接触其身，就会像旋转着的圆球将它引化落空。如陈发科在北京教拳时，弟子们纷纷传说，陈老师的背部有弩弓（所说的弩弓即是反弹力）。有一天，发科公便对几个好奇的弟子爽快地说："来，你们一摸便知。"说着面壁而立，让两个身强力大的徒弟、分别按住背部，只听"哈"的一声，将二人发出两米多远。发科公则屹然而立，脚步丝毫未动。接着又叫徒弟们往他身上撞，不但丝毫不能撞动他，反而他在两脚未动的情况下，将徒弟们发了三米多远。这说明太极内气充盛了，就可以"遭到何处何处击，我也不知玄又玄"。

在这一阶段练习时，除了保持适当的运动量外，主要以培养本元为主，陈鑫说："心为一身之主，肾为性命之源，必清心寡欲，培其根本之地，无使伤损。根本固而枝叶荣，万事可作，斯为至要。"所谓"清心寡欲""培其根本""无使损伤"等，都说明在此阶段更应注意心静、神安、精固。只可培其不足，不可伐其有余。《素问·上古天真论》说："恬憺虚无，真气从之；精神内守，病安从来。以志闲而少欲，心安而不惧……"

### 十、变化无方　神鬼莫测

"变化无方，神鬼莫测"，是形容拳术已达到炉火纯青，登峰造极的境界。运动变化及技击表现难以看出，难以意测。玄奥渊博皆在其中。人不知我，我独知人。

练拳到此阶段，功夫已经成熟，出神入化，奥妙无穷；举手投足，皆能阴阳平衡，八面支撑；内气已达皮肤之外，毫毛之间，外力虽未接触皮肤，动触毫毛即有感觉，随即化劲发出，威力无穷。陈鑫有诗赞云："神穆穆，貌皇皇，气象混沌，虚灵具一心，万象藏五蕴，寂然不动若愚人，谁知道阴阳结合在此身，任凭他四面八方人难近。纵有那勇猛过人，突然来侵，倾者倾，跌者跌，莫测其神。且更有，去难去，进难进，如站在圆石头上立不稳，实在险峻，后悔难免殒。岂有别法门，只要功夫纯，全凭一开一合一笔横扫千人军。"

# 第七节　陈式太极拳的练功法则

陈式太极拳的练功法则是练理不练力，练本不练标，练身不练招。

## 一、练理不练力

"理"就是太极拳的道理、原理。太极拳练的是大道，即太极阴阳转换中阳极生阴、阴极生阳的原理。太极拳要求刚中寓柔、柔中寓刚、刚柔相济；虚极生实、实极生虚，虚实转换。通过精神集中，以意导气、以气运身、意到气到形随的练习，做到一动全动，周身相随，内外相合。练功时循规蹈矩，顺其自然，不能急于求成。练"力"指的是练习气力，此种练法虽然将局部力量练得很大，但这种力量是拙力、僵力，缺少灵性，所以为太极拳家所不取。

## 二、练本不练标

"本"是指本源、根本，即肾中元气和下盘功夫。肾藏元阴元阳，为先天根本和发气之源。肾气充足则五脏得养，心、肝、脾、肺、肾各行其职，故能精力充沛，反应灵敏，身体协调，内气充盈，此为本源之一。本源之二，是指在周身放松的基础上，气纳丹田、沉入涌泉，达到上盘灵、中盘活、下盘稳固，落地生根。"标"是指以练习身体各个部位的力量和硬度为主要目的的局部练习方法。太极拳是内功拳，内外兼修，以练内培元为主，"培根润源""培其根则枝叶自茂，润其源则流脉自长"。

## 三、练身不练招

练"身"就是练整体功力，"招"则是每一动作的攻防含义。初练太极拳的人往往最爱了解每招每势的用法。如果单从招势上去解释和理解太极拳用法和内涵，就不可能得到太极拳之精髓。练太极拳必须经过熟练套路、动作正确、去僵求柔的过程，使周身相随，内外相合，内气充实饱满，把功夫练上身。太极拳主要是训练自身整体功力，在应用时则根据客观形势，舍己从人，随机应变，并不拘泥于一招一势。内气充实了，全身犹如充满气的球体，有感皆应，挨着何处何处能击。如《太极拳论》所说："到成时，敌人怎来怎应，不待思想，自然有法。"

# 第二章 陈式太极拳基本功训练

## 第一节 关于图解的几点说明

（1）本书图解未写明方向的一般以预备势方向为准，面南背北，左东右西。书中以身体"向左转""向右转"标明。熟练后不受方向限制。

（2）有些动作分解图较多，读者可先看文字，待看懂运行路线后，方可不间断，连续进行。

（3）凡是背向读者的动作，请参照附加的正面或侧面图解。

（4）每个动作后边写的呼吸、内劲、用法等，在初学时最好先不要参照、模仿、体会，可先按运行路线和动作要求练习套路，待有一定基础时，再逐步体会结合。否则，在练习中将会出现有断续、有丢顶，致使浑身僵硬。请务必注意。

## 第二节 陈式太极拳的手型和步型

### 一、手 型

1. 掌：陈式太极拳对掌的要求是"瓦拢掌"。拇指与小指有相合之意，中指、食指、无名指微向后仰。四指均轻微合拢，但不可用力，掌心要虚。（图2—1）

2. 拳：陈式太极拳的握拳形式，是以四指并拢卷曲，指尖贴于掌心，然后拇指卷曲，贴于食指与中指中节指骨上成拳形，但不宜握得过

图2—1

紧，避免手臂僵直。
（图2—2）

3. 勾手：五指尖
捏拢，屈腕放松。不能
用力形成死弯，影响气
血的循环。（图2—3）

## 二、步 型

图2—2        图2—3

陈式太极拳的弓步与其他拳种的弓步有所区别，均要求屈膝松胯。

1. 左弓步：左腿为实，右腿为虚；实腿膝盖与脚跟上下对照，方向与脚尖
对照；虚腿脚尖内扣；膝关节微屈，屈中有直。重心三七分（实腿为7份，虚腿
为3份）。松胯屈膝，裆要开圆，既外开又内合，有"开中有合，合中有开"之
意，如"单鞭一势"等。（图2—4）

右弓步：右腿为实，左腿为虚，其他要求与左弓步相同，唯方向相反，如
"懒扎衣一势"等。（图2—5）

图2—4             图2—5

2. 虚步：虚步是一腿支撑重心，另一腿虚脚，脚尖点地，虚脚支撑全身重
量的十分之一，起支点作用。屈膝松胯，虚实分明。虚步也分左虚步、右虚步，
如"白鹅亮翅一势"为左虚步（图2—6、图2—6附图），"前招、后招一势"
为右虚步。

3. 仆步：仆步是一种低步法，也称"单跌岔"。一腿屈膝下蹲，一腿伸直铺

地，但不能全坐死，臀部离地约 4 指，使裆内有灵活旋转力，如"摆脚跌岔""雀地龙"等。（图 2—7）

图 2—6　　　　　图 2—6 附图　　　　　图 2—7

4. 独立步：独立步是一种高步法，恰和仆步对称：一高一低。它是一腿站立支撑身体重心，另一腿屈膝提起，膝高与胯平，脚尖内扣，旋于裆内。站立之腿挺而不直，要稳重自然，如"金鸡独立"等。（图 2—8、图 2—9）

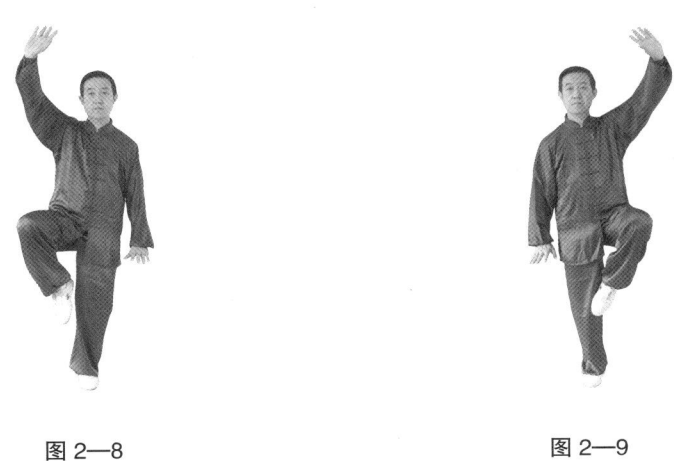

图 2—8　　　　　　　　　　图 2—9

5. 左坐盘：左坐盘步是右腿在前，左腿在后，交叉盘腿下坐，如"左擦脚一势"等。（图 2—10）

【要求】右腿支撑重心，左腿虚足，脚尖点地，屈膝下蹲。

6. 右坐盘：右坐盘步是左腿在前，右腿在后，交叉盘腿下坐，如"右擦脚一势"等。（图2—11）

图2—10

图2—11

【要求】左腿支撑重心，右腿虚足，脚尖点地，屈膝下蹲。

# 第三节　陈式太极拳的基本动作及缠丝劲练习

## 一、上肢练习

### 1. 左单云手

动作一：两腿开步成左弓步；左手掤至左膝上与肩平；右手叉腰，拇指在后，四指在前，重心在左，目视左手。（图2—12）

动作二：接上势。身体向右转，重心移至右腿；同时左手划弧下沉，里合于小腹前，为顺缠丝劲。（图2—13）

动作三：接上势，身体继续右转，重心移至左腿；同时左手向右上穿掌外翻至右胸前，为逆缠丝劲；目视身体左

图2—12

侧前方。（图2—14）

动作四：接上势。松左胯，身体向左转；左手逆缠外开至左膝上与肩平，目视左手。至此整个左单云手动作完成，目视前方。（图2—15）

| 图2—13 | 图2—14 | 图2—15 |

一合一开为一拍，一般在每个动作单练时，练够二八拍为一节，也可以反复多练。初学时，可按照文字，对照图解细心揣摸，搞清动作运行路线。熟练后，再体会重心移动的盘旋路线，以及腰左右旋转和手臂的顺逆缠丝的转换速度。只有这样，才能由生到熟，由熟到顺，逐步达到周身相随，连绵不断。

### 2. 右单云手

动作一：两腿开步，成右弓步；右手掤至右膝上与肩平；左手叉腰，拇指在后，四指在前；重心在右，目视右手。（图2—16）

动作二：接上势。身体微左转，重心移至左腿；同时右手划弧下沉，里合至小腹前，为顺缠丝劲；目视身体右侧前方。（图2—17）

动作三：接上势。身体继续左转，重心向右移；同时右手向左上穿掌外翻至左胸前，为逆缠丝劲；目视右侧。（图2—18）

图2—16

**动作四**：接上势。松右胯，身体向右转；右手逆缠外开至右膝上与肩平；目视正前方（图2—19）。其他要求与左单云手相同。

图2—17　　　　　　　　图2—18　　　　　　　　图2—19

### 3. 双云手

**动作一**：由单鞭动作起势，两腿开步，成左弓步；两臂展开；立身中正，目视前方。（图2—20）

**动作二**：接上势。身体微向左转；右手变掌顺缠，划弧下沉于小腹前；左手变逆缠上掤；目视右侧前方。（图2—21）

**动作三**：接上势。身体先左后右转，重心由左腿移至右腿；同时，右手向左、向上，变逆缠向右掤；左手顺缠划弧，里合于左腿内侧；目视左侧前方（图2—22），然后再返回原位。

图2—20　　　　　　　　图2—21　　　　　　　　图2—22

这样反复循环运转，可练习旋裆转腰，两臂左右缠丝，周身协调一致。也可结合步法，如并步、偷步、盖步及旋转身法等进行练习。

### 4. 左右后捋翻手缠

**动作一**：两腿成右弓步；左手置于左胸前与肩平；右手合于右腰间；目视前方。（图2—23）

**动作二**：接上势。身体微左转，重心移至左腿；同时，左手逆缠下捋至左腰间；右手先逆缠后捋变顺缠上翻，前掤至右胸前；目视前方。（图2—24）

**动作三**：接上势。身体向右转，重心右移；同时，右手逆缠后捋至右腰间；左手先逆缠后捋变顺缠上翻至身左前方；目视前方。（图2—25）

图2—23　　　　　　　　图2—24　　　　　　　　图2—25

这样循环往返，反复多练，以身领手，以腰催肩，以肩催肘，再贯于手，练习周身结合的后捋劲。

**注意**：在手后捋转折上翻时，切勿挑肩。

### 5. 握拳左右缠

**动作一**：在左右后捋的基础上，两手握拳，右拳心向内，置于身前与肩平，左拳心向上，合于左腰间；重心在左腿，目视身体右侧前方。（图2—26）

**动作二**：接上势。身体向右转，重心向右移，右拳逆缠，先向左、向下划弧里合于右胸前；左手逆缠，划弧向右再向上掤；目视左侧前方。（图2—27）

**动作三**：接上势。身体继续右转;右拳逆缠,向后划弧向右掤出;左拳变顺缠,向里合于胸前中线，拳心向里;目视左侧前方。（图2—28）

图 2—26　　　　　　　　图 2—27　　　　　　　　图 2—28

　　**动作四**：接上势。身体向左转，重心左移；左拳逆缠,划弧里合，拳心向下；右拳变顺缠向上转;目视前方。（图 2—29）

　　**动作五**：接上势。身体继续左转；左拳逆缠，合于左腰间；右拳变顺缠，向里合于胸前中线，拳心向里；目视前方。（图 2—30）

图 2—29　　　　　　　　　　　　图 2—30

　　这样反复多次，主要是练习裆部的左右盘旋和腰的左右旋转，及两拳螺旋顺、逆缠丝与里合外掤劲。

　　**6. 双手缠**

　　**动作一**：先立正站立成预备姿势，然后提左腿向前上步；两手左顺右逆缠，

向前划弧上掤后捋；目视前方。（图2—31）

动作二：接上势。两手后捋，身体右转，重心移至右腿。（图2—32）

动作三：接上势。身体向右转；两手走下弧，左逆右顺缠向前掤。（图2—33）

图2—31　　　　　　　　　图2—32　　　　　　　　　图2—33

动作四：接上势。两手继续向上略变右逆左顺缠；身体微左转。（图2—34）

动作五：接上势。身体右转，重心右移；两手向右后捋。（图3—35）

这样循环往复，可反复多练。也可右腿在前，左腿在后，左右调换。两手在身体两侧划圆，主要以裆腰旋转，带动两臂缠绕，以身领手，以意导气。

图2—34　　　　　　　　　　　图2—35

## 二、下肢练习

### 1. 进步双手缠

**动作一：**两腿并立，两臂下沉于身体两侧，周身放松，意守丹田；目视前方。（图2—36）

**动作二：**接上势。重心移至右腿，提左腿向左前方上步；同时两手自下而上左顺右逆缠，向前上划弧后撮；目视前方。（图2—37）

**动作三：**接上势。重心移至左腿，右脚跟步与左脚并齐；同时两手变左逆右顺缠，走下弧向前挤；目视前方（图2—38）。然后再上步后撮如图2—37所示。这主要练习手脚配合，周身相随。

图2—36　　　　　　　　图2—37　　　　　　　　图2—38

### 2. 侧身进步双手缠

**动作一：**两腿并立，两臂下沉于身体两侧；周身放松，意守丹田；目视前方。（图2—39）

**动作二：**接上势。重心移至右腿，提左腿向左前方上步；同时两手自下而上，左顺右逆缠，向前上划弧后撮；目视左前方。（图2-40）

**动作三：**接上势。重心移至左腿，右脚跟步与左脚相并；同时两手变左逆右顺缠，走下弧向前挤；目视前方（图2-41）。然后再上步后撮，如图2—40所示。可反复进行4步、8步的练习。这主要练习手脚配合，周身相随。

图 2—39　　　　　　图 2—40　　　　　　图 2—41

3. 退步左右缠

**动作一**：两腿并立，目视前方；右手合于右腰间；左手手心朝前并向前推出，沉肘松肩。（图 2—42）

**动作二**：接上势。重心移至右腿，提左腿，脚尖着地，向内划弧后退；同时，左手逆缠，向下划弧随左腿向后撮；右手下沉前推。（图 2—43）

**动作三**：接上势。重心后移至左腿，提右腿，脚尖着地，向内划弧后退；同时，右手逆缠，向下划弧，随右腿向后撮；左手由后上翻前推；目视前方。（图 2—44）

图 2—42　　　　　　图 2—43　　　　　　图 2—44

此动作在拳势中叫"倒卷肱"，是练习退步时上下配合的方法。练习时退3步、5步、7步均可。

### 4. 左开步缠

**动作一**：身体立正；右手叉腰；左手向左侧展开，掌心向左；沉肘松肩，目视前方。（图2—45）

**动作二**：接上势。身体微右转，重心移至右腿，提左腿向左侧开一步；同时，左手顺缠，走下弧里合；目视左前方。（图2—46）

**动作三**：接上势。身体微左转，重心移至左腿，提右腿收于左腿内侧成并步；同时，左手继续里合，向上外翻逆缠向左开；目视左前方。（图2—47）

图2—45　　　　　　　图2—46　　　　　　　图2—47

此势主要是练习左开步及左手单臂缠绕，脚开手合，手合脚开及上引下进的一种方法。可采用连续3步、5步、7步进行反复练习。

### 5. 右开步缠

**动作一**：立正；左手叉腰；右手向右侧展开，手心朝右前方；沉肘松肩，目视右前方。（图2—48）

**动作二**：接上势。身体微左转，重心移至左腿，提右腿向右侧开步；右手走下弧里合；目视身体右前方。（图2—49）

**动作三**：接上势。身体微右转，重心移至右腿，提左脚收于右脚内侧成并步；同时，右手向上合，变逆缠外翻，向右开；目视右前方。（图2—50）

图 2—48                      图 2—49                      图 2—50

此势练习方向向右，其他要求与左开步缠相同。

6. 中定身法

**单鞭势要求：**头自然正，虚领顶劲；二目平视，唇齿微合，立身中正，沉肘松肩；两手领劲，松胯屈膝，开裆贵圆；左腿为实，右腿为虚，左脚尖外摆，右脚尖内扣。意识集中，周身放松，气沉丹田，降于涌泉（图 2—51）。

**懒扎衣势要求：**头自然正，顶劲领起，立身中正；右手展开，左手叉腰，松肩沉肘，左肘掤圆；松胯屈膝，裆要开圆；右腿为实，左腿为虚，右脚尖外摆，左脚尖内扣，重心 7 分在右，3 分在左。（图 2—52）

图 2—51

图 2—52

**斜形势要求**：步型成斜步，重心在左腿，左腿尖和右脚尖微内扣；松胯屈膝，裆劲内扣，立身中正，微向左转；两臂伸开，与步型交叉，成四隅角；目视前方。（图2—53）

**浑元桩要求**：意识集中，思想清静，立身中正，周身放松；两臂弧形环抱，手心向里，指尖相对，沉肘松肩；两脚相距半米左右，屈膝松胯下蹲，裆要圆，膝内扣，脚踏实地，脚趾、脚外侧、脚跟皆要抓地，涌泉穴要虚。（图2—54、图2—54附图）

图2—53　　　　　　　　图2—54　　　　　　　　图2—54附图

以上几个中定身法，也叫桩功，每次在基本动作练习后，要站5~10分钟，由少到多，由短到长，由高到低，逐步加大运动量。桩功，动作单纯，思想容易集中，可以体会到立身中正，周身放松，心气下降，气沉丹田。

# 第三章　陈式太极拳老架一路

## 第一节　陈式太极拳老架一路简介

陈式太极拳老架（亦称大架）系陈家沟陈氏第十四世祖陈长兴所创。他在陈王廷创编的太极拳五路、炮捶一路、一百零八势长拳一路的基础上，由博归约编排成现在流行的老架一路、二路（亦称炮捶）。一路拳以柔为主，柔中有刚；二路拳以刚为主，刚中有柔，两路拳相辅相成，互为其根，直至达到刚柔相济，浑然一圆。

本章介绍的是老架一路。老架一路的特点是：架势舒展大方，步法轻灵稳健，身法中正自然，内劲统领全身，以缠丝劲为核心，动作以腰为主，节节贯串；一动则周身无有不动，一静百骸皆静；运动如行云流水，绵绵不断，发劲时松活弹抖，完整一气。

练习时要求：虚领顶劲，立身中正，松肩沉肘，含胸塌腰，心气下降，呼吸自然，松胯屈膝，裆劲开圆，虚实分明，上下相随，刚柔相济，快慢相间，外形走弧线，内劲走螺旋；以身领手，以腰为轴，缠绕圆转，逐渐产生一种似柔非柔、似刚非刚、极为沉重而又极为灵活善变的内劲，如棉花裹铁，外柔内刚。整套拳没有平面，没有直线，没有断续处，没有凸凹处，没有抽扯之形，没有提拔之意，浑然一圆，方为合格。

## 第二节　陈式太极拳老架一路动作名称

第一式　太极起势　　　　第六式　金刚捣碓
第二式　金刚捣碓　　　　第七式　白鹅亮翅
第三式　懒扎衣　　　　　第八式　斜形
第四式　六封四闭　　　　第九式　搂膝
第五式　单鞭　　　　　　第十式　拗步

## 第三节　陈式太极拳老架一路动作图解

### 第一式　太极起势

**动作一：**两脚并立，成立正姿势；两臂下垂于身体两侧，手心向内；头自然正，唇齿微合，舌尖抵住上腭，二目平视。（图3—1）

**【要求】**站立后，要意识集中，脑清心静，去其杂念，心气下降，呼吸自然。陈鑫《陈氏太极拳图说》云："学者初上场时，先洗心涤虑，去其妄念，平心静气，以待其动，如此而后，可以学拳。"

**动作二：**接上势。屈膝松胯，放松下沉，提左脚向左横开半步，比两肩略宽，脚尖微外摆，脚趾、脚掌外沿、脚后跟皆要抓地，涌泉穴要虚；含胸塌腰，松肩沉肘，立身中正，头自然正直，虚领顶劲；两目平视。（图3—2）

图3—1　　　　　　　　　　　　　　　　图3—2

**【要求】**横开步时，重心先移右腿，提左脚开步，脚尖先着地，慢慢踏平。周身放松，气沉丹田（肚脐下），降于涌泉，松胯屈膝，下沉时呼气。此时，心中一无所念，穆穆皇皇，浑然如一片无极景象。

**动作三：**接上势。两手缓缓上升与肩平，手心向下，沉肘松肩；随两手上升，身体慢慢下降，松胯屈膝，两脚踏实；两目平视。（图3—3）

**【要求】**当两手上升、身体下降时，胸、背、肋、腹各部肌肉均要松弛下沉，促使心气下降。切忌肩上耸，横气填胸。两手上升时吸气。

【内劲】接上势。内气先沉于丹田，顺两腿内侧降于涌泉，再由两腿外侧上行。沿督脉上升至两肩两肘，通过松肩沉肘，贯于两手，两臂慢慢抬起。

动作四：接上势。身体继续下沉，屈膝松胯；两手随着下按至腹前，手心向下；两目平视。（图3—4）

图3—3　　　　　　　　　　　　　　　图3—4

【要求】两手下按时，要立身中正，切忌弯腰凸臀，胯（髋）部要松、虚、活。下蹲时如坐凳子一样。两手下按时呼气。

【内劲】接上势，内气顺督脉上升，一部分顺两肩夹贯于两臂，一部分绕风池，冲百会，达人中，顺任脉下降复归丹田。这样一起一落，内气在周身通任、督，达四梢，畅通大小周天，由无极生太极，产生阴阳二气，疏通经络，运行周身，浑圆一体。

## 第二式　金刚捣碓

动作一：接上势。身体微向左转，重心右移；两手左逆右顺缠，走弧线向左前上方掤出，左手掤至左膝上方与眼平，手心朝外；右手掤至胸前中线，手心朝上；目视左前方。（图3—5）

【要求】上掤转体时，要结合裆、腰劲，松胯塌腰，劲贯手掌。练此动作时吸气。

图3—5

【内劲】丹田气下降至涌泉，随着身体左转，由右脚顺右腿缠至腰间；腰左转，使劲通过肩、肘，贯于两手，形成上掤劲。

【用法】上势迎接对方用右手击来的拳或掌。右手接拳，左手接肘，掤劲不丢。

动作二：接上势。身体右转90°，重心由右腿移至左腿，右脚尖外摆；两手右逆左顺缠，向右后捋；目视左前方。（图3—6）

【要求】右后捋时，结合腰劲旋转，走外弧加掤劲。重心移动要自然，切忌挑肩架肘。此动呼气。

【内劲】内气由右脚上缠至丹田，一部分下缠于左脚，另一部分通过腰脊右转缠至两臂、两手，形成捋劲。

【用法】承上势。接住对方冲拳后，应迅速转体，将其劲引空。

动作三：接上势。重心移至右腿，左腿提起，里合扣裆，屈膝松胯，身体下沉且微向右转；两手上掤；目视身体左前方。（图3—7）

【要求】左腿上提，身体下沉，形成上下相合，切忌弯腰凸臀。此动吸气。

【内劲】接上势。两手掤劲不丢，继续后捋，劲由左腿缠至右腿，提左膝松胯，劲合于丹田。

【用法】提腿，扣膝，可起到护裆的作用，另外还可作为蹬对方膝盖和臁骨之用。

动作四：接上势。左脚跟内侧着地，向左前方铲地滑出，重心在右腿；两手继续向右上方加掤劲；目视左前方。（图3—8）

【要求】向前开步时，身法要端正，左脚向前开步，两手向右上掤，形成上下对称。此动呼气。

图3—6　　　　　　　　　　图3—7　　　　　　　　　　图3—8

【内劲】气由丹田上行，劲催至两手加掤劲，气下行至左脚。

【用法】左脚发出，可用蹬、铲、踹，还可勾管对方脚和踝关节。

**动作五：**接上势。重心由右腿移至左腿，左脚尖外摆踏实；身体随重心移动，向左转45°；两手左逆右顺缠，走下弧向前掤，左手掤至胸前，手心朝下；右手下沉至右膝上方，手心朝外，手指朝后；目视前方。（图3—9）

【要求】转身，移重心，手前掤要协调一致。塌腰旋裆，裆走下弧向前。左臂保持半圆，掤劲不丢：右臂切勿夹肘，与身体要有一定距离。左膝与左脚跟上下对照，右腿屈膝松胯，保持裆劲圆活。立身中正。此动作先吸气后呼气。

【内劲】劲由右腿里缠，裆劲走下弧线移至左腿变外缠至左脚，腰劲左转。松肩沉肘，劲随两臂左逆右顺缠向前，形成捋劲。

【用法】接上势。后捋时，对方欲感劲空，便会随即撤回，此时可顺势打捋劲。

**动作六：**接上势。左手向前撩掌，向上、再向内环绕合于胸前右臂内侧，左手心朝下；右手领右脚弧线向前上托掌，于右胸前与左手相合，右手心朝上；右脚经左脚内侧向前上步，脚尖点地，重心在左腿；目视前方。（图3—10）

【要求】上步时，要屈膝松胯，轻灵自然，稳重。两手与身体有上下相合之意。此动吸气。

【内劲】劲在左腿，腰略左转；劲贯左手前撩，带动右手、右脚；劲贯右脚尖、右手指。练至内劲充盈饱满时，一动即可达于四梢，周身浑圆一气。

【用法】提右脚上步，可踢对方裆、膝、臁骨等；左手前撩其面部及眼睛，干扰其视线；右手托掌可穿其咽喉。

**动作七：**接上势。左手顺缠外翻，下沉于腹前，手心朝上；右手握拳，下沉落于左掌心内，拳心朝上；目视前方。（图3—11）

图3—9

图3—10

图3—11

【要求】两手、两臂与身体间隔距离 8~10 厘米，有圆掤之感。随落拳腰劲下沉。此动呼气。

【内劲】劲由腰起，塌腰松肩，沉肘贯于右拳。两臂掤圆，周身放松下沉，气归丹田。

动作八：接上势。右拳逆缠向上提起，与右肩平；右腿屈膝松胯，提起右腿悬于裆内，脚尖自然下垂；目视前方。（图 3—12）

【要求】提腿时，身体要下沉，有上下相合之意，提拳时要松肩沉肘，促使内气下降，脚步稳健。此动吸气。

【内劲】塌腰松肩，劲贯右拳上提。塌腰松胯，劲贯右膝提起。

【用法】右拳上冲，可击其下颏、咽喉；提膝可撞其裆部、腹部、胸部等。

动作九：接上势。右脚震脚落地，脚掌踏平，两脚距离与两肩同宽；右拳顺缠下沉，落于左掌心，两臂撑圆；目视前方。（图 3—13）

图 3—12

图 3—13

【要求】右拳、右脚同时下沉，震脚发劲，松胯屈膝，气沉丹田。此动呼气。

【内劲】此势为金刚捣碓成势，即内劲归原姿势，从太极初势起，内劲由丹田发起，内走五脏百骸，外走肌肤毫毛，行一周气仍归丹田，但一招一势均要结合腰劲。腰为肾之府，心为周身之主，肾为发气之源，腰脊如车轴，四肢如车轮，一动以腰为轴，节节贯串。

【用法】捣拳震脚，一可踏其脚趾，二可促进血液循环，振奋精神。

《歌诀》云：

金刚捣碓敛精神，太极浑然聚我身。

变化无方皆元气，股肱外露寓屈伸。

练就金刚太极尊，浑身合下力千斤。

劝君智力休使尽，留下余力扫千军。

# 第三式　懒扎衣

**动作一**：身体微左转，重心右移；右拳变掌，逆缠上掤；左手逆缠下按；目视左前方。（图3—14）

【要求】右拳变掌上掤时，先塌腰旋转，以身催手，弧线上掤，与左手下按配合形成开劲。此动吸气。

【内劲】劲由丹田起，通过转腰松肩缠于两臂，右手上掤，左手下按，气均贯于两手中指端。

【用法】两手右上左下分开对方双手，可进迎门靠，亦可上护头顶下护身。

**动作二**：接上势。两手由双逆缠变双顺缠，划弧交叉于胸前，左手合于右臂内，手心朝外，右手心朝上；重心移至左腿，提右腿向右横开一步，脚跟内侧着地，脚尖上翘里合；目视身体右前方。（图3—15）

图3—14　　　　　　　　　　　　　　图3—15

【要求】手合脚开要同时进行并协调一致，手到脚到，开步要轻灵自然。此动呼气。

【内劲】接上势。结合腰使劲贯于两臂，以右臂为主，上缠于右手小指领劲，下缠于右腿，开步逆缠里合。

【用法】此势是"上引下进"法，上肢将来劲引空；下肢可套、管对方腿脚。左手合于右臂上，以护面门。

动作三：接上势。身体左转，重心右移；右手顺缠上掤；目视右前方。　（图3—16）

【要求】移重心时，裆走后圆弧向右移；右肘掤劲不丢，右腋不能夹死，有圆虚之感。此动吸气。

【内劲】劲由左腿缠至右腿，塌于右腰，身体左转，劲缠至右肩，右手领动。

【用法】右肩含背折靠法。

动作四：接上势。右手逆缠外翻，右臂向外加掤劲；左手顺缠下沉于腹前，手心朝上；重心在右；目视右前方。（图3—17）

【要求】右臂外翻时，要松右胯、右肩，身体微向右转下沉，切勿挑肩架肘。此动呼气。

【内劲】腰劲下塌右转上行至肩，通过松肩，再贯于肘。

【用法】接上势。用肩靠法后，劲贯右肘，可用肘法。

动作五：接上势。身体向右转；右手逆缠，开至右膝上方，松肩沉肘，略变顺缠，指尖高与眼平；左手逆缠，至身左侧叉腰，四指在前，拇指在后，重心在右；眼随右手转视前方。（图3—18）

图3—16　　　　　　　图3—17　　　　　　　图3—18

【要求】开右手时，以腰催肩，以肩催肘，松肩沉肘，贯于指端。塌腰松胯，开裆贵圆，右腿为实，左腿为虚，右腿膝盖与脚跟上下对照，不能前倾、后倒、外撇；左腿挺而不直、膝微屈，脚尖内扣。立身中正，舒展大方。此势继续呼气。

【内劲】懒扎衣势，劲由左腿上缠至腰，下行于右腿；上行以腰催肩，以肩催肘，以肘催手；左手逆缠叉腰松胯、松肩，周身放松。心气下降，气归丹田。

《歌诀》云：

世人不识懒扎衣，左屈右伸抖神威；

伸中寓屈何人晓，屈中藏伸识者稀。

裆中分峙如剑阁，头上中气似旋机；

千变万化由我运，下体两足定根基。

# 第四式　六封四闭

**动作一**：接上势。身体右转，重心略右移；左手从左腰间走上弧与右手相合；右手略有前引下沉之意；目视右手中指端。（图3—19）

【要求】左手与右手相合时，与身体右转、重心右移相结合，两手坐腕接劲。此动吸气。

【内劲】劲由丹田起，上缠于两臂，贯于两手，塌于裆、腰。

【用法】两手前迎相合，迎对方手臂，欲有下捋之意。

**动作二**：接上势。身体左转，重心左移；两手左逆右顺缠，自右而左向下捋；目视身体右前方。（图3—20）

【要求】下捋时，重心下沉、塌腰，两手合劲不丢，加外掤劲。此动呼气。

【内劲】劲塌至腰、裆左转，由右腿移至左腿贯于两手。

【用法】向左下用采捋劲，使对方下趴。

图3—19

图3—20

**动作三：**此势为动作四的过渡动作。在分解练习时，此势不停，接上势。身体继续左转；两手继续左逆右顺缠，向左后上方掤；重心向右移，目视左前方。（图3—21）

**【要求】**掤时，两手不能偏后，右臂掤劲不丢。身体继续左转，重心右移，脊椎起中心轴作用。此动吸气。

**【内劲】**劲由腰左旋上行缠于两臂、两手，下行由左腿缠至右腿。

**【用法】**上肢继续将对方劲引空，下肢劲慢慢移进，以破坏对方重心的稳固。

**动作四：**上势不停。重心继续右移；两手变左顺右逆缠向上划弧，合于肩前；随两手相合，身体向右转；目视右前方。（图3—22）

**【要求】**在由掤变按时，两手下掤上合，均由裆、腰左移右旋，沉肘松肩，旋腕转膀，使劲不丢不顶，圆转自如，转折顺遂。此动继续吸气。

**【内劲】**劲继续右转，塌腰松肩，旋腕转膀，缠至两手。

**【用法】**由掤劲转变为按劲，调节转换，全在裆、腰、胸间运化。

**动作五：**接上势。重心不变，身体微右转下沉；两手合力走弧线，向右前下方按；左脚收于右脚内侧20厘米左右，脚尖点地；目视右前下方。（图3—23）

图3—21　　　　　　　图3—22　　　　　　　图3—23

**【要求】**双手下按时，要松胯塌腰，松肩沉肘，两手合力随身体下沉前按，周身一致。此动呼气。

**【内劲】**周身完整劲通过松腰，胯，沉肩、肘，贯于两手，形成按劲。

**【用法】**双手合力将对方按出，或以听劲与沾粘劲封闭对方，使其处于被动。

## 第五式 单 鞭

**动作一：**接上势。身体微右转；两手双顺缠，左前右后旋转，手心向上；重心在右，左腿以脚尖为轴，膝随身转里合；目视两手。（图3—24）

【要求】两手旋转时要圆活，不能有抽扯之形。此动吸气。

【内劲】气由丹田起，腰右转，缠于两臂、两腿，注重在右手顺缠内转。

【用法】腰脊旋转力贯于手，重点解脱被人捉拿的右手。

**动作二：**接上势。身体左转，重心在右腿，左腿以前脚掌着地，膝随身体转外摆；右手逆缠，五指合拢，走弧线，腕向上提起与肩平；左手心朝上，随身转下沉于腹前，左肘掤劲不丢；目视右手。（图3—25）

【要求】右手变勾上提时，随着体旋转，塌腰、松肩、沉肘，以腰为轴，节节贯串。此动为开；呼气。

【内劲】以腰脊旋转，过肩、肘缠于手腕，五指合拢，手腕领劲。

【用法】五指合拢，旋腰转腕，解脱擒拿后，用手腕击对方要害处。

**动作三：**接上势。身体右转，重心全移于右腿，左腿屈膝提起，左膝内扣；右手腕领劲，左手不动，松肩沉肘，上下相合；目视身体左前方。（图3—26）

图3—24          图3—25          图3—26

【要求】右腿支撑重心，上下相合，切忌弯腰凸臀。此动为合；吸气。

【内劲】右手领劲，劲移右腿；提左膝，左手腕下沉与丹田气相合，周身之气团聚不散。

【用法】提左膝扣裆，可起护裆的作用，也是破对方腿法的一种方法。另外也可侧蹬、踹对方。

动作四：接上势。右腿支撑重心，左脚跟内侧着地，向左铲地滑出，脚尖上翘里合；右手腕领劲，左手下沉合劲；目视左前方。（图3—27）

【要求】立身中正，掤劲不丢。此动为开；呼气。

【内劲】团聚丹田之气，上领右手腕，顺大腿下行缠至脚跟内侧，脚尖大趾领劲；左臂下沉，向右引劲。

【用法】此为身体左侧的"上引下进"法；左脚铲地开步，可以蹬，也可以套、管对方腿脚。

动作五：接上势。身体微右转，重心左移，成左弓步，左手穿掌上掤，逆缠外翻至右胸前；目视前方，瞟视左手。（图3—28）

【要求】移重心时，裆走外下弧线，旋转移动，左膝不能超出左脚尖；左手外翻时，注意不能挑肩架肘。此动吸气。

【内劲】以腰带动，劲由右脚外向内逆缠，上升至长强穴（位于尾骨尖与肛门连线之中点），再由内向外顺缠至左脚尖，左脚尖外摆，右脚尖内扣，然后再上行由腰至肩至肘至手；左手拇指领劲。

【用法】此姿势左侧含背折靠和穿肘法。

动作六：接上势。身体微左转；左手逆缠外开，至左膝上变顺缠，放松下沉；目随左手送至体侧后，再转视正前方。（图3—29）

图3—27          图3—28          图3—29

【要求】左脚尖外摆，右脚尖内扣，松胯屈膝，开裆贵圆，立身中正，虚领顶劲，松肩沉肘，两臂与两腿有上下相合之意。此动为外开内合（拳势有"外三合""内三合"之称，"肩与胯合，肘与膝合，手与脚合，此称外三合"；"心与意合，气与力合，筋与骨合，此称内三合"），呼气。

【内劲】劲由丹田起，沿左腰催肩、肘至左手中指端，放松下沉，回归丹田，"以意导气，以气运身，周而复始，循环不已"。

《歌诀》云：

> 单鞭一势最为雄，一字长蛇画西东；
> 击首尾动精神贯，击尾首动脉络通；
> 中间一击首尾动，上下四旁扣如弓，
> 若问此势妙何处，去寻脊背骨节中。

## 第六式　金刚捣碓

**动作一**：接上势。身体向左转，重心左移；右手变掌顺缠，走下弧与左手相合；目视左前方。（图3—30）

【要求】右手与左手相合时，随身体转动，协调一致。此动先吸气后呼气。

【内劲】劲由丹田至腰脊缠至两臂，贯于手，两手相合。

【用法】两手迎接对方右手、肘，也可捋，也可采、拿兼用。

**动作二**：接上势。身体向右转，重心由左腿移向右腿；两手变左顺右逆缠，加外掤劲，走弧线向右后方捋，手心朝外；目视左前方。（图3—31）

图3—30　　　　　　　　　　　　　图3—31

【要求】两手捋时，与转腰移重心一致。此动吸气。

【内劲】接上势。两手相合，随重心移动，劲由左腿缠至右腿，随腰右转劲贯两手向后上捋。

【用法】此势为上掤，牵引对方向上倾斜跌出（六封四闭一势为下掤）。

**动作三**：接上势。身体向左转，重心走下弧移至左腿，左脚尖外摆，膝盖与脚跟上下对照，松胯屈膝；两手左逆右顺缠，走下弧前掤，左手掤至左膝上与胸平，手心朝下；右手下沉，掤至右膝前上，手心朝外；目视左前方。（图 3—32）

【要求】身体先动，松左胯，移重心走弧线，两臂掤劲不丢，此动呼气。

【内劲】劲由右腿逆缠上行移至左腿变顺缠，腰劲向左缠，催左臂逆缠前掤，劲贯左前臂外侧至掌外缘，右手顺缠合于掌外缘，顶劲领起。

**动作四**：接上势。左手向前撩掌，向上环绕一周，合于胸前，手心朝下；右手走下弧，向前托掌于胸前，手心朝上，右前臂与左手指相合；右腿随右手上托时经左脚内侧向前上步，脚尖点地，同时身体向左转 90°；目视正前方。（图 3—33）

【要求】转体、移重心上右步时，要保持立身中正，屈膝松胯，左腿支持重心，气不能上浮、此动吸气。

【内劲】腰劲略向左带，贯于左手指前撩，右手领劲带右脚上步。

【用法】同上势。

**动作五**：接上势。身体放松下沉，左手顺缠，翻掌降于腹前，手心朝上；右手变拳内收，落于左手掌内，拳心向上；目视前方。（图 3—34）

图 3—32　　　　　　　图 3—33　　　　　　　图 3—34

【要求】拳落掌内，与腹部间隔一拳距离，两臂掤圆，意守丹田。此动呼气。

**动作六**：接上势。身体下沉，右拳逆缠，向上提起，略比右肩高；右腿屈膝提起，右脚放松悬于裆内；左手略顺缠下沉，手心朝上；目视前方。（图 3—35）

【要求】提拳提腿时要屈膝松胯，松肩沉肘，上下相合。决不能身上拔，气上浮。此动为蓄劲；吸气。

内劲、用法说明同第二式金刚捣碓中动作八。

**动作七**：接上势。右脚震脚落地，两脚之间距离与肩同宽；右拳落于左掌内；身体成半蹲姿势；目视前方（图3—36）

图3—35                        图3—36

【要求】震脚时，重心还在左腿，全脚掌落地踏平，用腿部的弹抖劲震脚发劲，气沉丹田。此动呼气。

内劲、用法说明同第二式金刚捣碓中动作九。

## 第七式　白鹅亮翅

**动作一**：接上势，身体先左后右微转；右拳变掌逆缠，上掤至额前；左手逆缠，翻掌下按；重心移至右腿；目视前方。（图3—37）

【要求】用手旋转分开时，均走弧线；右手上掤时注意不要挑肩架肘。此动吸气。

【内劲】劲随腰左转再右转缠于两臂，形成右掤左按的开劲。

【用法】两手在身前弧线分开，有"上护头顶下护身"之意。

图3—37

动作二：接上势。重心移至右腿，提左腿向后退一步，左脚尖着地；身体随倒步左转；两手成开劲；目视前方。（图3—38）

【要求】倒步时，要虚实分明，轻灵自然。与前势同时进行也可以。

【内劲】劲移右腿，左腿逆缠倒步；塌腰，劲贯两手成开劲。

【用法】撤步欲将对方劲引空。引劲落空的关键，在于明阴阳、分虚头。伯父照丕公曾说：虚实不分，就不能上下相随，不能上下相随，就不能引劲落空，不能引劲落空，就不能借劲打人。

动作三：接上势。重心移至左腿，右脚经左脚内侧向后退步；两手双顺缠，划弧交叉于胸前，左手指朝上，手心朝外，右手指朝前，手心朝上；目视前方。（图3—39）

【要求】向后退步时眼观前方，耳听身后，步法轻灵，身法中正，此动先呼气后吸气。

【内劲】接上势。劲由右腿缠至左腿，再提右腿退步，用逆缠丝劲，松胯塌腰；劲贯两臂，顺缠里合，交叉于胸前。

【用法】退步可套、管对方腿脚；劲缠腰贯背，可用肩打背靠。两手交叉于胸前，可守护于中门。

动作四：接上势。重心后移至右腿，身体向右转；两手双逆缠分开，左手下按，手心朝下；右手上掤，手心朝外，两臂成半圆形；左脚收回至右脚左前方，脚尖点地；目视前方。（图3—40）

图3—38　　　　　　　图3—39　　　　　　　图3—40

【要求】重心右移，两手分开，随身转并结合腰劲。此动接上势，先吸气后呼气。

【内劲】劲由腰脊右转，重心移于右腿，劲上缠于两肩胛，过肩、肘贯于两手，周身放松，下沉合劲复归丹田。

【用法】此势为白鹅亮翅成势。两手如鹅亮翅，大开门户，诱敌深入，暗藏杀机。

《歌诀》云：

> 元气何从识太和，两手犹如弄丝罗；
>
> 沿路绵缠神机足，亮翅由来见白鹅。

# 第八式　斜　形

动作一：接上势。脚步不动，身体左转；左手逆缠后摆；右手顺缠，沉肘松肩，向左前划弧摆动；目视左前方。（图3—41）

【要求】以身带手，催动两臂转动，如风摆杨柳一样。此动吸气。

【内劲】劲由丹田发出，由腰缠至右肩，过肩、肘至手（以右手为主），右手顺缠在面前划弧，左手逆缠向后划弧。

【用法】如人用拳击我面部或胸，迅速侧身左转，用右臂挡过。

动作二：接上势。身体右转，右脚尖微向右摆，左脚尖着地，膝向里合；左手随身转由身体左后向上划弧，向前合于鼻前中线，立掌，掌心朝右；右手逆缠划弧下按于右腿外侧，手心朝下；目视左前方。（图3—42）

图3—41

图3—42

【要求】两手转动时，以腰为轴，顶劲领起。此动呼气。

【内劲】以腰为轴，劲由左向右转，缠至右手划弧下按，左手顺缠合于胸前。

　　【用法】接上势。如对方之拳连续击来，右手化过，再迅速向右转体，右手下按，左手挡面，守护中门。

　　动作三：接上势。重心移至右腿，身体下沉，左腿屈膝提起；两手向右上方掤；目视身体左前方。（图3—43）

　　【要求】两手上掤，身体下沉，右腿支撑重心，屈膝松胯，上下相合。此动吸气。

　　动作四：接上势。身体下沉，左脚跟着地向左前方开步，脚尖上翘；两手继续上掤；目视身体左前方。（图3—44）

　　【要求】开步时，脚跟里侧铲地而出，两手上掤，腰劲下塌，有上下对称之意。此动呼气。

　　【内劲】右手逆缠上掤，左手顺缠上掤，提左腿里缠开步，沉肘松肩，劲合于腰。

　　【用法】两手上掤，可捋可挡；提腿可蹬、踹、勾、挂。左肩含背靠法。

　　动作五：接上势。身体左转，重心移至左腿；左手逆缠，随身体左转，走下弧至左膝下；右手顺缠，向后环绕变逆缠，合于右耳下；目视左前方。（图3—45）

图3—43　　　　　　　　　图3—44　　　　　　　　　图3—45

　　【要求】转体与移重心要协调一致。

　　此势分大、中、小三种身法练习。小身法：步小身高，左手从腰间转过；中身法：如上势，手从膝下转过；大身法：左肘从左膝下转过，故有"七寸肘和七寸靠之说"，就是肘与肩离地7寸（约23厘米）。此动先吸气后呼气。

　　【内劲】以腰左转劲下行缠至左腿合住。左腰劲上行缠至左肩、左肘、左手，右手逆缠旋腕合于右胸前。

【用法】此势以左侧为主，右侧为辅。左侧为挤劲，至肩、至肘、至手，右手做后盾，随时呼应。

动作六：接上势。身体继续左转，重心在左；左手五指合拢变勾手，弧线上提至肩平；右手立掌合于胸前；目视前方。（图3—46）

【要求】左手上提，手腕放松领劲；右手蓄而待发，松胯塌腰，劲蓄在右腰间。此动为吸气。

【内劲】塌腰、松肩、沉肘，使劲贯左手腕。

【用法】五指合拢，以防被人折拿手指；上提手腕，可击对方下颚。

动作七：接上势。身体右转；右手逆缠，划弧向右拉开；松肩沉肘，含胸塌腰，松胯屈膝，目视前方（图3—47）

图3—46　　　　　　　　　　　图3—47

【要求】此势两手两足位四隅角，要立身中正，舒展大方，开裆贵圆，虚领顶劲，上下四旁，八面支撑，谓之"中定身法"。此动为呼气。

【内劲】以右手为主，腰劲右转，缠至右肩，劲到松肩，再缠至右肘，劲到沉肘，再缠至手，劲到坐腕，劲贯中指端。到成势时，要屈膝松胯，含胸塌腰，立身中正，顶劲领起，周身放松，气归丹田。

【用法】此势为中定身法，有支撑八面之意，向右开时，含有右肩和右肘的用法。

《歌诀》云：

一气旋转自无停，乾坤正气运鸿濛。

学到有形归无极，方知玄妙在天工。

## 第九式　搂　膝

**动作一**：接上势。身体下沉，松胯屈膝下蹲；两手先逆缠，略上领，再双顺缠，合于左膝上；重心在左腿，目视前下方。（图3—48）

【要求】两手下合时要身法正直，随身下沉，如两手捧水一样合劲不丢。此动先吸气后呼气。

【内劲】腰劲下塌，劲合左腿，上行于两肩，松肩沉肘，合于两手。

【用法】两手下合，可击抱我腿之人的太阳穴，亦可下击头后，使其面部与我膝相撞。

**动作二**：接上势。两手领劲上掤，左手在前，右手在后，立掌于胸前中线；随手上领，重心后移至右腿；左脚收回至右脚左前方，脚尖点地；屈膝松胯，目视前方。（图3—49）

图3—48　　　　　　　　　　　　　　　　图3—49

【要求】重心走下弧线移至右腿，左腿收回要自然，此动吸气。

【内劲】劲由左腿后移至右腿，塌腰松胯，两手领劲合于胸前中线。

【用法】两手封闭中门，起守护作用，以静待动。左脚尖虚点地，便于上、下步与变动方向。

## 第十式　拗　步

**动作一**：接上势。身体微右转；两手双逆缠，向右下捋；左腿屈膝提起；目视前方。（图3—50）

【要求】下捋时掤劲不丢，提腿上下结合，右腿着地要稳。此动为呼气。

【内劲】劲随腰右转，上缠于肩，贯于两手；松胯塌腰，使劲下缠行于左膝。

【用法】两手下捋，带其前仆，提左膝撞其胸、腹。

动作二：接上势。身体微左转，左腿向前上步，脚跟着地，脚尖上翘，重心在右腿；两手左逆右顺缠，向上、向前掤；目视前方。（图3—51）

图 3—50

图 3—51

【要求】向前迈步要自然；两手划弧上掤下捋要与身法自然相合。两手上翻时吸气，下沉时呼气。

【内劲】劲随腰先右后左转，缠于左腿，脚跟着地，脚大趾上翘领劲；劲上行通过两臂，贯于两手，左逆右顺缠前掤。

【用法】向前上步，两手前掤击对方面部。

动作三：接上势。身体左转，重心移至左腿；左手逆缠后下按，右手逆缠向前推出；右腿屈膝提起；目视前方。（图3—52）

【要求】步法稳重，上步轻灵自然。此动先呼气后吸气。

【内劲】腰左转，劲由右腿移至左腿，提右腿上步，左手逆缠下捋，右手逆缠前掤。

【用法】连续进步击掌，两臂在身体左右两侧划弧，随上步下捋前掤，以护左右两肋及面部。

动作四：接上势。右腿向右前上步，脚跟着地，脚尖上翘，重心在左腿，身体微左转；左手后摆，右手前掤：目视前方。（图3—53）

【要求】上步如猫行，轻灵自然，两臂在身体两侧圆弧缠绕，以腰为轴。此动呼气。

动作五：接上势。身体右转，重心移至右腿，右脚尖外摆落地；右手逆缠，划弧下按至右腿外侧；左手顺缠上翻，划弧向前推出；目视前方。（图3—54）

图3—52

图3—53

图3—54

【要求】左手上翻时注意不要挑肩；腰劲要下塌。与上动的气相连。

动作六：接上势。重心在右腿，身体微右转，左腿屈膝提起；左手立掌在鼻前中线；右手下按；目视身体左前方。（图3—55）

【要求】提腿时，身体下沉，屈膝松胯，上下相合。此为吸气。

动作七：接上势。左腿向左前方开步，脚跟内侧着地，脚尖上翘里合，身体下沉；两手在原位加掤劲；目视左前方。（图3—56）

【要求】身法中正，切忌弯腰凸臀。此势呼气。

图3—55

图3—56

【说明】动作四、动作五、动作六、动作七与动作二、动作三的左右上步时的运动路线及用法基本相似，故不赘述。

《歌诀》云：

初收（言第一搂膝）转圈自然好，未若此圈十分巧；

前所转圈犹嫌大，此圈转来愈觉小；

越小小到无圈时，方知太极真神妙。

人言此艺别有诀，往往不肯对人表；

吾谓此艺甚无奇，自幼难以练到老；

练到老年自然悟，豁然贯通神理妙。

# 第十一式　斜　形

动作一：接上势。重心移至左腿，身体微向左转；左手逆缠，划弧向下至左膝前；右手顺缠外翻，由后由上划弧变逆缠合于右耳下；目视左前方。（图3—57）

【要求】转体移重心；两手旋转时，要结合腰劲，臀部下沉。此动与上势的呼气相连。

动作二：接上势。身体继续左转，重心在左；左手五指合拢变勾手，弧线上提至肩平；右手立掌于胸前；目视前方。（图3—58）

【要求】以腰为轴，节节贯串，劲由腰至肩、至肘、至手，左手腕领劲；右手蓄而待发。此动吸气。

动作三：接上势。身体右转；右手逆缠，划弧向右拉开；松肩沉肘，含胸塌腰，松胯屈膝，目视前方。（图3—59）

图 3—57　　　　　　　　图 3—58　　　　　　　　图 3—59

【要求】此势两手两足位于四隅角，要立身中正，舒展大方，开裆贵圆，虚额顶劲，上下四旁，八面支撑，谓之"中定身法"。此动为呼气。

【内劲】腰劲右转、缠至右肩，劲到松肩；再缠至右肘，劲到沉肘，再缠至右手，劲到坐腕，劲贯中指端。成势时，要屈膝松胯，含胸塌腰，立身中正，顶劲领起，周身放松，气沉丹田。

【用法】与第八式斜形中动作七相同。

## 第十二式 搂 膝

动作一：接上势。身体下沉，松胯屈膝下蹲；两手先逆缠略上领，再双顺缠，下合于左膝上，重心在左腿；目视前下方。（图3—60）

【要求】两手下合时，要身法正直，随身下沉，两手如捧水一样合劲不丢。此动先吸气后呼气。

【内劲】腰劲下塌，劲合左腿，上行于两肩，松肩沉肘，合于两手。

【用法】与第九式"搂膝"中动作一相同。

动作二：接上势。两手领劲上掤，左手在前，右手在后，立掌于胸前正中线；随手上领，重心移至右腿，左脚收回至右脚左前方，脚尖点地，屈膝松胯；目视前方。（图3—61）

图3—60

图3—61

要求、内劲运行、用法，均与第九式搂膝中动作二相同。

## 第十三式 拗 步

动作一：接上势。身体微右转；两手双逆缠向右下掤，左腿屈膝提起；目视

前方。（图3—62）

**【要求】**下攦时，掤劲不丢，提腿上下相合。右腿着地要稳。此动为呼气。

**【内劲】**劲随腰右转，上缠于肩，贯于两手；松胯塌腰，使劲下缠，行于左膝。

**【用法】**两手下攦，带对手前仆，提左膝撞其胸腹。

**动作二：**接上势。身体微左转，左腿向前上步，脚跟着地，脚尖上翘，重心在右腿；两手左逆右顺缠，向上、向前掤；目视前方。（图3—63）

**【要求】**向前迈步要自然，两手划弧上掤下攦要与身法自然相合。两手上翻时吸气，下攦时呼气。

**【内劲】**劲随腰先右后左转，缠于左腿，脚跟着地，脚大趾上翘领劲；劲上行通过两肩，过两肘贯于两手，左逆右顺缠前掤。

**【用法】**与第十式"拗步"中动作二的用法相同。

**动作三：**接上势。身体左转，重心移至左腿；左手逆缠后下按，右手逆缠向前推出（图3—64）。随之右腿提起；目视前方。（图3—65）

图3—62

图3—63

图3—64

图3—65

要求、内劲运行、用法均与第十式"拗步"动作三相同。

动作四：接上势。右脚向右前上步，脚跟着地，脚尖上翘，重心在左腿，身体微左转；左手后摆，右手前推；目视前方。（图3—66）

要求、内劲运行、用法与第十式"拗步"动作五相同。

动作五：接上势。右脚尖外摆，重心移至右腿，提左腿向左前方上一步；身体随上步自左向右转体90°；右手逆缠下沉，左手顺缠上翻，划弧经左耳变逆缠，与右手交叉相合于胸前；重心偏右腿；目视前方。（图3—67）

图3—66

图3—67

【要求】移重心上步时，身体不能上提，两手交叉，掤劲撑圆，立身中正。此动接上势先吸气后呼气。

【内劲】腰右转，内劲下缠于右腿，脚掌踏实抓地，随提左腿上步，左手由顺缠变逆缠，与右手相合，两臂掤劲饱满，裆劲圆活。

【用法】起防护作用，以静待动。

## 第十四式　掩手肱拳

动作一：接上势。身体略右转，重心左移；两手双逆缠，自下向左右分开；目视前方。（图3—68）

【要求】两手分时，以身带手，沉稳圆活，此动接上势，继续呼气。

【内劲】劲以腰、裆右转左移，两手逆缠分开，劲掤于两前臂外侧及掌外缘。

【用法】如对方双掌击来，用双手分劲将来势分化。

动作二：接上势。重心右移，身体略右转；右手顺缠，上翻变拳，合于右

腰间，拳心向上；左手由逆缠变顺缠，立掌合于胸前正中线；目视前方。（图3—69）

【要求】握拳合劲时身体中正下沉，松胯屈膝，劲合于右腿，蓄而待发，此动吸气。

【内劲】松胯、塌腰，丹田劲过长强穴，顺督脉，冲风池（位于项部），过百会（位于头正中线，离前发际约16厘米）至人中（在鼻下唇上，鼻唇沟之正中），下分两肩；松肩沉肘，顺缠将右拳合于腰间，左手合于胸前。

【用法】左掌在前掩护，右拳藏于腰间。用时，突然从左掌下前冲，故名"掩手肱拳"。

动作三：接上势。右脚蹬地里合，身体迅速左转、松左胯；右拳逆缠螺旋前冲，左肘向后发劲；目视右拳前方。（图3—70）

图3—68          图3—69          图3—70

【要求】发劲时，拧裆转腰，将拳突然击出。前拳后肘，完整一气。此动发劲呼气。

【内劲】劲由右脚蹬地里缠，腰迅速左转，劲螺旋通过肩肘，催于右拳顶，左肘顺缠向后发劲，与右拳配合。故内劲运行有"生于肾，起于脚，行于腿，主宰于腰，通过肩肘，催于手"之说。

【用法】前拳后肘前后对称，腰如车轴，气如车轮，完全用裆、腰的旋转力。故有"裆内自有弹簧力，灵机一转鸟难飞"之说。

《歌诀》云：

上打咽喉下打阴，左右两肋并中心；

上鼻下臁兼两眼，脑后一击要人魂。

## 第十五式　金刚捣碓

**动作一：**接上势。身体下沉，重心在左；右拳变掌，顺缠里合。左手逆缠，合于右前臂内侧；目视前方。（图3—71）

【要求】右臂下沉里合时，不要弯腰夹肘，失去掤劲。此动吸气。

【内劲】塌腰，松肩沉肘，右臂顺缠，使劲下沉里合。

【用法】设对方从我背后突然侵袭，我身体迅速左转，沉肘松肩，将来劲引空，寓有"背折靠、上掤肘"之法。

**动作二：**接上势。身体右转，重心右移；右手逆缠外翻，上掤至右太阳穴外侧；左手逆缠，下按于左膝上方；左脚尖内扣；目视身左侧。（图3—72）

【要求】两手掤劲不丢，左脚尖内扣时，左胯要松，切勿顶住，使转髋不灵。脚尖内扣是为了转动方向。此动呼气。

【内劲】腰右转，劲顺督脉上升至两肩，右手逆缠上掤，左手逆缠下按。丹田气下行，使左腿松胯里合，左脚尖内扣，裆劲合住。

【用法】右手上掤攦，将对手身体前带，可以用左胯打，左手下插其裆上挑，可作大背摔。

**动作三：**接上势。身体向右转，重心移至左腿，右脚经左脚内侧环绕向前上步，脚尖点地；右手顺缠，向下划弧，上托于右胸前，手心向上；左手顺缠上翻变逆缠，合于右前臂上，手心朝下与胸平；目视前方。（图3—73）

图3—71　　　　　　　　图3—72　　　　　　　　图3—73

【要求】重心左右移动，步法轻灵自然，周身放松下沉。两手合时吸气，合好下沉时呼气。

内劲、用法与第二式"金刚捣碓"中动作六相同。

**动作四：**接上势。左手顺缠外翻，下沉于小腹前，手心朝上；右手握拳，下沉落于左掌心内，拳心朝上；目视前方。（图3—74）

要求、内劲与第二式"金刚捣碓"动作七相同。

**动作五：**接上势。右拳逆缠向上提起，与右肩平；右腿屈膝松胯，提起右脚悬于裆内，脚尖自然下垂；目视前方。（图3—75）

**【要求】**提腿时，身体要下沉，有上下相合之意；提拳时，要松肩沉肘，促使内气下降，脚步稳健。此动吸气。

内劲、用法与第二式"金刚捣碓"动作八相同。

**动作六：**接上势。右脚震脚落地，脚掌踏平，两脚距离与肩同宽；右拳顺缠下沉，落于左掌心，两臂撑圆；目视前方。（图3—76）

图3—74    图3—75    图3—76

**【要求】**右拳右脚同时下沉，震脚发劲，松胯屈膝，气沉丹田。此动呼气。

内劲、用法与第二式"金刚捣碓"中动作九相同。

# 第十六式　撇身捶

**动作一：**接上势。身体先右后左微转；两手在腹前微上掤后下沉，右拳变掌，双手同时走下弧，向左右分于身体两侧，掌心相对；目视前方。（图3—77）

**【要求】**两手下分时要接劲，心气下降，身体有下沉之感。两手上接劲时吸气，分时呼气。

【内劲】劲由丹田发起，下行于腿，上行顺督脉至两肩，贯于两手。

【用法】可用两手腕或手背撩击身体两侧敌之裆部。

动作二：接上势。身体下沉，立身中正，重心移至左腿，提右腿向右横跨一步；同时，两手先逆后顺缠向上翻，合于胸前交叉，左手在外，右手在里；目视前方（图3—78）。

【要求】两手上撩划弧交叉时，与开右步同时进行，协调一致；腰劲下煞，裆要开圆。此动为下开上合，吸气。

【内劲】接上势。劲缠至两手后，腰略左转，劲缠至左腿，再开右腿，同时两手先逆后顺缠合于胸前，劲再塌于腰。

【用法】左右撩击后，两手守护于胸前。

动作三：接上势。身体左转，重心还在左腿；两手在胸前左逆右顺缠向左上展；目视左侧。（图3—79）

图3—77

图3—78

图3—79

【要求】两臂不能展直，转时两臂要与腰相结合。此动呼气。

【内劲】劲以腰左转缠于两手，左逆右顺。

【用法】此是"欲右先左"之动，欲向右转，先向左开，有"声东击西"之意。

动作四：接上势。身体向右转，重心移至右腿；同时，右手逆缠，走下弧，经右膝下转至右腿外侧；左手变顺缠，经左耳侧向前推于鼻前正中线，变逆缠；目视右前方。（图3—80）

【要求】右手下转时，裆、腰劲下沉；如练大身法，还要更低，肩、肘均要从膝以下转过，也有用右肩打"七寸靠"之说。往下转时，要先上引。上引吸气，下转呼气。

【内劲】塌腰松胯，腰向右转，以右为主。劲由腰至肩，由肩至肘、至手；裆劲由左腿里缠至右腿变外缠，两膝、两脚相合。左手由顺变逆缠合于胸前。

【用法】此动由腰劲催肩，可高可低打靠或肘法。

动作五：接上势。重心移至左腿，身体向左转；左手逆缠下捋，至左膝下，右手顺缠上掤。目随右手转动。（图3—81）

图3—80                    图3—81

【要求】两足踏实抓地，全靠裆劲左右盘旋，腰左右旋转，带动两臂螺旋缠绕。此动先吸气后呼气。

【内劲】劲由右腿里缠至左腿变外缠，腰劲向左旋转，缠于左臂逆缠下沉。右臂顺缠里合，顶劲领起。

【用法】向左转体，随裆、腰劲，贯于肩肘，含有打左背折靠或左上掤肘法。

动作六：接上势。重心在左，身体继续左转；左手逆缠叉腰，拇指在后，四指在前；右手顺缠，小指领劲，在身前平拦至左前方；目随右手转至左前方。（图3—82）

【要求】旋转时，以腰脊为轴，不丢不顶，连绵不断，圆转自如。此动与上势相连，继续呼气。

【内劲】接上势，内劲不断，继续左转。

【用法】练习裆、腰的盘旋劲，结合两臂的螺旋缠绕，使周身形成一个起于脚，行于腿，主宰于腰，通过肩肘，形于手指的空间螺旋运动，逐步达到"人不知我，我独知人"的奥妙境界。

动作七：接上势。重心移至右腿，身体向右转约120°，左脚尖内扣，左胯

要松，膝微屈；右手变拳，逆缠外翻，向右上掤，至右太阳穴；左臂撑圆，左肘里合；目通过左肘尖视左脚尖。（图3—83）

图3—82　　　　　　　　　　　　　　　图3—83

【要求】旋转时，拧腰转裆，身体微前倾，身虽斜而中气正。右拳、左肘尖、左脚尖形成一线，周身相合，切勿弯腰凸臀，此势吸气。

【内劲】劲主宰于腰，由左腿移于右腿，随重心移动转腰，劲贯于右肩、右肘，合于左肩、左肘，有左肩与右胯相合、左肘与右膝相合之意。

【用法】劲由腰、裆贯于右肩时，含"背靠"与"上挑肘"法；左肩肘下合，可引劲落空，亦可用下采肘法。

《歌诀》云：

撇身拳势最难传，两足舒开三尺宽。
两手分开皆倒转，两腿合劲尽斜缠。
右拳落在神庭上，左手叉在左腰间。
身似侧卧微带扭，眼神觑定左足尖。
顶劲领起斜寓正，裆间撑开月半圆。
右肩下打七寸靠，背折一靠更无偏。
右手撇回又一捶，此是太极变中拳。

## 第十七式　青龙出水

动作一：接上势。身体右转，重心移至左腿；右拳顺缠，下沉划弧，合于右腰间；左手由左腰间先顺缠后逆缠，向前合于胸前；目视右前方。（图3—84）

【要求】重心合于左腿，松胯屈膝，右拳合于右腰间，立身中正，此动右拳弧线下行时呼气，里合时吸气。

【内劲】劲由右腿合于左腿，左腿里缠，右腿外缠，腰劲右转，右臂顺缠，沉肘松肩，合于右腰间。

【用法】设对方突然从我背后推来，我身体应迅速右转，沉右肘，松右肩，使其扑空，右肘向右后击其胸。另外如果对方从右侧抓我右臂，我应迅速沉肘松肩，旋腕转臂，解脱其抓拿，用肘或拳击敌。

动作二：接上势。身体迅速向左转，重心迅速移右腿；右拳自右腰间逆缠，迅速向右膝前发劲冲拳；左手顺缠，半握拳收至左肋下，左肘向左发肘劲；目视右下。（图3—85）

图3—84

图3—85

【要求】用裆内弹簧力及腰的旋转力，将拳催出去，做到劲达力点，周身完整一气，开裆贵圆。此动呼气。

【用法】此拳下打击对方裆或小腹部。还可在发劲之后，右拳顺缠向上往后崩，并含背靠劲，故有"里缠外崩"之说。

# 第十八式　双推手

动作一：接上势。右拳变掌，上掤前引；左手变掌，随身体右转与右手相合；目视右前方。（图3—86）

【要求】两手相合时与腰劲结合。

【内劲】劲由腰贯于两手，裆劲下沉。

【用法】接劲下捋。

动作二：接上势。身体向左转，重心自右腿微向左移，左脚尖外摆；两手左逆右顺缠下捋；目视左前方。（图3—87）

【要求】裆走下弧左移，两手下捋向外，掤劲不丢，顶劲领起，身法中正。此动呼气。

【内劲】腰劲螺旋下沉，右腿劲里合，左腿劲外缠，两手左逆右顺缠下捋。

【用法】捋对手左臂下合，使其面朝下倾倒。

动作三：接上势。重心移至左腿，身体继续左转，提右腿划弧，经左脚内侧向右前方上步，脚跟着地，脚尖上翘里合；两手左移右顺缠，随身体旋转继续左捋；目视右前方。（图3—88）

图3—86　　　　　　　　图3—87　　　　　　　　图3—88

【要求】移重心上步时，两手捋劲不丢，身法中正，接上势继续呼气。

【内劲】劲由右腿移至左腿，左腿劲外缠，右腿上步，脚尖领劲里合；腰左转，劲达两手，外掤后捋。

【用法】转身上步后捋，是一种沾粘连随法。使敌有"进之则愈长，退之则愈促，仰之则弥高，俯之则弥深"之感。

动作四：重心移至右腿，身体继续左转；两手由左逆右顺缠，变右逆左顺缠，向左后、向上划弧，合于左胸前；目视右前方。（图3—89、图3—89附图）

【要求】移重心时，裆从左边移至右腿；两手由捋变推按劲，要圆转自然，不能断劲。此动吸气。

【内劲】劲由左腿缠至右腿，腰劲左转，松肩沉肘。胸腰运化，旋腕转膀，劲贯于两手，合于左胸变推按劲。

【用法】由掤转推按法，向前平推。

动作五：接上势。身体向右转，松胯下沉，两手合力前推；左脚收于右脚内侧，脚尖点地，重心在右腿；目视前方。（图3—90）

图3—89　　　　　　　图3—89附图　　　　　　图3—90

【要求】塌腰松胯，合力前推。此动呼气。

【内劲】含胸塌腰，腰劲略右转，松肩沉肘，劲贯于两手。

【用法】两手合力，封敌双臂，平胸前推。

# 第十九式　肘底看拳

动作一：接上势。身体向左转，重心在右；左手逆缠，下沉于身体左侧；右手逆缠略上升；目视左前方。（图3—91）

【要求】脚步不动，手随身转，左膝随身体左转时外摆，以腰脊为轴。接劲时吸气，左手下沉时呼气。

【内劲】劲以腰脊为轴，贯于两手。

【用法】左侧身引劲。

动作二：接上势。身体向右转，左膝随身体转里合；右手变拳顺缠，下沉里合于腹前；左手顺缠，由身后划弧向上转至身前左侧，高于头顶；目转视前方。（图3—92）

【要求】左手上翻时，要身法中正，切勿挑肩，此动吸气。

【内劲】以腰脊为轴，带动两臂旋转，左上右下有相合之意。

**动作三：**接上势。重心在右腿，左脚尖点地，屈膝松胯，含胸塌腰；左肘下沉与右拳上托相合；目视前方。（图3—93）

图3—91　　　　　　　　图3—92　　　　　　　　图3—93

【**要求**】身法端正，上下相合，此动呼气。

【**内劲**】由丹田贯于左肘与右拳。

【**用法**】上下相合，可用拿法；左肘向下可击对方后脑与后心。

《歌诀》云：

> 左肘在上，右拳在下，胸有含蓄，侧首俯察；
> 左足点地，右足平踏，两膝屈住，胸中宽大；
> 神灵气足，有真无假，承上启下，形象古雅。

# 第二十式　倒卷肱

**动作一：**接上势。身体向右转：右拳变掌，逆缠划弧，沉于身体右侧；左手向前推；重心在右腿，左脚尖虚点地；目视前方。（图3—94）

【**要求**】右手下沉时，以肩右转，带臂下沉，此动先吸气后呼气。

**动作二：**接上势。右手顺缠，由后上翻合于右胸前；身体略左转，提左腿向左后方退步，脚尖着地；左手略向下塌劲；重心在右腿，目视前方。（图3—95）

【**要求**】退左步时，必须等到右手将合至右胸时再退步，两手欲前先后有相合之意。此动吸气。

【**内劲**】以腰为轴，右手由逆缠变顺缠，随腰劲旋转，向上合于右胸前；腰劲再左转，提左腿，脚尖着地，里缠退步。

【用法】倒卷肱为倒退防护法。

动作三：接上势。重心略左移，身体向左转；左手逆缠后捋，右手逆缠前推；目光瞻前顾后。（图3—96）

图3—94          图3—95          图3—96

【要求】重心移动与左手后捋、右手前推要协同一致，身法中正。此动呼气。

【内劲】以腰为轴，劲由右腿移至左腿，随腰左转，缠至左肩、肘、手，再逆缠后捋，右手逆缠前推。

动作四：接上势。重心移至左腿；左手由逆缠变顺缠，由后向上划弧，合于左肩前；提右腿划弧退步，右手略顺缠下沉；目视前方。（图3—97）

【要求】退步时，随重心移动，脚步里缠划弧后退，髋关节放松、灵活。此动吸气。

【内劲】劲发于丹田，主宰在腰，随腰转动，下行于腿，上行于臂，一动周身结合。

【动作五】接上势。身体右转，重心移于右腿；右手逆缠划弧下捋；左手逆缠向前推；目视前方。（图3—98）

【要求】身法中正，以身带手，此动呼气。

【内劲】以腰为主宰，劲由左腿里合缠至右腿，腰劲上行，以身法带动右手逆缠下捋，左手逆缠前推。

【用法】倒卷肱是撒退的一种方法。但撒中有守，守中有攻，主要以腰脊为轴，屈膝松胯，退步灵活自然，两臂在身体两侧圆弧转动，以护身体两侧之要害。两手交替前推，可随时击打来侵之敌。

图 3—97    图 3—98

【说明】倒拳肱一势是连贯动作，为便于教学，故将此势间断、分解。待练熟后，应将动作连贯起来，一气呵成。练习倒拳肱时，按正规要求，从退左脚起，连续五步还原到左脚上。如场地小，退一步或三步均可。

## 第二十一式　白鹅亮翅

**动作一：**接上势。重心移至右腿；右手由逆缠变顺缠，向后、向上划弧合于右肩前；此时身体微左转，提左腿向后退步，脚尖着地；同时左手微下沉；重心微左移，左脚踏实，身体微左转；右手前推，左手下沉于右前臂内侧，两手相合；目视右前方。（图 3—99）

【要求】塌腰松胯，两手有相合之意。此势继续吸气。

【内劲】劲由右腰上缠，通过右肩、肘，至右手前推下塌，两手相合，腰劲略左转，劲由右腿略向左移。

【用法】有下捋之势。

**动作二：**接上势。身体略向左转，重心移至左腿，提右腿向右后方退步；同时，左手逆缠下捋划弧变顺缠向上、向前，与右手顺缠下捋上合于胸前交叉。左手心朝外，合于右前臂内侧，右手心朝上，在胸前中线；目视前方。（图 3—100）

【要求】移重心向后落步，两手划弧交叉，要稳定重心，立身中正，倒退步要轻灵自然，上下相合。两手下捋时呼气，上合交叉时吸气。

内劲、用法与第七式"白鹅亮翅"中动作三相同。

**动作三：**接上势。重心移至右腿，身体向右转；右手逆缠上掤于右前上方与

113

眉平；左手逆缠下按于左膝上方；提左膝，把脚收于右脚左前方，脚跟提起，脚尖着地；目视前方。（图3—101）

图3—99　　　　　　　图3—100　　　　　　　图3—101

【要求】屈膝松胯，立身中正，两手掤圆，虚领顶劲。

【内劲】劲随腰右转，上行于肩（松肩），再催于肘（沉肘），贯于手指（右手中指领劲）。左手下塌，劲贯于手指，再回归丹田。

# 第二十二式　斜　形

动作一：接上势。脚步不动，身体左转；左手逆缠后摆；右手顺缠，沉肘松肩，向左前划弧摆动；目视左前方。（图3—102）

【要求】以身带手，催动两臂转动，如风摆杨柳一样。此势吸气。

【内劲】劲由丹田发出，由腰缠至右肩，过肩、肘至手（以右手为主），右手顺缠在面前划弧，左手逆缠向后划弧。

【用法】如对方用拳击我面部或胸部，我可迅速侧身左转，用右臂挡过。

动作二：接上势。身体向右转，右脚尖微向右转，脚尖着地，膝向里合；左手随身转由身体左后向上划弧，向前合于鼻前正中线，立掌，掌心朝右；右手逆缠划弧，下按于右腿外侧，手心朝下；目视左前方。（图3—103）

图3—102

【要求】两手转动时，以腰为轴，顶劲领起，此动呼气。

【内劲】以腰为轴，劲由左向右转，缠至右手划弧下按，左手顺缠合于胸前。再迅速向右转体，右手下拨，左手挡面，守护中门。

动作三：接上势，重心移至右腿，身体下沉，左腿屈膝提起；两手向右上方掤；目视身体左前方。（图3—104）

【要求】两手上掤，身体下沉，右腿支撑重心，屈膝松胯，上下相合。此动吸气。

动作四：接上势。身体微下沉，左脚跟着地，向左前方开步，脚尖上翘；两手继续上掤；目视身体左前方。（图3—105）

图3—103　　　　　　　　图3—104　　　　　　　　图3—105

【要求】开步时，足跟里侧铲地而出，两手上掤，腰劲下塌，有上下对称之意，此动呼气。

【内劲】右手逆缠上掤，左手顺缠上掤，提左腿里缠开步，沉肘松肩，劲合于腰。

【用法】两手上掤，可捋可挡，提腿可蹬、踹、勾、挂，左肩含背靠法。

动作五：接上势。身体向左转，重心移至左腿；左手逆缠，随身体左转走下弧至左膝下，右手顺缠，向后环绕变逆缠合于右耳下；目视左前方。（图3—106）

【要求】转体移重心要协调一致。此势分大、中、小三种身法练习。具体说明参照第八式"斜形"中动作四的说明。

【内劲】以腰左转，劲下行缠至左腿合住。左腰上行，缠至左肩、左肘、左手，右手逆缠旋腕合于右胸前。

【用法】此势以左侧为主，右侧为辅。左侧为挤劲，至肩、至肘、至手，右手做后盾，随时呼应。

动作六：接上势。身体继续左转，重心在左腿；左手五指合拢变勾手，弧线上提至肩平；右手立掌合于胸前；目视前方。（图3—107）

【要求】左手上提，手腕放松领劲：右手蓄而待发，松胯塌腰，劲蓄在右腰间。此动为吸气。

【内劲】塌腰、松肩、沉肘，使劲贯左手腕。

【用法】五指合拢，以防被人折拿手指；上提手腕，可击对方下腭。

动作七：接上势。身体右转，右手逆缠划弧，向右拉开，松肩沉肘，含胸塌腰，松胯屈膝；目视前方。（图3—108）

图3—106                    图3—107                    图3—108

【要求】此势两手两脚位于四隅，要立身中正，舒展大方，开裆贵圆，虚领顶劲，上下四旁，八面支撑，称之"中定身法"。此动为呼气。

【内劲】以右手为主，腰劲右转，缠至右肩，劲到松肩；再缠至右肘，劲到沉肘；再缠至手，劲到坐腕，劲贯中指端，成势时，要屈膝松胯，含胸塌腰，立身中正，顶劲领起，周身放松，气归丹田。

【用法】此势为"中定身法"，有支撑八面之意，向右开时，含有右肩和右肘的击法。

## 第二十三式　闪通背

动作一：接上势。身体微左转，重心略向左移；左手变掌上领劲，右手由右

顺缠划弧向左，与左手有相合之意；目视左手中指端。（图3—109）

　　【要求】塌腰松胯，重心随身体微左转前移，切勿弯腰探身。此动两手相合时吸气。

　　【内劲】劲由右脚里缠上行，随腰左缠上行过肩、过肘，达于两手，欲有相合之意。

　　【用法】两手相合，搭于对方右臂。可用挒劲。

　　动作二：接上势。身体右转，重心移至右腿，左腿屈膝收回，脚尖点地；同时，两手随身体右转下挒向右外侧，左顺右逆缠，两手心朝外；目视左侧。（图3—110）

　　【要求】两手合劲，向右侧挒时，随重心右移，腰劲下塌，周身一致。此动呼气。

　　【内劲】劲由腰右转过两肩到达两手合力变挒劲；另则，左肩下合，右肩向后上靠，劲由左肩通过，到达右肩。

　　【用法】对方从前来，顺手合力将其劲挒空；对方从后来，左肩下合，将来劲引空，右肩可打背折靠。

　　动作三：接上势。身体左转，重心在右腿，左脚虚足点地；左手逆缠，划弧上掤，右手顺缠，划弧向下与左膝相合；目视身体右前方。（图3—111）

图3—109　　　　　　　　图3—110　　　　　　　　图3—111

　　【要求】以腰为轴，左右转动，下合时，左手上掤，右手与左膝、右肩与左胯均有相合之意。此动吸气。

　　【内劲】劲由腰左转，左手沉肘松肩，逆缠上掤，右手顺缠下合。劲再由右肩通过到达左肩。

117

【用法】先向后右攦，对方抽回时，打其回劲。

动作四：接上势。身体微右转，重心在右腿，左腿屈膝提起；同时，右手顺缠，向上收于右腰间，左手顺缠，掌向前；目视前方。（图3—112）

【要求】提左腿时，上下相合，右腿支撑重心要稳。此动继续吸气。

动作五：接上势。身体微右转，重心在右腿，左腿向前上步，脚跟着地，脚尖上翘；目视前方。（图3—113）

【要求】重心仍在右腿，上左步要自然。此动继续吸气。动作四、动作五也可连贯不停。

动作六：接上势。重心移至左腿，身体微左转；同时，右手略顺缠，向前上方穿掌；左手逆缠向下，五指合拢，向身后方捧出；目视前上方。（图3—114）

图3—112　　　　　　　图3—113　　　　　　　图3—114

【要求】穿掌时，右脚蹬地，腰劲贯手指，此动呼气。

【内劲】劲起于脚，行于腿，主宰在腰，通过肩、肘，贯于手指，周身一致。

【用法】右穿掌可直插对方咽喉，也可穿其眼睛。左手五指合拢在后，可解脱擒拿，亦可击对方裆部。

动作七：接上势。重心在左，身体速右转，右腿屈膝提起；右手迅速逆缠外翻，上捧后攦至额前上方；左手变掌，顺缠上捧至身体左侧；目视身体左前方。（图3—115）

【要求】两手划弧上捧，提腿迅速转身，动作要协调一致。此势为过渡动作，熟练时，此动不停，吸气。

【内劲】劲由腰向右滚翻，缠至两臂旋转，贯于两手加攦劲，走上弧再下塌于腰。

【用法】迅速转身向后可用背靠和向后发肘劲，亦可不提右腿，两手上掤对方手臂，左胯挑对方裆部，使其从上跌出，与摔跤的胯背式相同。

动作八：接上势。右脚震脚落地，身体继续右转，提左脚向左前方迈步，重心偏右；两手由上往下交叉于腹前。身体由动作六开始至动作八转体180°；目转视前方。（图3—116）

图3—115

图3—116

【要求】熟练后，上势可不停，一气呵成。右脚落地踏实，左脚迈步要稳。松胯屈膝，腰劲下塌，两手与转腰结合。此势继续吸气。

【内劲】劲合于腰，沉于脚，贯于手。

【用法】闪通背亦有"三通背"之称。身法左闪右闪，内劲顺任、督二脉环行三周，在左，右背通过三次，故有"三通背"之说。"闪"者，将背后来劲引空，快速将对方跌出。

《歌诀》云：

自从闪通大转身，一波三折妙如神，
禹门流水三级浪，讵少渔人来向津。
东来东打原无定，只此一击定乾坤，
人说此中多妙术，浩然一气运天真。

## 第二十四式　掩手肱拳

动作一：接上势。身体微右转，重心左移；两手双逆缠下分；目视前方。

（图 3—117）

【要求】两手下分时，随重心移动，分手要在身体略右转时进行，以身带手。此势呼气。

【内劲】劲由右腿缠至左腿，两臂随腰劲转动逆缠下分。

动作二：接上势。重心由左腿再移向右腿，松右胯；两手变顺缠下合，右手握拳，屈肘合于右腰间，拳心向上；左手掌心朝前，指尖朝上，合于胸前正中线；目视前方。（图 3—118）

【要求】重心合于右腿，塌腰松胯，周身相合，意识集中，以静待动，有一触即发之势。此势吸气。

【内劲】腰劲下塌，含胸束肋，松肩沉肘，劲合于拳。拳勿握紧，右脚尖内扣，右胯放松下沉，使右腿形成一个螺旋缠丝劲，像弹簧一样，压得越紧，反弹的力量越大。

【用法】周身合劲团聚不散，内劲饱满充溢时，可用肩发肩，用肘发肘，用掌发掌，用拳发拳，掌握这个合劲后，即可随心所欲，任其自然。

动作三：接上势。重心迅速由右腿移向左腿，身体迅速向左转；右拳逆缠，迅速向前发劲；左肘快速向后发劲，左手半握拳，收至左肋旁；目视前方。（图 3—119）

图 3—117　　　　　　　　图 3—118　　　　　　　　图 3—119

【要求】发劲时，右脚蹬地，裆劲内扣，拧腰转裆，以腰脊为轴，立身中正，旋转发力，前拳后肘，二劲平衡。发劲时配合呼气。

【内劲】丹田劲沉于右脚，再由右脚蹬地发出，顺右腿里缠至左腿，腰劲迅速左转，上缠至右肩肘，再逆缠达右拳顶；左肘辅助发劲，使周身完整一气。

【用法】向前螺旋冲拳，可击对方胸部，左肘后击，可打背后搂抱之人的肋部。

## 第二十五式　六封四闭

动作一：接上势。身体略右转，重心略向左移；右拳变掌，划小圈接劲；左手变掌，走上弧与右手相合；目视右前方。（图3—120）

【要求】两手相合接劲时，以腰催左手与右手相合，切勿单臂运行和身体前探。此动吸气。

【内劲】身体右转，腰劲贯于左手与右手相合。

【用法】搭手接劲，准备下捋。

动作二：接上势。重心略右移，身体向左转，左脚尖外摆；两手左逆右顺缠，合力向左下方捋；目视右前方。（图3—121）

图3—120　　　　　　　　　　　　　　　图3—121

说明：此势动作仍是过渡动作，为表示清楚，特此介绍，在练习时，可以不停顿。

动作三：接上势。重心移至左腿，提右脚经左脚后向右上步，脚跟着地，脚尖上翘；同时，身体继续左转；两手继续向左捋；目视右前方。（图3—122）

【要求】移重心，上步要自然，两手捋、掤劲不丢。

动作四：上势不停。重心右移；两手变左顺右逆缠，向上划弧合于肩前；随两手相合，身体向右转；目视右前方。（图3—123）

【要求】在由捋变按时，两手下捋上合，腰、裆左移右旋，沉肘松肩，旋腕转膀，使劲不丢不顶，圆转自如，转折顺遂。此动继续吸气。

【内劲】劲继续右转，塌腰松肩，缠至两手。

【用法】由掤劲转变为按劲，调节转换，全在裆、腰、胸间运化。

动作五：接上势。重心在右，身体微右转下沉；两手合力走弧线，向右前下方按；左脚收于右脚内侧20厘米处，脚尖点地；目视右前下方。（图3—124）

图3—122　　　　　　　　　图3—123　　　　　　　　　图3—124

【要求】按时要松胯塌腰，松肩沉肘，两手合力随身体下沉前按，周身一致。此动呼气。

【内劲】周身完整之劲，通过松腰胯、沉肩肘，贯于两手，形成按劲。

【用法】双手合力将对方按出，或以听劲与粘黏劲封闭对方，使其处于被动。

## 第二十六式　单　鞭

动作一：接上势。身体微右转；两手双顺缠，左手在前，右手在后旋转；重心在右，左腿以脚尖为轴，膝随身体转动里合；目视两手。（图3—125）

【要求】两手旋转时要圆活，不能有抽扯之形。此动吸气。

内劲、用法与第五式"单鞭"动作二相同。

动作二：接上势。身体左转，重心在右，左腿以前脚掌着地，膝随身体转动外摆；右手逆缠，五指合拢，手腕领劲，走弧线向上提起与肩平；左手手心朝上，随身体转动下沉于腹前，左肘掤劲不丢；目视右手。（图3—126）

【要求】右手变勾手上提时，随身体旋转，塌腰松肩，沉肘，以腰为轴，节节贯串。此动为开，呼气。

内劲、用法与第五式"单鞭"中动作二相同。

动作三：接上势。身体右转，重心全移于右腿，左腿屈膝提起，左膝内扣；右手腕领劲；左手不动，松肩沉肘，上下相合；目视身体左前方。（图3—127）

图3—125　　　　　　　　图3—126　　　　　　　　图3—127

【要求】右腿支撑重心，上下相合，切忌弯腰凸臀。此动为合，吸气。

内劲、用法与第五式"单鞭"动作三相同。

动作四：接上势。右腿支撑重心，左腿脚跟内侧着地，向左铲地滑出，脚尖上翘里合；右手腕领劲，左手下沉合劲；目视左侧。（图3—128）

【要求】立身中正，掤劲不丢。此动为开，呼气。

【内劲】团聚丹田之气，上领右手腕，顺大腿下行缠至脚跟内侧，脚大趾领劲，左臂下沉，向右引劲。

【用法】与第五式"单鞭"中动作四相同。

动作五：接上势。身体微右转，重心左移，成左弓步；左手穿掌上掤，逆缠外翻至右胸前；目视前方，瞟视左手。（图3—129）

【要求】移重心时，裆走外下弧线，旋转移动，左膝不能超出左脚尖；左手外翻时，注意不能挑肩架肘。此动吸气。

【内劲】以腰带动，劲由右脚外向内逆缠上升至长强穴，再由内向外顺缠至左脚尖。左脚尖外摆，右脚尖内扣；再上行由腰至肩、至肘、至手；左手拇指领劲。

【用法】此势左侧含背折靠和穿肘法。

**动作六：**接上势。身体微左转；左手逆缠外开，至左膝上变顺缠放松下沉；目光将左手送到位置后，转视前方。（图3—130）

图 3—128　　　　　　图 3—129　　　　　　图 3—130

【要求】左脚尖外摆，右脚尖内扣，松胯、屈膝，开裆贵圆，立身中正，虚领顶劲，松肩沉肘。两臂与两腿有相合之意。

内劲、用法与第五式"单鞭"中动作六相同。

# 第二十七式　云　手

**动作一：**接上势。身体微左转，重心略向左移；右手变掌，顺缠划弧下沉至腹前，掌心朝左，指尖朝前；脚步不动，左手领劲；目视身体右侧。（图3—131）

**动作二：**接上势。身体向右转，重心移至右腿；右手由顺缠变逆缠，划弧外翻上掤，至右前上方；左手顺缠，走下弧合于腹前；目视身体左前方。（图3—132）

图 3—131　　　　　　　　　　图 3—132

动作三：接上势。身体微左转；左手由顺缠变逆缠，划弧外翻上掤；右手变顺缠，走下弧合于腹前；同时重心移至左腿，右脚并步于左脚内侧；目视身体右前方。（图3—133）

动作四：接上势。身体微右转；右手由顺缠变逆缠，外翻上掤；左手顺缠走下弧，里合于腹前；同时重心移至右腿，提左腿向左开步，脚跟着地，脚尖上翘；目视身体左前方。（图3—134）

图3—133　　　　　　　　　　　　　　　　　　图3—134

【要求】云手以腰为轴，两手在体前分别向左右两侧划圆，如车轮滚翻，上下往返。按《拳论》要求，两手运转，上不过眉，下不过脐，随步运动，随身旋转。练习方法：并步、偷步（即插步）、盖步均可。一般采用并步法。并步法为提右脚收于左脚内侧，为一并步；然后重心再移至右腿，左脚向左侧为一开步，这样可循环往复练习。在练习时，可根据场地大小适当安排，如地方适当，一般采用三并三开式；如果地方狭窄，可采用二并二开式或一并一开式。但注意最后应为左开步，还可以用偷步或盖步方式向左右来回运转。随练习条件的改变也可再变姿势。图解只列举了一并一开式，请练习者酌情掌握。并步云手时为呼气，开步时吸气。

【内劲】气由丹田发起，以腰为轴，上旋于两臂，下盘于两腿，步法轻灵变化，两臂随身体摆动，劲贯四梢。

【用法】云手是左顾右盼的一种练习方法，运用左过右来，右来左过，循环不已，结合灵活的步法，可左可右，可进可退；偷步、盖步均可转体，并且迅速方便；是以防守为主，防中有攻，攻中有防，攻防兼顾，步法灵活的一种练习方法。

《歌诀》云：

两手转环东复西，两足横行步法奇；
来回运气恒不已，双悬日月照乾坤。

## 第二十八式　高探马

**动作一：** 接上势。身体微左转，重心移至左腿，右脚收至左脚内侧，松胯屈膝，虚步，脚尖点地；两手左逆右顺缠，左上右下划圆交叉于胸前相合；目视身体右前方。（图3—135）

**【要求】** 收右腿与两手交叉同时进行。右臂合时，掤劲不丢。松胯屈膝，身法中正。此势先吸气，后呼气。

**动作二：** 接上势。重心在左，提右腿向右后方开一步，右臂随身左转向左引劲；目视身右侧。（图3—136）

**【要求】** 开步时有上引下进之势，身法不丢。吸气。

**动作三：** 接上势。重心右移，身体微右转；右臂逆缠下分，左手逆缠上掤；目视前方。（图3—137）

图3—135　　　　　　　图3—136　　　　　　　图3—137

**【要求】** 手臂分开时，随裆、腰旋转，身法中正，两臂掤劲不丢，有支撑八面之势。此动呼气。

**动作四：** 接上势。身体右转，重心左移；右手下沉顺缠外翻，上掤至身体右侧与肩平；目随右手旋转。（图3—138）

**【要求】** 右手外翻上掤旋转时，要开胸松胯，有开中寓合之势。此动吸气。

126

　　**动作五**：接上势。身体由右向左转，重心略右移，右脚尖内扣；同时，右手变逆缠，内转合于右胸前；左手顺缠里合；目视左前方。（图3-139）

图3—138　　　　　　　　　　　　　　图3—139

　　**【要求】**塌腰含胸，松胯屈膝，脚尖内扣，周身相合。此动继续吸气。

　　**动作六**：接上势。身体继续左转，重心在右腿，左脚向后划弧，收于右脚内侧，脚尖点地；同时，右臂沉肘松肩，顺缠向右侧推出；左手顺缠收至腹前与脐平，手心向上；目视右前方。（图3-140、图3-140附图）

图3—140　　　　　　　　　　　　　　图3—140 附图

　　**【要求】**要随着转体推右掌，周身一致。此动呼气。

　　**【内劲】**此势以腰为轴，劲先合后开；再塌腰、松胯、开胸、转臂，将右手合于右胸。再转体，松肩沉肘，劲贯右手掌。

《歌诀》云：

上下手足各相随，后往前转莫迟疑；

只分身法转不转，击搏各有各新奇。

## 第二十九式　右擦脚

**动作一：** 接上势。脚步不动，身体微右转；左手逆缠上掤与右手相合；目视右前方。（图3—141、图3—141附图）

图3—141　　　　　　　　　　　　图3—141附图

**【要求】** 左手与右手相合时，以腰劲相催，左膝微内扣，意在两手。此动吸气。

**动作二：** 接上势。脚步不动，身体微向左转；两手左逆右顺缠，向左下捋；目视右前方。（图3—142、图3—142附图）

图3—142　　　　　　　　　　　　图3—142附图

【要求】两手下捋时，外掤劲不丢，随身体旋转放松下沉。此动呼气。

动作三：接上势。左手由逆缠变顺缠，划弧向上，再变逆缠，与右手交叉相合于胸前；同时，提左腿向右腿外侧交叉盖步，重心在右，左脚跟外侧着地；目视右前方。（图3—143、图3—143附图）

【要求】重心在右腿，手脚同时交叉相合，周身放松灵活；切勿僵硬，重心不稳。此动吸气。

动作四：接上势。重心移至左腿，左脚掌踏实，右腿虚足点地；两臂逆缠外翻上掤，身体下沉；目视右侧。（图3—144、图3—144附图）

【要求】身体下沉，两臂上掤，有上下对称之意。腹、肋部之肌肉应松弛下沉，左腿重心稳定。此动呼气。

动作五：接上势。右脚迅速向上踢起；两手自上而下分开，右手合力击拍右脚面；左腿独立步；目视右前方。（图3—145）

图3—143　　　　　　　　　　　图3—143附图

图3—144　　　　　　图3—144附图　　　　　图3—145

【要求】左腿支撑重心要稳重，两手上分下合劲要均匀，形成左右对称。右脚上踢起脚速度要快，上下相合。此动先吸气，后呼气。

【内劲】此势劲由腰间发出，上缠至左手。两手相合。下捋再交叉于胸前上掤，身法下沉，稳定重心，提腿上踢与右手相合，劲达右脚、右手。

【用法】设对方在右，右手由上向下经对方面部晃其视线，提右脚低踢其裆，高踢其胸、腹或下颏。

# 第三十式 左擦脚

动作一：接上势。身体右转，右脚环绕外摆落地，脚跟外侧着地，重心在左；同时，两手左上右下交叉于胸前；目视正前方。（图3—146）

【要求】稳定重心，右腿顺缠外摆，两手交叉。同时做到身法中正。此动先吸气后呼气。

动作二：接上势。重心移至右腿，身体继续右转，左腿虚脚点地；同时，两臂外翻上掤；目视身左侧（图3—147）

【要求】两臂上掤，身体下沉，右腿支撑重心要稳定。此动先吸气后呼气。

动作三：接上势。右腿支撑重心，左脚提起后迅速向上踢；两手由上向下分开，左手合力击拍左脚面；目视左前方。（图3—148）

图3—146

图3—147

图3—148

【要求】右腿支撑，重心要稳；左腿起脚要迅速，并与左手相合。此动先吸气后呼气。

【内劲】此势右腿劲顺缠外摆，两手劲相合，随身体右转，劲缠至右腿；两臂劲逆缠外捆，劲贯左脚尖与左手相合。

【用法】接上势。踢右脚后，紧接转身踢左脚，有连续进攻之势。

# 第三十一式 左蹬一跟

**动作一：**接上势。拍脚后，身体向左转 180°，左脚随转体收至右脚内侧，虚脚点地；两手相合于腹前；目视前方。（图 3—149、图 3—149 附图）

【要求】转身时，重心在右腿要稳，转身自然，周身合劲不散。

**动作二：**接上势。脚步不动，身体微左转；两手双逆缠，走下弧向左右两侧分开；目光扫视左右。（图 3—150、图 3—150 附图）

图 3—149　　　　　　　　　　　　图 3—149 附图

图 3—150　　　　　　　　　　　　图 3—150 附图

**动作三：**接上势。两手握拳相合于腹前，拳心向里；左腿屈膝提起，脚尖自然放松；目视身体左前方。（图 3—151，图 3—151 附图）

**【要求】**身体下沉，提腿，屈膝，松胯，上下相合，两肘外掤，蓄而待发。此动吸气。

**【内劲】**周身相合，聚于丹田。《拳论》云："蓄要蓄得紧，开要开得尽""蓄劲如开弓，发劲如放箭。"周身放松合一，发劲才能干脆利索，完整一气。

**【用法】**周身蓄而待发，主要以左脚力主，蹬踹对方腰部，左拳打其面部，右拳对称辅助。

**动作四：**接上势。右腿支撑重心，身体向右侧倾斜；左脚用腰、裆弹力向左侧平蹬，与腰、胯相平；两拳分别向左右发劲，力贯拳顶。（图3-152）

图3—151　　　　　　　　图3—151 附图　　　　　　　图3—152

**【要求】**右脚着地要稳，左脚和左、右拳要同时发劲，要"缩身如猬形，吐气贯长虹"。此动呼气。

**【内劲】**接上势。团聚丹田之劲，同时贯于左脚和左、右拳。但不能完全开尽，开尽如成一条直棍，没有环绕余地。《拳歌》曰："劝君智力休使尽，留下三分防后侵。"

**【用法】**当被对方围困时，突然发劲，冲出重围。

## 第三十二式　前趟拗步

**动作一：**接上势。左脚落地，重心移至左腿；两拳变掌，左掌划弧前推，右掌环绕合于右耳下；目视左前方。（图3-153）

**【要求】**蹬腿后，身体左转，同时左脚收回，然后再向左前方迈出，与左右手环绕配合。此势收腿时吸气，迈步落脚时呼气。

【内劲】蹬脚后，劲收回丹田，主宰于腰，身体向左转，再贯于左腿，上合于左右手。

【用法】蹬脚后随上步跟进，逼对手倒退，借机击打。

动作二：接上势。身体继续左转，重心仍在左腿，左脚尖外摆，提右腿向前上一步；左手随身体左转划弧下按，右手向前推出；重心移至右腿；目视右前方。（图3—154）

【要求】上步与两手摆动要协调一致，分清虚实；上步自然。此势提腿时吸气，落步时呼气。

【内劲】随身体左转，劲由腰下行，松胯提膝，贯于右脚，上行松肩沉肘贯于两手。以腰脊为轴，两臂在身体两侧划圆摆动。

【用法】两臂如车轮翻滚，前后左右防护周身。

动作三：接上势。重心在右腿，提左腿向前上步，身体随上步向右转；右手逆缠，划弧向身体右侧下按；左手顺缠，上翻前掤；目视身体左前方。（图3—155）

图3—153　　　　　　　图3—154　　　　　　　图3—155

【要求】上左步时，重心右移，右脚尖外摆；左手上翻前掤、右手下按与身体右转上步要协调一致。此动吸气。

【内劲】劲塌于腰，贯于手，顶劲领起。

【用法】此势可向左下方用肩肘发劲。

## 第三十三式　击地捶

动作一：接上势。身体微右转下沉，重心左移；两手变拳，左拳心偏里向

上；右拳向上合与右肩平，拳心朝里；目视左前下方。（图3—156）

【要求】身体下沉，松胯屈膝，腰劲煞下，两臂掤劲不丢。此动继续吸气。

【内劲】裆劲要圆，腰劲塌住，贯于两拳。

动作二：接上势。身体向左转，重心左移；左拳逆缠，向下划弧，经左膝前上提至头左侧与头平；右拳逆缠，从右耳后向前下方栽拳；目视前下方。（图3—157）

图3—156　　　　　　　　　　　　图3—157

【要求】下栽拳时，顶劲领起，切忌弯腰凸臀。

【内劲】扭腰转胯。左拳逆缠上提，右拳逆缠向前下方栽拳。

【用法】设对方从我背后推来，我方突然转背松沉，将对方劲滑空，使其栽倒。左肩可打背折靠。

《歌诀》云：

> 放开脚步往前贪，已罢东蹬左足悬。
> 下击一捶先致命，然后回身欲飞天。

# 第三十四式　踢二起

动作一：接上势。重心右移；右拳逆缠，右肘向右后上方上掤，左拳逆缠，下栽于左腿外侧；目视左前下方。（图3—158）

【要求】向右翻身时，转体、移重心、肘上掤要协调一致。此动吸气。

【内劲】劲由腰发，向右转上缠于右肘，左拳逆缠下合。

【用法】若对方从我背后袭来，我方迅速转身用右肘击其面部。

动作二：接上势。身体继续右转，重心移至左腿，提右腿收至左脚右前方，屈膝松胯，脚尖着地；同时，右拳顺缠外翻，随转体下合于身体右侧；左拳顺缠，随转体上冲拳于面前右侧；目视前方。（图3—159）

【要求】以腰为轴，两拳翻转掤劲不断，身体翻转180°，所以也叫"翻身踢二起"。此动呼气。

【内劲】以腰脊为轴，劲缠至两拳。

【用法】翻身转势如车轮滚动，将来劲滚落空地。

动作三：接上势。身体微右转，重心向前移至右腿；右拳向后移，左拳向前掤；身体略向前倾；目视前方。（图3—160）

图3—158　　　　　　　　图3—159　　　　　　　　图3—160

动作四：接上势。重心落于右腿，提左腿前踢；右拳后掤；目视前方。（图3—161）

动作五：接上势。身体微左转；右拳变掌，由后划弧向上高于头顶，左拳变掌，走下弧在身体左侧向后撩；目视前方。（图3—162）

动作六：接上势。左脚迅速落地，右脚快速上踢；右手向下拍击右脚面，左手向后上撩；目视右手掌。（图3—163）

【要求】此式动作五、动作六是为了便于初学者清楚地观察动作路线的变化而增加的两张分解图，当熟悉之后可连贯完成。在踢脚时尽量跳起，右脚上踢与右手相合，左手向上领劲。踢脚时呼气。

【内劲】劲由腰起；左腿先起，然后右脚蹬地上踢，两臂在身体左右两侧划圆，与右脚相合。

【用法】上踢对方咽喉、下颏，两腿一起一落也可以做连环腿用。

图 3—161　　　　　　图 3—162　　　　　　图 3—163

《歌诀》云：

二足连环起，全身跃半空。

不从口下踢，何自血流红。

## 第三十五式　护心拳

**动作一：** 接上势。右手拍击右脚后，右脚落于左脚内侧；左右两手分别下按于两大腿外侧；屈膝松胯，立身中正；目视前方。（图 3—164）

**【要求】** 起跳后随即身体下沉，屈膝松胯，两手下合。

**【内劲】** 右脚落地，合于丹田。

**动作二：** 接上势。重心移至右腿，提左腿向左侧偏后方开一步；同时，两手向左划弧上掤后捋；身体向右转；目视左前方。（图 3—165）

图 3—164　　　　　　　　　　图 3—165

【要求】身体下沉，重心在右，左腿开步要自然，与两手后掤协调一致。此动吸气。

【内劲】内劲由腰下缠至左腿，脚尖内扣。两手左顺右逆缠丝向后上方掤。

动作三：接上势。身体先右后左转，重心移至左腿，提右腿将右脚收于左脚内侧，虚脚点地；同时，两手先向右划弧下沉，再向左上掤，左手由顺变逆缠，右手由逆变顺缠；目视右前方。（图3—166）

【要求】以手领劲，右脚收回要自然协调。两手左上掤之前，先向右划弧下沉，即所谓"欲左先右"。此动呼气。

动作四：接上势。重心在左，提右腿向右侧跨一步；两手向左上掤；目视身体右前方（图3—167）

【要求】手领脚开，上引下进，身法端正。此动吸气。

动作五：接上势。身体向右转，重心移至右腿下沉；同时，右手变逆缠，走下弧经右膝向外旋转；左手变顺缠，由左向右拦至面前；目视前方。（图3—168）

图3—166

图3—167

图3—168

【要求】如练大身法，右肩、右肘均由右膝下转过，结合腰、裆劲，含有"七寸"靠肘打法。此动呼气。

动作六：接上势。身体微右转，松胯下沉；同时，右手变拳，上提合于右胸前；左手变拳，下沉于小腹前，两拳心朝下；目视前方。（图3—169）

【要求】右拳上提时，左拳与身体同时下沉，周身相合。此动吸气。

动作七：接上势。身体左转，重心偏右腿；同时，右臂沉肘松肩，右拳顺

缠，前掤于胸前正中线；左拳顺缠，收于腹前正中线，两拳上下相对；目视前方。（图 3—170、图 3—170 附图）

图 3—169

图 3—170

图 3—170 附图

【要求】下盘稳固，屈膝松胯，裆劲开圆，立身中正，两臂掤圆。此动呼气。

【内劲】护心拳势左盘右旋，主要盘旋腰裆劲、由转腰旋裆缠于右肘再催于右拳。

【用法】此式前几个动作是调整身法和步法，用后肩靠肘。最后成势是用腰、裆催于右肘，可打外柔内刚的蓄劲，也可打发劲。

《歌诀》云：

> 两拳上下似兽头，左足西往又东收。
> 护心拳里无限意，欲用刚强先示柔。

# 第三十六式　旋　风　脚

动作一：接上势。身体先左后右转；同时，两拳变掌，先向左再向右上掤掘；目视前方。（图 3—171）

【要求】要有由拳变掌的环绕劲，完全用腰、裆运化的转折劲，圈要小而圆。此动吸气。

【内劲】裆、腰先左后右转一小圈，带动双拳变掌，左顺右逆缠变掘劲。

动作二：接上势。两手先向右掘下沉，划弧向左上提，左手与眼平，右手与胸平；同时，身体先右后略左转，重心从右腿移至左腿，右腿屈膝提起；目视前方。（图 3—172）

【要求】移重心、提右腿与两手上掤要同时一致，身端步稳，周身合一。此动先呼气后吸气。

【内劲】劲由右腿移至左腿，两手左逆右顺缠丝上掤。

动作三：接上势。身体微右转，右脚外摆落地，脚跟外侧着地，左腿屈膝松胯；两手交叉于胸前；目视前方（图3—173）

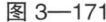

图3—171　　　　　　　　　图3—172　　　　　　　　　图3—173

【要求】脚摆手合要同时，塌腰松胯，劲合于手。此动先吸气后呼气。

动作四：接上势。重心移至右腿，身体右转90°，屈膝下蹲；同时，两手逆缠外掤；目视身左前方（图3—174）

【要求】身体螺旋下沉，两臂掤劲不丢。此动呼气。

【内劲】劲合于腰，缠于腿，掤于两臂。

动作五：接上势。身体右转，左腿迅速起脚里合；同时，两手迅速向左右两侧横开，左手与左脚内侧合击；目视左前方。（图3—175）

【要求】左腿上起里合，速度要快，两手外开配合要一致。此动呼气。

【内劲】劲由腰带，提左腿里合，左手逆缠外捯。

【用法】左腿里合，高可横扫对方腰部，低可横扫对方腿部，腿向里扫，手向外捯将其击倒。

动作六：接上势。身体继续右转180°，左脚落于右脚内侧，虚脚点地；同时，两手交叉合于腹前；目视前方。（图3—176）

【要求】击脚后，迅速旋转不停；转身落地，上下相合，立身要稳。此势继续呼气。

【内劲】合击后，劲归丹田，周身相合，掤劲不丢。

图 3—174　　　　　　　图 3—175　　　　　　　图 3—176

# 第三十七式　右蹬一跟

**动作一**：接上势。左脚向左跨一步；两手逆缠，上翻外掤，松胯下沉；目视前方。（图 3—177）

【要求】跨步与两手上分要一致，裆圆身正，顶劲领起。此动吸气。

**动作二**：接上势。重心移至左腿，将右脚收于左脚内侧，脚尖点地；同时，两手收于腹前交叉；目视身体右前方。（图 3—178）

【要求】移重心，收右脚，两手相合，周身协调快速。此势呼气。

【内劲】从上动起，劲由腰发，先开后合，蓄于丹田。

【用法】动作一、动作二是快速向左开步，再提腿蹬足。如果离对方太近，

图 3—177　　　　　　　图 3—178

140

难以发挥威力时，可以迅速跨一步，以便在适当范围内发挥蹬腿的优势。

**动作三：**接上势。身体放松下沉，右腿屈膝提起；同时，两手变拳，提于胸前相合；目视右侧前方。（图3—179）

【要求】提腿屈膝，周身相合，两拳心朝里，两肘掤劲不丢。此动吸气。

【内劲】劲聚丹田，放松蓄于拳、足。蓄紧开尽，如纸卷炮，卷得越紧，崩得越响。

**动作四：**接上势。左腿支撑重心，右腿侧蹁平蹬；同时，两拳迅速向左右两侧发劲；目视右前方。（图3—180）

图3—179　　　　　　　　　　　　　　图3—180

【要求】发劲时，身体保持稳重，发劲完整。

【内劲】由丹田用弹抖劲贯于右脚、两拳。

【用法】蹬腿也可以不动步，要根据情况，视对方远近，主要以击其腰部或腿部为宜。

《歌诀》云：

再将右足上蹬天，顺住左腿蹉无偏。

事到难时皆有法，谁知身体倒解悬。

## 第三十八式 掩手肱拳

**动作一：**接上势。右脚收回悬于裆内；右拳变掌，下沉合于右腿内侧；左拳变掌，合于身体左侧；目视右前方。（图3—181）

【要求】蹬腿后，右腿可以落地，也可以不落地，主要是练单腿支撑力，保持身体平稳，两手下沉相合。此动吸气。

**动作二：**接上势。右手环绕向身体右侧斩手发劲；左手上撩掌，与右手发劲配合；同时身体右转90°，左脚尖内扣踏实，右腿提起；目视前方。（图3—182）

**【要求】**一腿撑地，发劲转身，提膝松胯，上下相合，完整一气。此动呼气。

**【内劲】**于上动蹬脚后，内劲回归丹田，转腰甩臂，劲贯右手。

**【用法】**锻炼发劲和下盘稳固，且可用以避对方踢我右腿，右腿提起闪过，右手发力斩其小腿。

**动作三：**接上势。右脚震脚落地，左脚向左前上一步，重心在右；同时，两手左上右下交叉合于腹前；目视前方。（图3—183）

图3—181　　　　　　图3—182　　　　　　图3—183

要求、内劲、用法与第十三式"拗步"中动作五相同。

**动作四：**接上势。身体略右转，重心左移；两手双逆缠下分；目视前方。（图3—184）

要求、内劲、用法与第十四式"掩手肱拳"中动作一相同。

**动作五：**接上势。身体微右转，重心右移；右手顺缠，上翻握拳合于右腰间，拳心向上；左手同时先逆后顺缠，划小圈合于左胸前；目视前方。（图3—185）

要求、内劲、用法与第十四式"掩手肱拳"中动作二相同。

**动作六：**接上势。右脚猛蹬地，重心迅速左移，身体迅速左转；右拳逆缠向前发劲；左手向后发肘劲；目视前方。（图3—186）

要求、内劲、用法与第十四式"掩手肱拳"中动作三相同。

图 3—184　　　　　　　图 3—185　　　　　　　图 3—186

## 第三十九式　小　擒　打

　　**动作一**：接上势。重心在左；右拳变掌，松肩沉肘；左手从左肋逆缠，上合于右前臂内侧；同时，提右腿向前上半步，脚跟着地，脚尖上翘；目视前方。（图 3—187）

　　**【要求】** 拳打出去随沉肘松肩及时上步，做到周身协调。此动先吸气后呼气。

　　**【内劲】** 拳出时劲贯拳顶，瞬间收于丹田，在周身稍一环绕，松肩沉肘掤于前臂。

　　**动作二**：接上势。重心移至右腿，身体略右转，左腿屈膝提起；同时，右臂逆缠外掤，左手轻抚于右臂内侧外掤，身体上下相合；目视左侧。（图 3—188）

　　**【要求】** 提腿时，上下相合，右手上掤劲不丢。此动吸气。

图 3—187　　　　　　　　　　　　　图 3—188

143

动作三：接上势。身体略左转，左脚向左前方跨一大步；同时，左手随左腿划弧下按：右手上挪；目视左前方。（图3—189）

【要求】跨步与左手划弧下按要同时进行，重心在右腿，右手上挪，立身中正，头领劲。此动呼气。

动作四：接上势。重心由右腿移向左腿；左手逆缠上挪；右手走下弧，与左手相合；目视左前方。（图3—190）

【要求】裆走下弧前移，右手与左手相合一致。此动吸气。

动作五：接上势。身体略右转，重心略右移；同时，左手顺缠，走上弧向里收，右手走上弧，合于胸前；目视左前方。（图3—191）

图3—189　　　　　　图3—190　　　　　　图3—191

【要求】两手走上弧合劲时，身体下沉，重心右移，两手蓄而待发。此势继续吸气。

动作六：接上势。身体向左转，重心移至左腿；同时，两手合力，左手横向在上，右手立掌在下，随重心前移合力推至左膝上方；目视左侧。（图3—192）

【要求】左手上挪、右手前推与重心前移、身体左转要协调一致。此动呼气。

【内劲】小擒打一势，转腰松肩沉肘上右步，右手上挪再开左步；两手先开后合再合力前推，劲均由裆、腰旋转缠绕贯于两手，双手里缠合劲，左架右打。

图3—192

【用法】"小擒打"，顾名思义，既含有擒拿法，又有打法。两手合力滚缠为拿法，左手上掤、右手前推含有打法。此势可练含蓄劲，亦可练发劲。

《歌诀》云：

> 后脚跟随左足前，左脚抬起再往前。
>
> 左手拦起似遮架，右手一掌直攻坚。

又云：

> 捆肚一掌苦连天，偷以右手肘下穿。
>
> 神仙自是防不住，何况中峰尽浩然。

# 第四十式　抱头推山

**动作一：** 接上势。身体微左转，右脚收于左脚内侧，脚尖点地；同时，右手顺缠，合于左手下；目视前下方。（图3—193）

【要求】此势手领身转带动脚收回，周身动作要协调。此动吸气。

**动作二：** 接上势。身体向右转体90°，以左脚跟为轴，左脚尖内扣；同时，两臂随身体右转外掤，两手心朝里，两臂掤圆；目视右前方。（图3—194）

【要求】以腰带动身体右转，两臂掤圆，随身体右转走弧线。此动呼气。

**动作三：** 接上势。身体下沉，两手下分，手心相对；目视右前方。（图3—195）

图3—193　　　　　　　　图3—194　　　　　　　　图3—195

【要求】两手随身体下沉，周身放松，心气下降。此动先吸气后呼气。

**动作四：** 接上势。身体下沉，重心在左腿，提右腿向右略偏前方开步；两手

同时逆缠划外弧，上合于两耳下；目视右前方。（图3—196）

**【要求】** 脚开手合，上下协调，腰劲塌下，裆腰开圆。此动吸气。

**动作五：** 接上势。身体微右转，重心由左腿移向右腿；同时，两手随重心前移合力前推；目视右前方。（图3—197）

图3—196                    图3—197

**【要求】** 意识集中，劲合两手，随重心前移，裆、腰、手臂劲力齐到。此动呼气。

**【内劲】** 此势劲由腰起，随身体右转掤于两臂，随着开步下分，再合于两手，两手合劲要与腰、裆相合。

**【用法】** "身欲进人，步要过人"，轻伸腿可插步亦可套步。两手合力前推可发弹抖劲，有力推华山之势。

《歌诀》云：

推山何必上抱头，惧有劈顶据上游。

转身抱首往前进，推倒蓬瀛盖九州。

又云：

两手托胸似推山，恨不一下即推翻。

此身有力须合并，更得留心脊背间。

# 第四十一式　六封四闭

**动作一：** 接上势。重心由右腿移至左腿，身体随之略左转，两手左逆右顺向左下方捋；目视右下方。（图3—198）

**动作二**：接上势。身体微右转，重心移至右腿；两手走弧线，上翻合于左胸前；目视右前下方。（图3—199）

**动作三**：接上势。身体微右转下沉；两手合力向右下方前按；同时，左脚收至右脚内侧；目视右前下方。（图3—200）

图3—198　　　　　　图3—199　　　　　　图3—200

要求、内劲、用法与第四式"六封四闭"相同。

# 第四十二式　单　鞭

**动作一**：接上势。重心在右腿；同时，两手双顺缠，右手内收，左手外转；目视右前下方。（图3—201）

**动作二**：接上势。重心在右，身体左转，左膝随之外摆；右手五指合拢，逆缠变勾手上提；左手顺缠，手心朝上收于腹前；目视右手腕。（图3—202）

**动作三**：接上势。身体微右转，左腿屈膝提起，身体上下相合；目视身体左前方。（图3—203）

**动作四**：接上势。重心在右腿，左脚跟内侧着地，向左侧铲地滑出，脚尖上翘里合；目视身体左前方。（图3—204）

图3—201

动作五：接上势。身体微右转，重心移至左腿；左手穿掌外翻上掤；目光扫视左右。（图3—205）

动作六：接上势。身体略左转；左手逆缠外开，屈膝松胯，沉肘松肩，含胸塌腰，周身放松，上下相合，立身中正，开裆贵圆；目视前方。（图3—206）

图3—202　　　　　　　　　　　　　图3—203

图3—204　　　　　　图3—205　　　　　　图3—206

要求、内劲、用法与第五式"单鞭"相同。

# 第四十三式　前　招

动作一：接上势。身体右转，重心移至右腿，提左脚收于右脚内侧，脚尖点地；同时，右手变掌，逆缠上掤；左手顺缠，走下弧向右侧外掤；目视身体左前方。（图3—207）

【要求】右手引劲上掤，左手下合，要与收左脚一致。此动先吸气后呼气。

【内劲】以腰缠至右手，右手逆缠上掤，左手顺缠下合，左腿里合扣裆。

【用法】接劲向右引，收腿护裆。

动作二：接上势。身体微下沉右转；两手上掤；同时提左腿向左前开步，脚跟内侧着地，脚尖上翘里合；目视左前方。（图3—208）

【要求】左腿开步与两手右引上下一致。此动吸气。

【内劲】左腿逆缠开步，腰右转缠至左臂下合，劲蓄左腰。

【用法】上引下进，含有打左肩靠和左臂外崩劲。

动作三：接上势。身体先右后左转，重心移至左腿，提右腿，右脚收于左脚右前方，虚脚尖点地；同时，左手逆缠，弧线上掤；右手顺缠，走下弧左掤；目视前方。（图3—209）

图3—207　　　　　　　　　图3—208　　　　　　　　图3—209

【要求】两手左掤要结合腰劲，与收右脚一致。此动可打发劲，呼气。

【内劲】以腰旋转，劲贯两手。

【用法】接上动的引劲之后，可向左侧打掤劲。

《歌诀》云：

眼顾左手是前招，上领下打把客邀。

任他四面来侵侮，陡然一势逞英豪。

## 第四十四式　后　招

动作：接上势。脚步不动，身体向右转；右手逆缠，外翻上掤，左手顺缠，

走下弧向右掤；目视右前方。（图3—210）

图 3—210

【要求】以腰脊为轴，左右旋转。此动先吸气后呼气。

【内劲】以腰右缠贯于两手。

【用法】向右侧打捌劲。

《歌诀》云：

> 陡然一转面向东，无数敌来无数攻。
>
> 不是此身灵敏极，几乎脑后被人穷。

## 第四十五式　野马分鬃

动作一：接上势。身体向左转下沉，重心在左腿，提右腿向前上步；同时，右手顺缠，向下合于右膝内侧；左手逆缠上掤；目视身右侧。（图3—211）

【要求】左手上掤和右手下合，以及右腿开步要由身法带动，协调一致。裆劲开圆，身法中正。此动先吸气后呼气。

【内劲】向下合，劲合于腰、裆。掤于两臂。右臂有里合外绞之势。

【用法】前伸之脚可插可套。闪空背后来劲，有打背折靠之势。

动作二：接上势。重心由左腿移至右腿，身体向右转；同时，右手逆缠，划弧上掤与额平；左手顺缠，下合于左腿外侧；目视右前方。（图3—212）

【要求】右手上掤时以裆催腰，以腰催肩、肘，达于手臂，一气贯通。此动吸气。

【内劲】裆拧腰转缠于右臂外旋掤住劲，左手合。

【用法】右手由下向上穿掌外掤，有绞、滚、翻之劲。如有乱棍或拳脚打来，我以向上斜穿掌连绞带翻将劲引空，逐步移动力点（接触点），使其无法加力，如分开野马之乱鬃。

动作三：接上势。身体右转，右脚尖外摆，提左腿向前上一大步；右手掤至右额前；左手合于左膝内；目视左前方。（图3—213）

【要求】上左步要自然，与身体配合要协调。此动呼气。

【内劲】劲合于腰、裆，掤于两臂，双臂有里合外绞之势。

【用法】前引后击。

动作四：接上势。身体微左转，重心移至左腿；同时，左手逆缠，外翻上掤至左额前；右手顺缠，下合于右膝上；目视左前方。（图3—214）

图3—211

图3—212

图3—213

图3—214

【要求】拧裆转腰掤于右臂，周身上下一致。此动吸气。

【内劲】由裆转至腰，由腰缠至左臂，右手合。

【用法】与本式动作二右手穿掌上掤相似。唯方向不同。

《歌诀》云：

> 一身独入万人中，将用何法御英雄。
> 唯有飞风披左右，庶几可以建奇功。

# 第四十六式　六封四闭

**动作一：**接上势。身体微左转，重心在左；右手走上弧与左手相合；目视左前方。（图3—215）

**动作二：**接上势。身体微右转，重心移至右腿；同时，两手左顺右逆缠向右下方捋；目视左前方。（图3—216）

**动作三：**接上势。身体微左转，重心略左移，左脚尖外摆；同时，两手前掤上翻；目视左前下方。（图3—217）

图3—215　　　　　　　　　图3—216　　　　　　　　　图3—217

**动作四：**接上势。重心移至左腿，身体随之左转150°；提右腿向右侧上步；同时，两手随转体下捋；目视右前方。（图3—218）

**动作五：**接上势。重心移至右腿；两手左捋上翻合于左肩前；目视右下方。（图3—219）

**动作六：**接上势。身体微右转，重心在右，提左脚收于右脚内侧；两手合力下按；目视右前下方。（图3—220）

图 3—218

图 3—219

图 3—220

## 第四十七式　单　鞭

**动作一：**接上势。身体右转，重心在右；两手双顺缠，右手里收，左手外转；目视右前方。（图 3—221）

**动作二：**接上势。右手五指合拢成勾手逆缠，手腕放松向右上方领劲；身体向左转，左腿虚步并随转体左膝外摆；左手收于腹前，手心向上；目视右前方。（图 3—222）

**动作三：**接上势。右手腕领劲；身体右转，左腿屈膝提起；左手微下沉，上下相合；目视左侧（图 3—223）

图 3—221

图 3—222

图 3—223

**动作四**：接上势。重心在右腿；左脚跟里侧着地，向左侧铲地滑出，脚尖上翘里合；目视身左侧（图3—224）

**动作五**：接上势。身体微右转，重心向左移；左手向右上穿掌，逆缠外翻；目视前方，环视左右。（图3—225）

**动作六**：接上势。身体左转；左手划外弧线向左拉开；周身放松，手与脚合，肘与膝合，肩与胯合，周身上下团聚不散；目视前方。（图3—226）

图3—224　　　　　　　图3—225　　　　　　　图3—226

要求、内劲、用法参考第五式"单鞭"。

# 第四十八式　玉女穿梭

**动作一**：接上势。身体微左转，重心在左，提右脚收于左脚内侧，虚脚点地；同时，右手变掌，顺缠下沉，与左手交叉于胸前；目视右前方。（图3—227）

【要求】手与脚齐合，有侧身引空进击之意，此动承上势先吸气后呼气。

**动作二**：接上势。身体右转；两手随之右转，立掌掤于胸前，右手在前，左手在后；同时以右脚尖为轴右膝外摆，左脚尖内扣随身右转；目视前方。（图3—228）

【要求】转身时要以腰催肩，以肩催肘，掤于手。此动先吸气后呼气。

图3—227

动作三：接上势。屈膝松胯，身体下沉；两手双逆缠下合；目视前方。（图3—229）

【要求】随身体下沉，两手下按，切勿弯腰。此动接上动下沉时呼气。

动作四：接上势。两手顺缠，迅速向上领起；双脚随之上纵离地；目视前方。（图3—230）

图3—228          图3—229          图3—230

【要求】以手领劲，周身一致，上纵轻灵，此动吸气。

动作五：接上势。双脚震脚落地；双手逆缠，随之下按；目视前方。（图3—231）

【要求】震脚落地；两手下按要沉重有力，完整一气，立身中正。此动呼气。

动作六：接上势。双手顺缠上掤；右腿随之屈膝提起；目视前方。（图3—232）

【要求】手掤提腿，立身稳重，周身合一，内劲团聚不散。此动吸气。

动作七：接上势。重心在左腿，身体迅速左转；右腿里合外蹬；右掌逆缠前推；左手逆缠合于左胸前，向左后发肘劲；目视右前方（图3—233）。

【要求】将周身团聚之劲，迅速贯于右脚、右手和左肘，左腿独立稳重，此动呼气。

动作八：接上势。右脚跨步落地，重心移至右腿，身体微右转；左掌略下沉；目视前方。（图3—234）

【要求】此势为蹿跳的过渡动作，右脚落地即起，用右脚前掌蹬地弹起前跃，此动先吸气后呼气，同下一个动作相连。

动作九：接上势。右脚前掌迅速蹬地弹起前纵，身体在空中向右旋转180°；左手逆缠向前猛推；右手向后开，目视左侧。（图3—235）

图 3—231          图 3—232

图 3—233          图 3—234          图 3—235

【要求】右脚蹬地弹起，身体在空中向前跃起，跳出两米多远，劲贯左掌。接上动呼气。

动作十：接上势。左脚先落地，右脚从左腿后插过，脚尖着地；左掌前推，右掌后开；目视左侧。（图3—236）

【要求】此势为下势过渡动作，练习时可以不停，落地轻稳，身法中正。

动作十一：接上势。身体右转180°，重心移至右腿，左腿随转体里合；同时，随转体两手右逆左顺缠，由左向右转掤；目视身体左侧前方。（图3—237）

【要求】转身时要稳，身法下沉，两手掤劲不丢。此动吸气。

图 3—236

图 3—237

【内劲】主宰于腰，缠于两手，下合上领，震脚发劲，窜蹦跳跃，插步旋转，皆由腰脊为轴，团聚丹田之内气，或行于梢，或聚于源，以意导气，以气运身，循环不已。

【用法】此势是一种激发精神、以声助威突出重围的练习方法。蹬、推、肘、靠等法兼施并用。

"玉女穿梭"一式，上纵如穿脊飞燕，轻灵自然；震脚如雷贯耳，沉重如山；前跃似箭离弦，急如流星；旋转如旋风，其快无比。

练习时审时度势，可快可慢，可跳可不跳，适当掌握。

《歌诀》云：

> 转引转击出重围，宛如织女弄梭机。
> 此身直进谁比速，一片神行自古稀。

又云：

> 天上玉女弄金梭，一来一往织绫罗。
> 谁知太极拳中象，兔走鸟飞拟如何。

# 第四十九式　懒扎衣

动作一：接上势。两手由双逆缠变双顺缠，划弧交叉于胸前，左手合于右臂内侧，手心朝外；右手心朝上；重心移至左腿，提右腿向右横开一步，脚跟里侧着地，脚尖上翘里合；目视身体右侧。（图 3—238）

动作二：接上势。身体向左转，重心右移；右手顺缠上掤；目视身体右侧。（图 3—239）

**动作三：**接上势。右手逆缠外翻，左手顺缠下沉，手心朝上沉于腹前；身体右转；右手逆缠，开至右膝上方，松肩沉肘，略变顺缠，指尖与眼平；左手逆缠，至身体左侧叉腰；重心在右；眼神随右手转至右侧后转视前方。（图3—240）

图3—238          图3—239          图3—240

要求、内劲、用法与第三式"懒扎衣"相同。

# 第五十式　六封四闭

**动作一：**接上势。身体微右转，重心略右移；左手从左腰间走上弧与右手相合，右手略有前引下沉之意；目视右手中指端。（图3—241）

**动作二：**接上势。身体左转，重心左移；两手左逆右顺缠，自右而左向下掤；目视身体右侧。（图3—242）

图3—241          图3—242

158

动作三：接上势的动作运行路线。身体继续左转；两手左顺右逆缠，继续向左后上方挒；重心向右移；目视右前方。（图3—243）

动作四：接上势。重心继续右移；两手变左顺右逆，向上划弧合于左肩前；随着两手相合，身体向右转；目视右前下方。（图3—244）

动作五：接上势。身体微右转下沉；两手合力走弧线，向右前下方按；左脚收于右脚内侧，脚尖点地；目视右前下方。（图3—245）

图3—243　　　　　　　　　图3—244　　　　　　　　图3—245

要求、内劲、用法参照第四式"六封四闭"。

# 第五十一式　单　鞭

动作一：接上势。身体右转，重心在右；同时，两手双顺缠，右手内收，左手外转；目视右前下方。（图3—246）

动作二：接上势。身体左转，左膝随之外摆；右手五指合拢，逆缠变勾手上提，左手顺缠，手心向上收于腹前；身体微右转，左腿屈膝提起，身体上下相合，左脚跟内侧着地，向左侧铲地滑出；目视身体左侧。（图3—247~图3—249）

动作三：接上势。身体微右转，重心移至左腿；左手穿掌外翻上掤，

图3—246

身体略左转，左手逆缠外开；屈膝松胯，含胸塌腰，周身放松，上下相合，立身中正，开裆贵圆；目光在扫视左右后停于正前方。（图3—250、图3—251）

图3—247　　　　　图3—248　　　　　图3—249

图3—250　　　　　　　　图3—251

## 第五十二式　云　手

**动作一：**接上势。身体微左转。重心略向左移；右手变掌顺缠，划弧下沉至腹前，掌心朝左，指尖朝前；左手领劲，脚步不动；目视身体右侧前方。（图3—252）

**动作二：**接上势。身体向右转，重心移至右腿；右手由顺变逆缠，划弧外翻上掤至右前上方；左手顺缠，走下弧合于腹前；目视身体左侧。（图3—253）

**动作三：**接上势。身体微左转；左手由顺变逆缠，划弧外翻上掤；右手变顺缠，走下弧合于腹前；同时，重心移至左腿，右脚并步于左脚内侧；目视身体右

侧下方。（图3—254）

动作四：接上势。身体先微左转再右转；右手由顺变逆缠，外翻上掤，左手顺缠，走下弧合于腹前；同时重心移至右腿，提左腿向左开步，脚跟内侧着地，脚尖上翘；目视身体左侧前方。（图3—255）

图3—252　　　　　　　　　　　　　　　图3—253

图3—254　　　　　　　　　　　　　　　图3—255

## 第五十三式　　摆脚跌岔

动作一：接上势。身体向左转，重心移至左腿；两手由右逆左顺缠变成左逆右顺缠，走下弧，向左方掤；目视左前方。（图3—256）

【要求】两手随身体转动，重心左移，动作一致。此动呼气。

动作二：接上势。身体向右转，重心移至右腿；两手由向左掤变向右上捋，左顺右逆缠；目视身体左侧。（图3—257）

【要求】两手由向左掤变向右上掤，要同重心右移身体右转协调一致。以腰旋转。此动吸气。

【内劲】以腰带动，劲由左腿缠至右腿。两臂左顺右逆缠上掤，松肩沉肘，劲贯两手。

动作三：接上势。身体继续右转，略变左转重心移至左腿；两手继续右掤，下沉变左逆右顺，合于身右侧；目视右前方。（图3—258）

图3—256　　　　　　　图3—257　　　　　　　图3—258

【要求】两手随身体右转，重心左移合于身体右侧，要圆转自如，合劲饱满。此动呼气。

【内劲】右转塌腰，缠于左腿，劲合两手。

动作四：接上势。身体向左转，右腿由下划弧向左上、再向右后摆；两手由身体右侧向左侧与右脚面相击拍；目视右脚。（图3—259）

【要求】右脚外摆速度要快，与两手击拍劲要完整，左腿独立步要稳。此动先吸气后呼气。

【内劲】摆脚，劲由腰缠于脚外摆，两手里合，形成手脚相合劲。

动作五：接上势。右脚击拍后向外摆，然后收腿震脚落地，重心移至右腿，左腿屈膝提起，脚尖点地；同时，两手变拳，左上右下（右拳心朝上，左拳心朝下）交叉合于胸右侧。（图3—260）

【要求】身端步稳，震脚合力，完整一气，此动先吸气后呼气。

【内劲】摆脚后，劲由丹田下行于右脚，上缠于两手，左拳逆缠、右拳顺缠交叉相合。

【用法】震脚可促使血液循环，振奋精神。可踩踏对方脚趾。右拳下合前冲击打对方胸、腹。

**动作六**：接上势。重心在右，提左腿脚跟内侧着地，铲地滑出后仆步下蹲，裆部离地四指；同时两拳右逆左顺缠分开，右拳上提至身体右后侧高于头顶；左拳顺缠下合于左腿上，两拳心相对；目视前上方（图3—261）

图3—259　　　　　　　图3—260　　　　　　　图3—261

**【要求】** 两腿基本仆地，也可全仆，但是不能坐死，应有灵活性。身法端正，顶劲领起，此动吸气。

**【内劲】** 劲由右腿缠于左腿，左腿里合铲地滑出，劲力适度，不轻不重。两拳结合腰劲，左顺右逆缠分开。

**【用法】** 此势为低身法，引空上劲，攻其下盘。裆内保持有旋转劲。

《歌诀》云：

上惊下取君须记，左足擦地蹬自利。

右股屈住膝挨地，盘根之中伏下意。

## 第五十四式　金鸡独立

**动作一**：接上势。身体先右后左转，裆、腰一拧，重心走下弧移至左腿；左拳随重心顺缠上冲，右拳下合于身体右侧；目视前方。（图3—262）

**【要求】** 身法中正，两拳掤劲不丢，裆、腰旋转上冲，左拳手腕莫软。此动吸气。

**【内劲】** 劲由右腿结合裆、腰拧劲，走下弧线移向左腿，贯于两拳。

**【用法】** 裆劲螺旋前冲，贯于左拳，可从下到上击其身体前正中线要害处，裆、腹、胸、咽喉等。

动作二：接上势。身体向左转 90°，重心在左，提右腿上步，屈膝松胯，脚尖点地；同时，左拳上冲至胸前与下颏平；右拳随上步冲于左拳内侧；目视前方。（图 3—263）

【要求】右腿上步要轻松自然，右拳上冲劲要连贯。此动与上动相连，继续呼气。

【内劲】左拳领劲，拧身上步带右拳前冲，两拳相合。

【用法】右拳作为辅助拳可连续进击。也可作为左拳的接应。

动作三：接上势。重心在左腿独立撑地，膝微屈松胯，右腿屈膝提起，右脚悬于裆内；同时，右拳变掌，旋转上托，掌心朝前；左拳变掌逆缠，下按至身体左侧；目视前方。（图 3—264）

图 3—262

图 3—263

图 3—264

【要求】独立步要稳，立身中正，上下相合，有顶天立地之势，此动吸气。

【用法】锻炼独立步法；右掌托对手下颏，提膝既可撞其裆部，又可防护自己的裆部。

动作四：接上势。右脚震脚落地；右手随之下按；身体放松下沉；目视前下方。（图 3—265）

【要求】震脚时手脚同下，屈膝松胯，身体下沉，切勿弯腰。此动呼气。

动作五：接上势。身体微左转，重心在

图 3—265

左腿，提右腿向右侧横开一步；同时，两手左逆右顺缠，由右下方划弧向左上方捋；目视身体右侧前方。（图3—266）

【要求】移重心、开右步与两手弧线上掤、捋协调一致。开步脚跟内侧着地。此动吸气。

动作六：接上势。身体微右转，重心移至右腿，提左腿收于右脚内前侧，脚尖着地；同时，两手向右捋，弧线下沉；左手再向上托与胸平；右手逆缠，下按至身体右侧；目视前方。（图3—267）

【要求】移重心收腿，左手由捋转托，周身上下相合，协调一致。此动呼气。

动作七：接上势。左手外旋上托，掌心朝前；左腿屈膝提起，左脚悬于裆内；右脚独立，松胯膝微屈；右手下按；目视前方。（图3—268）

图3—266　　　　　　　图3—267　　　　　　　图3—268

【要求】独立步稳，膝提与胯平，合劲不散。此动吸气。

【内劲】左独立步震脚后，劲由腰缠至两手左捋，再下沉合于腰，贯于左掌逆缠上托，力达掌根。

【用法】同左独立步。

《歌诀》云：

纵身直上手擎天，左手下垂似碧莲。

金鸡宛然同独立，不防右膝暗中悬。

又曰：

右膝撞裆人不服，不料左股又重出。

不到直难休使用，此着不但令人哭。

## 第五十五式　倒卷肱

动作、要求、内劲、用法同第二十式"倒卷肱"。

## 第五十六式　白鹅亮翅

动作、要求、内劲、用法同第二十一式"白鹅亮翅"。

## 第五十七式　斜　形

动作、要求，内劲、用法同第二十二式"斜形"。

## 第五十八式　闪通背

动作、要求、内劲、用法同第二十三式"闪通背"。

## 第五十九式　掩手肱拳

动作、要求、内劲、用法同第二十四式"掩手肱拳"。

## 第六十式　六封四闭

动作、要求、内劲、用法同第二十五式"六封四闭"。

## 第六十一式　单　鞭

动作、要求、内劲、用法同第二十六式"单鞭"。

## 第六十二式　云　手

动作、要求、内劲、用法同第二十七式"云手"。

## 第六十三式 高探马

动作、要求，内劲、用法同第二十八式"高探马"。（图3—269）

图3—269

## 第六十四式 十字脚

**动作一**：接上势。身体微下沉；右臂松肩沉肘顺缠里合；左手逆缠，划弧合于右前臂内侧；目视右前方。（图3—270、图3—270附图）

**【要求】**身转手合劲不丢，以腰为轴，圆转自如。此动吸气。

**动作二**：接上势。身体右转，左脚尖为轴，脚跟外摆落地，重心移至左腿，右腿变虚，脚尖外摆；同时，右臂逆缠外掤；左手在内侧辅助；目视左前下方。（图3—271）

图3—270

图3—270附图

图3—271

**【要求】**虚实分明，圆转自如，掤劲饱满。此动呼气。

**动作三**：接上势。重心移至右腿，左腿屈膝提起；两手继续外掤；身体下沉，上下相合；目视左下方。（图3—272）

**【要求】**屈膝松胯，上下相合，掤劲不丢。此动吸气。

**动作四**：接上势。左腿向左前开一大步；左手随开步逆缠下开，右手上掤；

167

身体随开步下沉，立身中正，顶劲领起；目视左侧。（图3—273）

【要求】手脚同开，周身一致，裆圆身正，虚领顶劲，此动呼气。

动作五：接上势。身体向右转，重心由右腿移至左腿；左手由逆缠变顺缠，划弧再变逆缠合于面前；右手走下弧合于左肘下，手心朝下；目视身体右侧前方。（图3—274）

图3—272　　　　　　图3—273　　　　　　图3—274

【要求】重心移动，裆走后圆，扭腰转胯，手足相合。此动吸气。

动作六：接上势。提右腿，走下弧向左向上提，再向右后摆；左手下合拍击右脚面；目视右脚。（图3—275）

【要求】右脚上起要走圆弧，松胯，用腰带动，手脚相合。此动呼气。

【内劲】十字脚一势，劲由右腿缠至左腿，腰右转劲缠至左手，右脚外摆，左手下合，手脚相击。

【用法】如两手交叉被擒拿，用足可里踢外摆。左手向左外击，亦可用肩撞击，达到解脱。

《歌诀》云：

两面交手较短长，上下四旁皆可防。
唯有拴横困我手，兵困垓心势难张。
岂知太极远无方，无数法门胸内藏。
山穷水尽疑无路，俯肩一靠破铜墙。
不到身与身相靠，虽有珠宝难放光。

图3—275

## 第六十五式 指裆捶

**动作一：**接上势。拍脚后，右脚下垂不落地；先右手上撩，左手下按，再右手向下斩手发劲，左手上撩；身体随右手下斩向右转90°；以左脚跟为轴，脚尖向内扣，右脚提起悬于裆内；目视前方。（图3—276）

**【要求】**两手左上右下发劲与左脚内扣转身要同时一致，立身稳固。此动先吸气后呼气。

**【内劲】**以腰右转缠于右手发劲，左手向上配合，勾脚转身，力贯右掌。

**【用法】**设对方从后袭来，速转身右手向下斩手，截击来劲。

**动作二：**接上势。右脚震脚落地，左脚向左前方上一步，身体向右转45°；同时，两手交叉于腹前；目视前方。（图3—277）

**动作三：**接上势。身体微右转，重心略左移；两手逆缠下分。（图3—278）

图3—276           图3—277           图3—278

**动作四：**接上势。身体略左转重心移至右腿，松右胯屈膝下沉；同时，右手变拳，合于右肋下；左手立掌合于胸前；目视前方。（图3—279）

**动作五：**接上势。身体迅速左转，重心左移；右拳逆缠，向前下方发劲，左手半握拳，收于左肋间，向身后发肘劲；目视前下方。（图3—280）

**【要求】**指裆捶前边动作与掩手肱拳相似，最后发劲方向是向前下方，击对方小腹或裆部。

图 3—279

图 3—280

## 第六十六式　猿猴探果

**动作一**：接上势。身体屈膝下沉；右拳先逆后顺缠，折腕转向上；左拳同时也变顺缠，左右两拳均拳心向上；目视右前方。（图 3—281）

**【要求】** 拳转要结合腰转，随身下沉，周身相合。此动先吸气后呼气。

**【内劲】** 以胸、腰运化，转折在手，先由向前下冲拳，在圆转不断劲的原则下，再转为上冲拳。

**【用法】** 旋转折腕是解脱擒拿和转折冲击方向的一种方法。

**动作二**：接上势。身体向左转，左脚尖外摆；同时，右拳向右前上方冲；右腿提起；目视右前方。（图 3—282）

图 3—281

图 3—282

【要求】转身冲拳提腿，周身协调一致，劲力完整。此动吸气。

【内劲】以合于丹田之气，催动转腰松肩沉肘，贯于右拳，右膝。

【用法】右拳冲对方下颏，右膝撞其裆部。

动作三：接上势。身体微左转，右脚向右前方迈步落地，脚跟着地；两拳环绕变掌，合于两耳下；目视右前方。（图3—283）

【要求】脚旋、转身、落地与两拳变掌相合一致，上下协调。此动继续吸气。

动作四：接上势。身体微右转，重心由左移至右，左脚收于右脚内侧；同时两手合力下按；目视右前下方。（图3—284）

图3—283　　　　　　　　　　　　图3—284

# 第六十七式　单　鞭

动作一：接上势。身体右转，重心在右；两手双顺缠，右手里收，左手外转；目视右前方。（图3—285）

动作二：接上势。右手五指合拢成勾手逆缠，手腕放松向右上方领劲；身体向左转，左腿虚步，随身体转左膝向外摆；左手收于腹前，手心朝上；目视右前方。（图3—286）

动作三：接上势。右手腕领劲，左手微下沉；身体右转，左腿屈膝提起，脚跟

图3—285

里侧着地，向左侧铲地滑出，脚尖上翘里合；目视身体左侧前方。（图3—287）

动作四：接上势。身体微右转，重心左移；左手向右上穿掌外翻；身体左转；左手划外弧线，向左拉开，周身放松；手与脚合，肩与胯合，周身上下团聚不散；目视前方。（图3—288）

图3—286　　　　　　图3—287　　　　　　图3—288

要求、内劲、用法与第五式"单鞭"相同。

# 第六十八式　雀地龙

动作一：接上势。身体左转，重心继续左移两手握拳；右拳顺缠，走下弧线，向左与左拳相合；左拳逆缠，合于右前臂上；左拳心朝下，右拳心朝上；目视前方。（图3—289）

【要求】形气相合，周身一致，此动呼气。

【内劲】承上势。气归丹田后，再由丹田起，随着腰左转，左逆右顺缠于两臂相合。

动作二：接上势。身体向右转，重心由左腿移至右腿，屈膝下蹲，左腿伸直，左脚内扣成仆步；同时，右拳逆缠上提，高于头；左拳顺缠，下合于左膝上；目视左前方。（图3—290）

【要求】头顶领起，身法端正，裆劲圆活，两臂掤圆。此动呼气。

【内劲】劲由左腿缠至右腿，随腰右转，达于两臂，再左顺右逆缠开至两拳，顶劲领起。

【用法】与跌岔相似。跌岔是右脚落地踩对方脚趾，左脚蹬其臁骨。此动仆

172

图 3—289

图 3—290

步后坐可压对方腿、膝。转身手按地可用于扫腿。因此势专攻下三路，故名"雀地龙"或"铺地锦"。

# 第六十九式　上步七星

**动作一：**接上势。身体微右转，重心由右腿旋转左移成左弓步；同时，左拳随重心前移上冲；右拳顺缠，下合于右腰间；目视左前方。（图 3—291）

【要求】上冲拳时，结合裆、腰旋转力，右脚蹬地前冲顶劲领起，以内催外，以下催上，一气贯通，此动呼气。

【内劲】主宰于腰，起于右脚，缠于左脚，上行贯于左拳。

【用法】冲拳可击对方胸、咽喉，提腿可用膝撞、用脚踢其裆或臁骨。两脚、两膝、两拳及头，像"北斗七星"各具所用，故名"上步七星"。

**动作二：**接上势。身体左转 90°，提右腿上步于左脚右前方，右脚尖着地，松胯屈膝；同时，右拳冲至左拳内，两拳相合；目视前方。（图 3—292）

【要求】此势的冲拳和上步要同时完成，此动吸气。另一种练法，右拳冲在左拳前边与左拳环绕一圈相合。

**动作三：**接上势。身体微下沉；松肩，两肘微上掤，双拳逆缠下沉；目视前下方。（图 3—293）

【要求】松胯松肩，用胸腰折叠劲旋

图 3—291

转手腕。此动吸气。

　　**动作四:**接上势。两肘下沉里合,双拳变掌下塌;目视前方。(图 3—294)

　　　　图 3—292　　　　　　　　　图 3—293　　　　　　　　　图 3—294

　　**【要求】**两拳变掌时要塌腰松胯,松肩沉肘,劲贯于掌外侧。此动与上动相连呼气下沉。

　　**【内劲】**此两动是在步不动的情况下,用胸腰折叠劲带动腕臂上下旋转一周,然后劲下沉塌于腰,贯于掌。

　　**【用法】**此式手臂的旋转,是解脱抓拿与转化对方力点的一种方法。

　　**《歌诀》**云:

　　　　　　　襄时跌岔甚无情,此又落尘令人警。

　　　　　　　人知扫腿防不住,岂料七星耀玉衡。

# 第七十式　下步跨肱

　　**动作一:**接上势。身体微左转;两手微向上掤,提右腿向右后侧跨一步;目视右前方。(图 3—295)

　　**【要求】**跨步轻灵,虚实分明,上引下进,周身相随。此动吸气。

　　**动作二:**接上势。身体向右转,重心移至右腿;右手逆缠向右下分,左手逆缠前开;目视前方。(图 3—296)

　　**【要求】**以身带手,圆转自如,立身中正,虚领顶劲。此动呼气。

　　**动作三:**接上势。身体向右转 45°,右脚尖外摆,提左腿向右前上步,脚尖

点地；同时，两手双顺缠，侧掌相合于胸前，右手在上，左手在下，指尖朝前；目视前方。（图3—297）

图3—295　　　　　　　　　图3—296　　　　　　　　　图3—297

【要求】上左步要轻灵自然，并与双手协调配合。此动继续呼气。

【内劲】劲由丹田下缠于右腿，随着跨步转腰，最后上行合于两手。

【用法】身法上引下进，两手合击。

## 第七十一式　　转身双摆莲

动作一：接上势。身体继续右转，重心在右腿，左脚尖为轴，脚跟外摆；同时，两手双逆缠，右手上捋，左手下按；目视左下方。（图3—298）

【要求】上捋下合，虚实分明，转换自然，脚跟稳固。此动呼气。

动作二：接上势。左脚跟落地，重心移于左腿，右脚尖外摆，身体继续右转；右手向右捋，左手下按；目视前方。（图3—299）

【要求】虚实变换，转身自然。继续呼气。

动作三：接上势。重心移至右腿，左腿提起，身体向右转；同时左手顺缠前捋，领带左腿向前上步，右手上捋；目视前方。（图3—300）

【要求】手领身转腿相随，周身一致，吸气。

动作四：接上势。左脚落地，身体屈膝下沉，重心在右腿；两手向右后捋；目视左前方。（图3—301）

【要求】脚落地身体下沉，立身中正，两手捋捋劲不丢。继续吸气。

动作五：接上势。身体向右转，重心左移；两手由后捋转为走下弧的向前合

劲，合于右腰侧；目视前方。（图3—302）

【要求】塌腰松胯，周身相合，此动呼气。

**动作六：**接上势。重心在左腿，提右腿向左走下弧向上，再转向右后摆；两手向前与右脚击拍相合；目视前方。（图3—303）

图3—298　　　　　图3—299　　　　　图3—300

图3—301　　　　　图3—302　　　　　图3—303

【要求】摆腿与手合击时速度要快，劲力完整一气。此动先吸气后呼气。

【内劲】腰、裆盘旋劲落于胯，合于手，与右腿外摆相合。

【用法】练习步法稳健，旋转自如，合力完整（脚外摆，手里合）。身体转180°或360°都可以。

《歌诀》云：

右手上托倒转躬，先卸右肱让英雄。

再将两手向左击，右脚横摆夺天工。

# 第七十二式　当头炮

**动作一：**接上势。拍脚后，右腿向右后落地；两手继续上掤；重心在左腿；目视前方（图3—304）

【要求】拍脚后步要稳，上引下进协调一致。此动吸气。

**动作二：**接上势。身体微右转，重心移至右腿；同时，两手左顺右逆缠，随重心后移下捋；目视左前方。（图3—305、图3—305附图）

图3—304　　　　　　　　图3—305　　　　　　　图3—305附图

【要求】两手下捋与重心移动、身体右转要协调一致，切勿弯腰。此动呼气。

**动作三：**接上势。身体微下沉；两手变拳，合于右胸侧；目视前方。（图3—306、图3—306附图）

图3—306　　　　　　　　　　图3—306附图

【要求】两手握拳上提，与身体上下相合，重心合于右腿，裆要开圆，身要含蓄，如张满之弓，一触即发，此动吸气。

动作四：接上势。右脚蹬地，重心迅速由右腿移至左腿，身体随之左转；同时两拳合力向前冲拳发劲，拳眼向上；目视前方。（图3—307、图3—307附图）

图 3—307

图 3—307 附图

【要求】心意一动，猝然抖发，如金狮抖毛，猛虎下山，完全是腰、裆的弹抖劲，一动力贯拳顶。"裆内自有弹簧力，灵机一转鸟难飞"。此动呼气。

【内劲】劲随两手下捋合于丹田，蓄于右腿，灵机一转，脚蹬、裆旋、腰转劲贯拳顶。

【用法】拍脚后迅速倒步，抓住对方下捋。如对方后拉，随即转势变拳突然前冲将其发出。

## 第七十三式　金刚捣碓

动作一：接上势。两拳变掌，左顺右逆向右后上方捋带；同时，重心由左向右腿移；目视左前方。（图3—308、图3—308附图）

动作二：接上势。重心由右腿移至左腿，左脚尖外摆踏实，身体随重心移动向左转45°；两手左逆右顺缠，走下弧线向前掤，左手掤至胸前，手心朝下；右手下沉至右膝内上方，手心朝外，手指朝后；目视前方。（图3—309、图3—309附图）

图 3—308

图 3—308 附图

图 3—309

图 3—309 附图

　　**动作三**：接上势。左掌朝前撩掌，向上、再向内环绕合于胸前右前臂内侧；同时，右手领右脚弧线向前上托掌于右胸前与左手相合；右手心朝上，左手心朝下；右脚经左脚内侧向前上步，脚尖点地，重心在左腿；目视前方。（图 3—310、图 3—310 附图）

图 3—310

图 3—310 附图

动作四：接上势。左手顺缠，外翻下沉于腹前，手心朝上；右手握拳，下沉落于左掌心内，拳心朝上；目视前方。（图3—311、图3—311附图）

动作五：接上势。右拳逆缠，向上提起与右肩平；右腿屈膝松胯，提起右脚悬于裆内，脚尖自然下垂；目视前方。（图3—312、图3—312附图）

动作六：接上势。右脚震脚落地，脚掌踏平，两脚距离与两肩同宽；右拳顺缠，下沉落于左掌心，两臂撑圆；目视前方。（图3—313、图3—313附图）

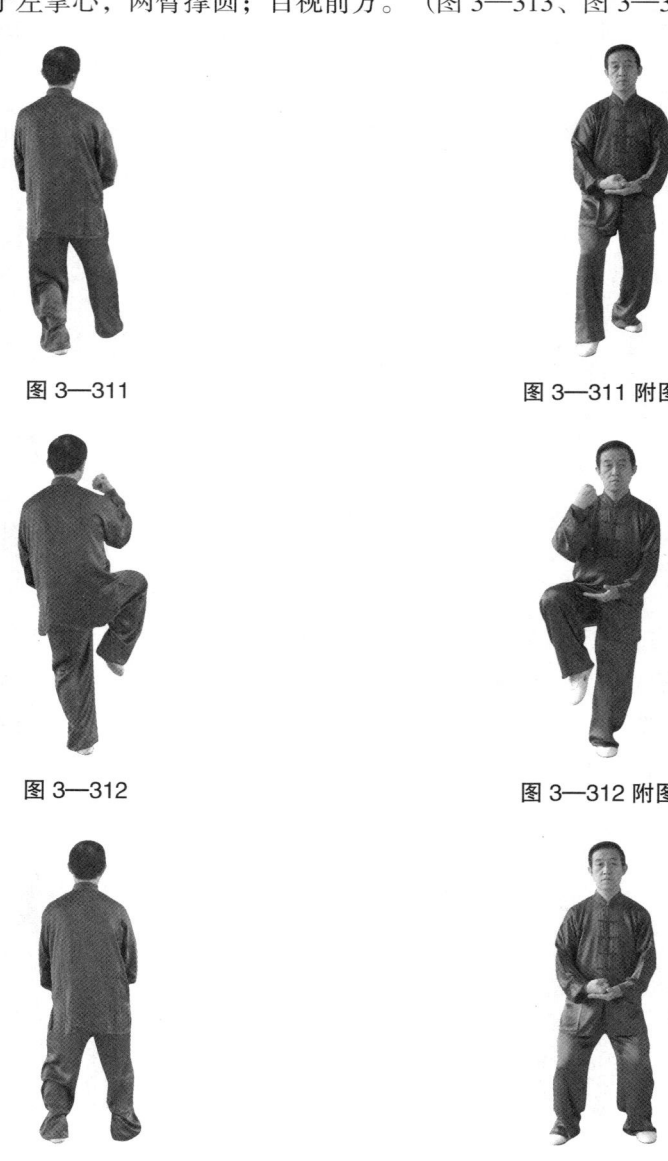

图3—311　　　　　　　　　　图3—311附图

图3—312　　　　　　　　　　图3—312附图

图3—313　　　　　　　　　　图3—313附图

此势震脚落地,有"文相始,武相终"之说,亦有人谓之"阴相始,阳相终"。就是说开始时徐徐起势,文雅大方,最后震脚落地收势,有"文武两相"之意。面南起势,面北收势,合"阴阳相合"之理。

# 第七十四式 收 势

**动作一:**接上势。右拳变掌,两手向左右下分,身微下沉,屈膝松胯;目视前方。(图3—314)

**【要求】**两手分,身下沉,松胯屈膝,切勿弯腰。此动先吸气后呼气。

**动作二:**接上势。两手同时各向左右划外弧向上合于两肩前;目视前方。(图3—315)

**【要求】**两手上升,松肩沉肘,胸腹背肌肉松弛下沉。此动吸气。

**动作三:**接上势。两手顺身体两侧缓缓下按于两大腿外侧;目视前方。(图3—316)

图3—314 图3—315 图3—316

**【要求】**两手下按,呼气,周身放松,气归丹田,意形归原。一套拳练完,心平气和,自始至终,一气贯通。一招一势,气由丹田发起,内走五脏百骸,外走肌肤毫毛,运行一周仍归丹田。如长江之水滔滔不绝,有来源有去路循环不已,如环无端。正是:

开合刚柔顺自然,一扬一抑理循环。

一足收势气归原,动静形消太极拳。

动作四：接上势。身体慢慢立起，恢复自然站立姿势；右脚收于左脚内侧并立；两手掌心朝内，合于两大腿外侧，成立正姿势；目视前方。（图3—317）

图 3—317

# 第四章　陈式太极拳老架二路

## 第一节　陈式太极拳老架二路简介

陈式太极拳老架二路，亦称炮捶（以下简称二路拳）。

二路拳以刚为主，刚中寓柔。练习时，震脚发力，闪展腾挪，窜蹦跳跃，松活弹抖，完整一气。有怪蟒出洞、猛虎下山之气魄；有蛟龙出海、雄狮抖毛之神威。

学习二路拳，应在练好陈式太极拳老架一路的基础上，突破去僵求柔的阶段，达到周身相随，全身一动无有不动，内外结合，放松沉稳，劲力完整，呼吸与动作协调一致，此时学练二路拳方能免出偏差。否则没有松弹劲，练拳时就会僵硬一条，上重下浮，横气填胸，心跳过速，呼吸发喘，嘴发青，脸发白，对健身和练功均不利，学者务必注意。

练习二路拳时，应先练几遍一路拳或做些基本功练习，待劲、气调顺之后再练二路。练习一路拳时要求：以身领手、以腰为轴、节节贯串、运行速度要慢。主要体会内气运行与外形结合。以意导气，以气运身，动作配合呼吸，注重缠丝劲的练习。在用法上以掤、捋、挤、按为主，采、挒、肘、靠为辅。练习二路拳时，因有一路拳的基础，就不需要过分考虑内气、呼吸与动作配合，动作以手领劲。手领、身随、步法活，根稳、劲整、精神足，以采、挒、肘、靠为主，以掤、捋、挤、按为辅，真正体现出二路拳快、刚、猛的特色。

## 第二节　陈式太极拳老架二路动作名称

第一式　太极起势　　　　　第六式　跃步护心拳

第二式　金刚捣碓　　　　　第七式　进步斜行

第三式　懒扎衣　　　　　　第八式　回头金刚捣碓

第四式　六封四闭　　　　　第九式　撇身捶

第五式　单鞭　　　　　　　第十式　指裆

# 第三节　陈式太极拳老架二路动作图解

## 第一式　太极起势

动作、要求同老架一路第一式"太极起势"。（图 4—1~图 4—4）

图 4—1

图 4—2

图 4—3

图 4—4

## 第二式　金刚捣碓

动作、要求、用法同老架一路第二式"金刚捣碓"。（图 4—5~图 4—13）

图 4—5

图 4—6

图 4—7

图 4—8

图 4—9

图 4—10

图 4—11

图 4—12

图 4—13

## 第三式 懒 扎 衣

动作、要求、用法同老架一路第三式"懒扎衣"。（图 4—14~图 4—18）

图 4—14

图 4—15

图 4—16

图 4—17

图 4—18

## 第四式 六封四闭

动作、要求、用法同老架一路第四式"六封四闭"。（图4—19~图4—23）

图4—19　　　　　　　　　　　图4—20

图4—21　　　　　图4—22　　　　　图4—23

## 第五式 单 鞭

动作、要求、用法同老架一路第五式"单鞭"。（图4—24~图4—29）

图 4—24　　　　　　　　图 4—25　　　　　　　　图 4—26

图 4—27　　　　　　　　图 4—28　　　　　　　　图 4—29

## 第六式　跃步护心拳

**动作一：**接上势。左手向上撩，右手向下甩，同时重心移于右腿，左腿提起，目视前方；紧接着，右手向上抖，手心向里；左手向下甩，手心向里，指尖向前下；目视左前方。（图4—30、图4—31）

**【要求】**左手先上后下，右手先下后上，是欲上先下，欲下先上的引劲过程，两手上撩下甩的抖动，与左脚提起动作要连贯协调，上下相合。

图 4—30                                    图 4—31

【用法】两手上下抖动，以备撩掌和斩手用；提左腿，是避其蹬左膝和起护裆作用。

动作二：左脚落下，随即右脚提起，同时身体向左转 90°，目视右前方（图 4—32）。上动不停。右脚向右前方（约 45°）开出一步，脚跟内侧着地；右手上掤，左手在身左侧下按；目视右侧面。（图 4—33）

【要求】注意左脚落下，右脚即提起，左脚落下之前，可以加上跳跃上纵再落下，所以叫跃步护心拳。

【内劲】劲蓄在腰。

【用法】此势为上引下进，内含背折靠等用法。

动作三：身体向右转，重心由左腿移至右腿；同时，左手由下向后、向上、向前，先逆后顺缠划弧，置于左斜上方，手心朝右前，指尖向上；同时，右手略向上、向里、向下，先顺后逆缠划弧，置于右腿外侧，手心向下，指尖斜向前；目视右前方。（图 4—34）

【要求】左手先逆后顺缠，右手先顺后逆缠，与转体同时进行，并要求做到转体与重心移动上下相随。

【内劲】内劲蓄于腰，背靠劲用过后，贯于两手。

【用法】两手在身体两侧划弧通过胸前，右逆左顺缠，左逆右顺缠，有引劲落空和防护作用。

动作四：上动不停。身体继续向右转；同时，两手变拳，左拳向前运转至胸前下沉，拳心斜向里下；右拳上提，蓄于右胸前，拳心向下；目视前方。（图 4—35）

189

【要求】移重心时，裆走后圆弧向右移，右肘掤劲不丢，有圆虚之感，身体松胯下沉。

【内劲】主宰于腰，通过束肋松肩，蓄于右肘。

【用法】有打迎门肘之法。

动作五：身体突然向左转，重心在右腿；右前臂竖起，置于胸前，拳心向里，随着向左转体，向左前击出；同时，左拳继续向里合，置于右肘尖里下，与右肘形成合劲，拳心向里。（图4—36）

图4—32            图4—33            图4—34

图4—35                    图4—36

【要求】身体先向右转，再向左迅速旋转，转体要以腰为轴，屈膝松胯，裆劲开圆，随转体右肘击出，要做到上下相随。

【内劲】内劲以裆、腰旋转，通过松肩，先达右肘尖，再贯于右拳背。

【用法】突然发力，用右肘打对方胸口，拳可打对方嘴、鼻。

# 第七式　进步斜行

**动作一**：身体略向左转，再向右转，重心仍在右脚；同时，双拳变掌，自右向上划弧，掌心皆斜向外；目视右前方（图4—37）。上动不停。重心走下弧移至左腿，右脚提起；右掌从身右侧划弧上撩；左手从胸前划弧，下按于身体左侧，手心向下，指尖斜向前；目视前方。（图4—38）

【要求】可以连贯起来做，撩掌、提腿、重心移动要协调稳重。

【内劲】以裆、腰劲带动两拳变掌划圆，提腿蓄劲。

【用法】提右膝护裆，亦可避其蹬膝。

**动作二**：上动不停。右掌迅速下砍；左掌上撩（图4—39）。紧接着，右脚落下震脚，左脚提起，身体向右转约45°（图4—40）。上动不停。随即左脚以脚跟着地，向左前方开出一大步；左手略向前伸，右手略向后上展；目视左前方。（图4—41）

图4—37

图4—38

图4—39

图4—40

图4—41

【要求】提腿、落脚可以跳跃，左脚向左前方开步时，右脚要控制好重心，两手同时向前和后上加掤劲。

【内劲】劲蓄在腰，以两腿变换，稳定重心。

【用法】左右提腿震脚，这样可以迅速变换重心，由防守转入进攻。上左步可踹腿蹬脚，为上引下进之法。

说明：以上动作可连续不停地做。

动作三：接上势。身体向左转，重心向左移；左手随着转体（掌心向下）逆缠，向下划弧，经左膝变勾手上提，置于左侧，勾尖向下，腕部略高于肩；同时，右手顺缠外旋（手心向上）向上，再逆缠内旋向里合，置于右胸前，掌心向左前，指尖斜向上；目视左前方。（图4—42）

【要求】左勾手上提，手腕放松领劲，右手蓄而待发，松胯塌腰，劲蓄在右腰间。

【用法】有打前推掌或右背靠右后肘之势。

动作四：接上势。身体略左转，随即向右转；右手逆缠划弧，向右拉开；松肩沉肘，含胸塌腰，屈膝松胯；目视前方。（图4—43）

图4—42                          图4—43

【要求】此势两手两脚为四隅角，要立身中正、舒展大方，开裆贵圆，虚领顶劲，上下四旁，支撑八面，谓之中定之法。劲合于丹田，贯于四梢，意识集中，内劲有饱满之感。

【用法】成势劲归元，有一身备五弓，含而待发之势。

# 第八式　回头金刚捣碓

动作一：身体向右转，重心移至右腿；右臂松肩沉肘；左勾手变掌，向右后

方猛推一掌，高度与胸相平，掌心向右侧，指尖向上；右手在左肋下防护；目视右后方。（图4—44）

动作二：上动不停。身体向右转，重心在右腿，左脚尖向里勾，向前扫180°；同时，右手先顺后逆缠，向后、向上微屈肘置于额前，高度与头相平，掌心朝外，指头向左；左手逆缠向下，置于左膝外侧，掌心向下，指尖斜向前；目视左前方。（图4—45）

图4—44　　　　　　　　　　　　图4—45

【要求】当身体右转、松肩沉肘时，左勾手变掌向右后猛推一掌，随之移重心，身体向右转，猛扫左腿，故为回头金刚捣碓。当重心向右脚移时，以腰为轴，连移带转身，互相配合。

【用法】猛回头打一掌，再随之两手上护头顶，下护身体，并用左腿前扫。

动作三：上动不停。随即重心移至左脚，身体再向右转180°，随转体右脚向外贴地扫半圈；两手配合向外开，再合于胸前，右手心向上，左手心向下；目视前方。（图4—46）

【要求】左脚上步时，要有含蓄之意，当左脚一着地急速转身，将重心控制在左脚，要利用移重心和转身的惯性，加快速度，互相配合，做到快而不乱，越快越好，转身如旋风之速。

【用法】此势在转身时，可右手向后拦击，同时用右腿背扫对方。

动作四：上动不停。身体略下蹲，气沉丹田；左手外旋，向下置于腹前，掌心转上；右手变拳向里，经胸前落于左掌心中，接着右拳上举；同时，右脚提起（脚尖自然下垂），随即右脚落地震脚；右手在右脚震脚的同时，落于左掌心中；目视前方。（图4—47）

图 4—46                              图 4—47

【要求】提右腿时，身体要下沉，有上下相合之意，提拳时，要松肩沉肘，促使内气下降，右拳、右脚同时下沉，震脚发劲要松胯屈膝，气沉丹田。

【用法】用右脚蓄势震弹，上提时用力提膝，下震对方脚面，拳可上冲咽喉、下颏。

## 第九式　撇身捶

动作一：接上势。身体略下蹲；同时，两手向左右分开，掌心皆向上，指尖皆向里（图 4—48）。重心控制在左脚，紧接着右脚向右侧横开一大步，两手以同样的速度顺缠，向上向里合于胸前；左掌心向右，右掌心向左，指尖皆向上；目视前方（图 4—49）。上动不停。身体向左转，重心向左移；随转体，右手略向里合于左肩前，掌心斜向里，指尖斜向上；左手逆缠，向左下方划弧于身体左侧，掌心斜向外，指尖斜向前；目视左前方。（图 4—50）

【要求】此组动作连续完成。

【用法】左右撩掌可击其裆部，上合护己面门，胸部左转引劲落空。

动作二：接上势。身体向右转，重心移至右腿；同时，右手逆缠走下弧，经右膝下转至右腿外侧；左手变顺缠，

图 4—48

经左侧向前推于鼻前正中线。（图4—51）

【要求】右手下转时，裆、腰劲要下沉，大身法练时，要求右肘从右膝前下转过。

【用法】此势用于大身法可打7寸靠、7寸肘（7寸靠肘，就是离地约23厘米）。

动作三：接上势。重心移至左腿，身体向左转；左手逆缠下捋，至左腰间；右手顺缠上掤；目随右手转动（图4—52）。上动不停。身体继续左转；左手逆缠叉腰，拇指在后，四指在前；右手顺缠，小指领劲，在身前平拦至左前方变拳；目随右手转至左前方。（图4—53）

【要求】两脚踏实抓地，裆劲左右盘旋，带动两臂螺旋缠绕。

【用法】左臂后转，同样有打背靠之法，右手前拦，横扫千军。

动作四：接上势。重心右移，腰向右转，左脚尖里扣，左膝要松而微屈；右拳逆缠外翻，向右上掤至右太阳穴；左臂撑圆，左肘里合；目经左肘后改视左脚尖。（图4—54）

图4—49　　　　　　　　图4—50　　　　　　　　图4—51

图4—52　　　　　　　　图4—53　　　　　　　　图4—54

【要求】旋转时，拧腰转裆，身体微前倾，身体虽斜而中气正，裆劲圆。左肘尖、右脚尖形成一线，周身相合，切勿弯腰凸臀。

## 第十式 指 裆

图 4—55

动作：重心向左移，身体左转；左手变拳，顺缠向左，以拳背面向下打；同时，右拳顺缠，向右上方弹出；目视左下方。（图 4—55）

【要求】下打、上弹同时进行，形成开劲。

【用法】打击对方裆部，故称指裆。

## 第十一式 斩 手

动作：左脚控制重心，右脚向左上步，以脚尖点地于左脚前；同时，右拳向下，右臂屈于右胸前；目视左手（图 4—56）。紧接着右脚跟落地，身体急速左转；同时，右拳顺缠，随转身向下砸；左拳急速向上带，与右拳对称；与此同时，左脚向右后插步（偷步）；目视右前方。（图 4—57）

图 4—56

图 4—57

【要求】指裆、斩手，连打两拳，均以拳背面向下打，发力短促。发劲前，必须调整好身法，在发右拳时，重心落于右脚，左脚偷步要轻灵顺随，当身法稍向下沉时，拳即突然发出。

196

【用法】当对方抓住左手，可以右拳解脱。

## 第十二式 翻花舞袖

动作：身体向左转，并跳跃转体 300°，两脚落地；两拳随跳跃向上，又随两脚落地向下击，右拳为主，在腹前，左拳为辅，在背后；目视下方（图4—58~图4—60）。紧接着，右拳上撩顺缠；提右脚；身体右转 45°；目视前方。（图4—61）

图4—58　　　　　　　　　　　图4—59

图4—60　　　　　　　　　　　图4—61

【要求】此势因在空中转体 300°，又不加助跑，难度较大，要抓住"斩手"右拳下击的时机，做欲上先下的屈蓄。当双脚离地后，周身须放松。双脚落地，拳向下击，落髋塌腰，才能达到重心稳定，发拳有力。右拳上撩有挡格之意，身法必须相配合。

【用法】接上式。将对方手突然砸开，趁对方下沉弯腰时，猛翻身跳起，抡拳击打对方头后部或后背，右拳上撩有挡格之意，犹如古人长袖上撩，挡住对方视线，故名舞袖。

## 第十三式　掩手肱拳

**动作一**：右拳顺缠外旋，向上绕一圈收于右肋前，拳心向上；左拳变掌顺缠，向上、向前置于左前方，掌心向右前方，指尖斜向上；与此同时，右脚提起，随即落地震脚，左脚提起向左前方伸出，以脚跟着地；目视前方。（图4—62、图4—63）

【要求】左掌与右掌有合劲之意，身体中正下沉，屈膝松胯，劲合于右腿，蓄而待发。

**动作二**：接上势。右脚蹬地里合，身体迅速左转，松左胯；右拳逆缠螺旋前冲；左肘向后发劲；目视右拳前方。（图4—64）

图4—62　　　　　　　图4—63　　　　　　　图4—64

【要求】发劲时，拧腰转裆，将拳突然冲击，前拳后肘，完整一气。

【用法】右拳击对方胸部或咽喉，左手掩人耳目或拦格对方手臂。

## 第十四式　转身腰拦肘

**动作一**：右脚提起；同时右肘下沉，右拳收于胸前，拳心向里；左手配合在腰间；目视左方（图4—65）。接着，右脚落地震脚，在右脚尚未落地时，左脚提起，同时身体向左转90°；左手配合震脚向身体左侧推出；目视左前方。（图4—66）

　　**动作二：** 上动不停。左脚向前方迈出一步，当左脚着地的同时，身体急速向左转体，随转体重心移至左脚；同时，右肘向左方出击；左手以同样的速度迎击右肘；目视左前方。（图4—67、图4—68）

图4—65　　　　　　　　　　　　　　　　图4—66

图4—67　　　　　　　　　　　　　　　　图4—68

　　**【要求】** 右肘向左前方击出，要借助转身和重心移动的惯性。动作要松活、迅速、干脆。提起右脚为收，开左脚发右肘为放，既要有节奏，又要注意连贯，转身要轻，发肘要猛。

　　**【用法】** 左手拦住对方左手臂，右肘猛击对方腰间软肋部。

## 第十五式　大肱拳小肱拳

**动作一：** 右拳变掌，略向右引；接着身体向左转，左脚尖向外摆，右脚提起向右伸出，以脚尖着地；随转体右手顺缠，左手逆缠向左划弧，左手置于左前方，高与肩平，掌心斜向外，指尖斜向上；右手置于身体右侧，掌心斜向前，指尖斜向右；目视右前方。（图4—69）

**【要求】** 左脚尖外摆，右脚提起伸出和转体要协调配合，左腿屈膝松胯以控制重心。

**动作二：** 身体微向左转，重心控制在右脚，左脚向右后方插步（偷步）；随转体，右手先顺后逆缠，向左经胸前划弧外翻上掤至右前上方；左手顺缠，走下弧合于腹前；目视右前方。（图4—70）

**动作三：** 身体继续向左转，重心移至左腿；随身体左转，右脚向右横开一步，脚跟着地；与此同时，左手先顺后逆缠，向右经胸前划弧外翻上掤；右手变顺缠，走下弧合于腹前（图4—71）。以上动作重复3次，连插3步。

图4—69　　　　　　　　图4—70　　　　　　　　图4—71

**【要求】** 此势连续偷步和两手上下左右划弧，要做到以腰为轴，上下相随，协调一致。

**【用法】** 结合灵活步法，两臂在胸前缠绕，既起防守中门作用，又可用左右捌劲。

**动作四：** 接上势动作。重心移至右腿，左脚提起，向前合于右腿内侧；右手顺缠，向上经胸前向右划弧外翻上掤，掌心向前；左手顺缠，向下、向前合于腹

前，掌心向右；目视左方。（图4—72）

动作五：接上势。身体先向右转，再向左转，重心移至左腿；左手先顺缠后，向右经胸前向左划弧外翻上掤，掌心斜向外，指尖斜向右；右手顺缠，向下、向左划弧置于腹前，掌心斜向左，指尖斜向前；与此同时，右脚向左后方偷步；随即左脚向左横开一步，脚跟着地；同时，左手向左下划弧于左胯侧；右手向上划弧于右前方；目视左前方（图4—73~图4—75）。以上动作重复3次，连插3步。

图4—72

图4—73　　　　　　　图4—74　　　　　　　图4—75

【要求】此势要以腰为轴，两手在体前分别向左右两侧划圆，如车轮滚翻。

【用法】开步，偷步均可套、管对方脚步，双手可以打捌劲。

# 第十六式　玉女穿梭

动作一：重心移至左腿，身体微向左转，提右脚向前一步成虚步；左手向上划弧于头左侧，掌心斜向前，指尖斜向上；右手顺缠，外旋向下置于腹前，掌心斜向左，指尖斜向前（图4—76）。紧接着，左手顺缠向下，右手

逆缠向上至额前；右腿向前上一步，脚跟外侧着地，重心仍在左腿；目视前方。（图4—77）

动作二：接上势。重心移至右腿；左手领左腿向右转体上步，左脚尖点地；两手上掤；目向前视（图4—78）。上动不停。随之左脚跟外摆，重心移至左腿，身体向右转180°；两手由上向下划弧成立掌，合于胸前中线；右脚收回成右虚步，脚尖点地；目视前方。（图4—79）

【要求】此组动作要连贯，转体要迅速，两手掤劲与两脚虚实变换要协调一致。

【用法】假设对方后侵，我突然转身，蓄势待攻。

动作三：接上势。右脚向前方快速上步，左脚迅速促步跟进，这样连续上三步、促三步；两手自然配合；目视前方（图4—80~图4—84）

图4—76  图4—77  图4—78

图4—79  图4—80  图4—81

图 4—82

图 4—83

图 4—84

【要求】 向前促步时，腰要下塌，髋要下坐，身体自然正直。右脚伸出要轻，左脚促步要重，左脚踏地，右脚即起，动作要快、稳、整，与两手向前掤劲相配合。

【用法】 突然转体，用手按对方胸前，人若退步，用促步灵活快速跟进，借势发力。

## 第十七式 倒 骑 龙

动作一：重心前移于右脚，左脚提起；右手下按，左手上穿；目视前方（图4—85）。紧接着，向右转体180°，随转体左脚落于右脚前，脚跟着地；左手逆缠，划弧变勾手至身后，手心斜向上，勾尖向后；右手先向下再向前伸出，掌心向左，指尖向上；目视前方。 （图4—86）

【要求】 穿掌、转体、换步应协调一致，上下配合得体，步法稳健。

【用法】 接上势逼进之时，如对方退跑更快，我突然出右掌穿其咽喉及面部，然后再猛转身防守背后。

动作二：身体向下蹲，左脚着地，随即右脚促步跟进；当右脚踏地时，左脚随即上步，这样连续上三步、促三步；目视前方（图4—87~图4—90）。

【要求】 此势转身时，重心变化要快，连进三步，步法轻灵稳健，在左手向前伸时，左脚提起，并且有里合之意，上下相随。

203

图 4—85　　　　　　　　图 4—86　　　　　　　　图 4—87

图 4—88　　　　　　　　图 4—89　　　　　　　　图 4—90

## 第十八式　掩手肱拳

**动作一：** 左脚尖向里扣，重心移至左腿，随即右脚提起，身体向右转180°；同时，右手先顺后逆缠，内旋向上，外旋向下，划弧变拳收于右肋侧；左手顺缠，外旋向上、向前划弧，置于左前方；目视前方。（图4—91~图4—95）

**动作二：** 动作说明与第十三式"掩手肱拳"相同。（图4—96）

图 4—91　　　　　　　　图 4—92　　　　　　　　图 4—93

图 4—94　　　　　　　　图 4—95　　　　　　　　图 4—96

## 第十九式　　裹鞭裹鞭

　　**动作一：** 重心在左脚，脚尖内扣；左手变拳，与右拳交叉于小腹前（图 4—97）。紧接着，身体向右转 180°；与此同时，提起右脚（图 4—98）。上动不停。右脚落地震脚，随即左脚提起，向左侧横开一步；两拳一起双顺缠向上外翻，至左右两侧向下砸击，置于两膝旁，拳心均向上；同时，重心向左移，身体下蹲；目视前方，兼顾两旁。（图 4—99~图 4—101）

　　上动不停。再重复两次。（图 4—102~图 4—104）

图 4—97 图 4—98 图 4—99

图 4—100 图 4—101

图 4—102 图 4—103 图 4—104

**动作二**：重心移至左脚，右脚提起，身体向右转 180°。再连发 3 次。（图 4—105~图 4—112）

图 4—105　　　　　　　　图 4—106　　　　　　　　图 4—107

图 4—108　　　　　　　　图 4—109

图 4—110　　　　　　　图 4—111　　　　　　　图 4—112

【要求】此势连续 6 次发劲，虽发劲的方向不同，但发劲要领完全相同。一次是转身后发劲，第二、三次是盖步后发劲；要在一脚尚未落地时，另一脚即起；双拳向上时稍慢，向下砸时要快、猛、重。注意要随身体下蹲，松肩沉肘，将劲力顺达至梢节，不可以用僵劲和拙力。

【用法】此势可近身解脱，也可跃步远击。

# 第二十式　兽头势

**动作一：**身体先略向左转，重心移至左腿，随着重心的转移，右脚向后方撤步；同时，右拳逆缠，向上、向左，再变顺缠，划弧置于胸前，拳心向左；左拳逆缠，内旋向左，拳心向下；目视前方（图4—113）。紧接着，身向右转，重心右移；右拳顺缠，下沉至右腿外侧；左拳顺缠至鼻前；目视右前方。（图4—114）

**动作二：**上动不停。身体向左转；右拳逆缠，由下向后、向上划弧置于头右侧，高度与额平，拳心向里；左拳顺缠外旋，向下合于左膝前，拳心向上；同时左脚收于右脚侧，脚尖点地；目视前方。（图4—115）

图4—113　　　　　　　图4—114　　　　　　　图4—115

【要求】此势虽不发劲，但蓄而待发，为下一势发劲作准备。虽身、肢屈蓄，但仍要保持不丢不顶、八面支撑的身法。

【用法】承上势的裹鞭崩拳后，可以后撤步胯打、肩靠，然后转为守势，蓄而待发。

# 第二十一式　披架子

**动作一：**接上势。身体微右转，重心移至左腿，提右腿后震脚落地，提左脚向左前伸出一步；两拳交叉于胸前；目视左侧（图4—116）。紧接着，身体微向左转，重心速向左移；同时，左臂向左前方顺缠发劲；右臂向右下方逆缠，以同样的速度发出；目视左前方。（图4—117）

【要求】左臂向前上方发劲要猛，并有上撩之意。同时左肩以腰为轴，随转腰的惯性向后打（包含着背折靠），右臂向下发劲，与左臂要协调对称。

【用法】避身进左腿，上引下进，可打背靠，也可以用左臂拦腰横击。

动作二：重心右移，提左脚悬于裆内；左拳划弧至左额上方，拳心向上；右拳逆缠，划弧至身体右侧，拳心向下；目视左方。（图4—118）

图4—116

图4—117

图4—118

动作三：身体向左转，并跳跃转身约90°，两脚落地；两拳随跳跃向上，又随着两脚落地向下击，右拳为主在腹前，左拳为辅在背后；目视前方。（图4—119、图4—120）

图4—119

图4—120

【要求】随左拳上引，将左脚带起跳跃，提右脚向前上跃一步，用右拳顶向下猛击，左拳向后发，跳跃、落地，动作完整一致。

## 第二十二式　掩手肱拳

动作说明与第十三式"掩手肱拳"相同。（图 4—121~图 4—123）

图 4—121　　　　　　　　图 4—122　　　　　　　　图 4—123

## 第二十三式　伏　虎

**动作一：**身体略左转，重心在左，右腿略向后撤；右拳顺缠，外旋向左上方，肘略沉，拳心向上；左拳逆缠，从腰侧向上与右拳相配合；目视右侧（图4—124）

**动作二：**上动不停。身体随即下沉并向右转，重心移于右腿；右拳随转体顺缠，外旋向后，拳心朝上；左拳顺缠，向里合，划弧置于额前，拳心向里；目视左前方（图4—125）

**动作三：**身体向左转，重心向右移；随着转体，右拳逆缠外旋，向上划弧置于头右侧，略高于头，拳心向里；左拳随着转体，先向外掤，再向下划弧于左膝内侧，拳心向里，两拳合住劲；右腿全蹲，左腿仆下，脚尖里扣；目视左前方。（图4—126）

【要求】此势为缩身法，也叫打虎势。一手护头，一手护膝，目向前视，使对方感到无隙可乘。

图 4—124          图 4—125          图 4—126

【用法】此势为打虎势，有蓄势出击之意。

## 第二十四式　抹眉肱

**动作一**：接上势。重心向左移，左脚尖外摆，身体左转；随转体右脚提起；右拳变掌，收至右肩前，掌心斜向下；左拳收于腰间；身体继续左转，右脚落地震脚，随即左脚提起向左前方上步；同时，右掌收于右肋旁，掌心向下；左拳变掌，配合着转向左前方；目视前方。（图 4—127、图 4—128）

**动作二**：接上势。身体迅速向左转，随转体重心迅速移至左腿；右掌随转体向前发出，其高度与肩平，掌心向前，指尖向上；同时，左肘以同样的速度向左后方击出；目视前方。（图 5—129）

图 4—127          图 4—128          图 4—129

【要求】此势要求上起跳跃突然转身猛击一掌，动作快速有力，震脚沉稳。蹬地转身跃起震足推掌一气贯通。

【用法】击后方来侵之敌胸口，有黑虎掏心之势。

# 第二十五式　黄龙三搅水

**动作一：**接上势。身体向左转，提右脚，向前上步，虚脚点地；同时，左手叉腰，右手顺缠下沉；目视右前方（图4—130）。上势不停。身体继续左转，重心移于右腿；同时，右手先顺后逆缠，向左划弧上捧，手心向外，其高度与肩平；左脚收于右脚内侧，目视前方（图4—131）。接着，左脚向左后方倒一步，然后重心移于左腿，提右腿向后插步；同时，右手顺缠，下沉于腹前。再移重心再倒步，连倒三步。（图4—4—132~图4—136）

图4—130

图4—131

图4—132

图4—133

图 4—134

图 4—135

图 4—136

【要求】动作连贯，上动下随，步法轻灵自然。右臂摆动犹如黄龙搅水一样。

【用法】此势为守势，作后退时防守之用。结合灵活的步法，将劲用于右臂，严密防守，使敌无隙可乘。

动作二：接上势。重心移至左腿，右脚提起，身体先左后右转；同时，右手先顺后逆缠，向下划弧上掤，掌心向外，指尖斜向前，其高度与耳平；左手顺缠，掤于小腹前；目视前方（图 4—137）。接着，右脚落地震脚，随即左脚提起向左伸出；左手顺缠，向下于左前方，掌心向前；右手下沉叉腰；目视左侧。（图 4—138）

【要求】转身提腿震脚开步与两手旋转变化要配合一致。

动作三：接上势。身体先右后左转，重心同左移；随转体左手先顺后逆缠，向右、向上经胸前向左上方划弧，掌心向外，指尖斜向前上方；同时，右脚落于左脚后外侧；目视左侧。然后再移重心、开左步，连开 3 步（图 4—139~图 4—142）。

图 4—137

图 4—138

图 4—139

213

图4—140                    图4—141                    图4—142

要求、用法与动作一相同，唯方向相反。

## 第二十六式　左冲右冲

**动作一：**接上势。重心移至左腿；双手逆缠上分，掤于左右两侧；目视前方（图4—143）。然后，重心移至右腿，左脚提起悬于裆内；两掌划弧下沉，变拳交叉合于小腹前；目视身左侧。（图4—144、图4—145）

图4—143                    图4—144                    图4—145

**动作二：**接上势。身体略下沉，左脚向左侧迅速蹬出；同时双拳向左右发出，双拳高度与肩平；目视左侧。（图4—146）

214

动作三：接上势。身体略下蹲左转，左脚跟落地，脚尖向外摆；同时，两拳向下沉，交叉于腹前（图4—147）。紧接着，身体向左转90°，重心移向左脚，随转体右脚提起，悬于裆内；目视身右侧（图4—148）。

动作四：接上势。身体略下沉，右脚向右侧迅速蹬出；同时，两拳向左右发出，其高度与肩平。目视右侧。（图4—149）

图4—146

图4—147

图4—148

图4—149

【要求】转身上步，连环侧蹬，步法虚实分明，上下相合。蓄要蓄得紧，开要开得尽，劲合于丹田，发于两拳两脚，周身完整一气。

【用法】左右连环蹬脚，双开拳可击敌面部，脚可蹬其腰部。

## 第二十七式　掩手肱拳

动作一：接上势。身体略向左转，右脚收提；同时，右拳下沉于右腿内；左拳下沉于身左后侧（图4—150）。接着，右拳顺缠，向上划弧外翻，发劲于右腿外侧，拳心向上；左拳配合向上，拳心朝里；同时，左脚尖内扣，身体向右转90°；目视前方。（图4—151）

【要求】单腿支地，重心稳固。两拳发力与扣足转身要完整一气。

【用法】右拳向身右侧翻打，左拳配合，犹如海底翻花。

**动作二：**接上势。双拳变掌，向上交叉，左上右下合于额前；右脚震脚落地，左腿提起向左侧偏前方上一大步；同时，双手合住劲下沉至腹前。其他动作与第十三式"掩手肱拳"的蓄发动作相同。（图4—152~图4—154）

图4—150　　　　　　　　　　　　　　图4—151

图4—152　　　　　　图4—153　　　　　　图4—154

要求、用法同"掩手肱拳"。

# 第二十八式　扫　蹚　腿

**动作一：**接上势。身体迅速向右俯身，重心移于右脚；两手变掌，两掌随身

体右转在右脚前按地；右腿全蹲，左腿伸开向右扫半圈；目视左脚。（图4—155、图4—156）

【要求】身体屈膝下势要快，利用身体下沉的惯性，将劲集中于伸直的左腿，用脚尖擦地，扫腿要猛。

【用法】用左腿正面横扫敌下盘。

动作二：接上势。身体继续右转，重心移至左脚，左腿屈蹲；右腿伸开向后扫半圈；目视右方。（图4—157、图4—158）

图4—155

图4—156

图4—157

图4—158

【要求】在上势用左腿横扫的基础上，转换重心，用右腿横扫，动作灵活、快速，周身一致。

【用法】此动用右腿背扫，两腿连贯横扫为连环腿法。

## 第二十九式　掩手肱拳

动作一：接上势。身体继续右转180°；右手顺缠，向上、向右划弧变逆缠再向下；同时，左手顺缠，向上、向右划弧变逆缠再向下，两手交叉合于腹前；同时左脚站立，提右脚快速跃起，左脚随即向左前方上一步，两脚同时落地。也可以右脚先落，左脚后落；目视前方。（图4—159）

【要求】此势要求转身、跃步，两手先分后合，动作要快，完整一气，有翻江倒海之势。

【用法】此动练习转身跳跃、上下起伏。有跃起下击之意。

动作二：与第十三式"掩手肱拳"的蓄发动作相同，唯方向相反。（图4—160、图4—161）

图4—159                图4—160                图4—161

要求、用法同"掩手肱拳"。

# 第三十式　全炮捶

动作一：身体略右转；左手变拳逆缠，向上前伸出；右拳逆缠，向后略向左前捩；重心移到左腿，右腿提起；目视左侧（图4—162）。随即，右脚震脚落地，提左脚向前上步；同时，两拳左顺右逆划弧下沉，重心在右脚；目视身左侧（图4—163）。上动不停。身体继续右转，突然重心左移，身体左转；用左臂外侧向左后发劲；目视左前方。（图4—164）

【要求】此动震脚垫步，下沉里合，再突然向左后发力，要求动作连贯，完整一气。发劲要刚劲有力，裆劲沉稳。

【用法】用左臂外崩，有打左背折靠之势。

动作二：接上势。身体略左转；同时，两拳向右上方左逆右顺捩起，右拳置于右额前，拳心斜向左下；左拳置于右胸前，拳心向里；随两拳上捩；重心由左移至右脚后，左脚提起；目视前方（图4—165）。紧接着，身体先向右转随即再向左转；随转体左拳逆缠；右拳顺缠，向下、向左划弧置于腹前；左脚震脚落地

后，右脚提起向右前方伸出；目视右前方。（图4—166）

动作三：接上势。当右脚跟着地时，身体即速向右转，重心由左脚移至右脚；同时，两拳由左向右上方发出，右拳心向上；左拳心斜向下；目视右前方。（图4—167）

图4—162　　　　　　　图4—163　　　　　　　图4—164

图4—165　　　　　　　图4—166　　　　　　　图4—167

【要求】此组动作要求连贯；转换重心，震脚开步，蓄势发力都要动作协调，完整有力。

【用法】此势用右臂发力，有打右背折靠之势。

## 第三十一式　掩手肱拳

动作同第二十九式"掩手肱拳"（图4—168、图4—169、图4-170）

图 4—168　　　　　　图 4—169　　　　　　图 4—170

要求、用法同"掩手肱拳"。

## 第三十二式　　捣叉捣叉

**动作一：**接上势。身体向右转，重心移至左脚；同时右脚提起收回，虚脚以脚尖点地；右拳顺缠，向后、向里收至腹前，拳心斜向上；左手握拳，由上向下与右拳环抱，拳心斜向里；目视右前方（图 4—171、图 4—171 附图）。紧接着右脚横开一步，重心随即右移；右拳向右侧发出；左肘以同样的速度向左侧击出；目视右侧。（图 4—172、图 4—172 附图、图—173）

**【要求】**转身、收腿、合力、开步、发拳向下横击要协调一致，步法与右拳发力时配合紧密，要形到、意到、劲到。

图 4—171　　　　　　　　　　图 4—171 附图

【用法】侧身上右步，用右拳外侧击敌小腹或裆部。

　　**动作二**：接上势。身体向右转，重心移至右脚，左脚提起向右盖步；同时，左拳顺缠，随左脚上步，向右拳外侧下砸；目视右前方（图4—174）。随即，右脚提起，向右侧上一步；同时，右拳由下向上划弧，再向右前发出，拳心向下；左拳先向右划弧，再以肘向左侧发出；目视右前方。（图4—175）

图4—172　　　　　　　图4—172 附图　　　　　　　图4—173

图4—174　　　　　　　　　图4—175

　　【要求】左拳下砸，右拳里合上提要与步法配合，结合腰劲，意识集中。

　　【用法】接上动。右拳击敌小腹时，如被对手握住手腕，速上左步，用左拳顺右拳外侧下砸，催其松手，紧接着上右步，发右拳击敌腹部。

## 第三十三式　左二肱右二肱

**动作一：**接上势。左脚向前上步，身体向右转约180°，重心控制在右脚；同时，左拳逆缠，向左前发出，拳心向下，其高度与肩平；右拳顺缠，以肘向后击出，拳收于右肋侧，拳心向里；随着发左拳，重心由右脚同时移至左脚；目视前方。（图4—176）

**动作二：**接上势。右拳逆缠向前击出，拳心向下；左拳向后放肘劲收至左肋侧，随即右拳、左拳再先后各击出一拳；目视前方。（图4—177、图4–178）

图4—176　　　　　　　　图4—177　　　　　　　　图4—178

【**要求**】上左步后，左右拳连击，两拳要在重心不变的情况下，结合腰、裆劲要快、猛，力达拳顶。

【**用法**】用左右连环拳，击敌胸部或面部。

## 第三十四式　回头当门炮

**动作一：**接上势。双拳左逆右顺缠丝向上掤，拳心均向内；同时，重心右移，身体向右转约180°，提左脚，随转体向右侧上一步；两拳随转体协调转动；目视左前方。（图4—179、图4—180）

**动作二：**接上势。双拳划弧，随身体向右转180°；右脚提起向左腿后插步转身；目视左前方。（图4—181）

**动作三：**身体继续右转下沉，重心移于右腿；两拳左顺右逆缠丝，随身体下沉里合；目视身左侧。（图4—182）

**动作四：**上动不停。身体先右后左急速旋转，重心左移；同时，双拳随转体向左后发力；目视左侧。（图4—183）

图 4—179　　　　　　　　　　　　图 4—180

图 4—181　　　　　　图 4—182　　　　　　图 4—183

【要求】此动作回头转身跳步回击，旋转要快速、轻灵，步法要敏捷、稳健，发力完整。

【用法】接上势。假设敌人从背后击来，我速转身跳步避开来势，再回头猛击。用双拳前击、打背折靠都可。

## 第三十五式　变势大捉炮

**动作一：**接上势。双拳走下弧向右上方掤，拳心向内；左拳在右胸前，右拳置于右侧，其高度与头平；同时，左脚提起，身体微向右转；目视左前方（图

4—184）。随即左脚跳步落地，右脚提起向左上一步，身体向左转约180°；双拳随跳步转身相应划弧转动；左腿向右腿后插步，向左转身180°；双拳随身体继续旋转至身体右侧；目视右前方。（图4—185、图4—186）

**动作二：**接上势。身体左转下沉，重心左移；双拳左逆右顺缠，并随身体划弧下沉；目视身体右侧（图4—187）。随即，身体急速右转，重心右移；双拳随转体向右后方发出；目视右前方。（图4—188）

图4—184　　　　　　　图4—185　　　　　　　图4—186

图4—187　　　　　　　　　　图4—188

要求、用法与上式"回头当门炮"相同，唯左右方向相反。

## 第三十六式　腰拦肘

**动作：**接上势。左拳变掌顺缠，与右肘一起向外开；同时，右脚提起，随即腰劲下塌，松胯微屈左膝，右脚跨步落地震脚；同时右肘向右前方猛烈击出；左掌以同样的速度迎击右肘；目视右前方。（图4—189、图4—190）

图4—189

图4—190

【要求】右臂屈肘，左拳变掌，先开而后合，右脚先收再开，均为蓄而后发。要求松肩、沉肘、塌腰、松胯，这样才能将劲集中于右肘。

【用法】用右肘蓄而后发，跨步近敌，横击其腰肋部位。

## 第三十七式　顺拦肘

动作：接上势。身体略左转；右肘走上弧线收至右肋前；同时右脚提起收回再向前伸出，身体迅速右转，重心右移；同时，右肘向右侧击出；左手托抚右手腕部以助其势；目视右侧。（图4—191、图4—192）

图4—191

图4—192

225

【要求】收右步，蓄右肘，周身相合；开右步，发右肘，力达肘尖；左手托右腕以助其力，左步促步跟进，固其下盘。

【用法】聚周身之力于肘尖，穿敌胸、肋部位。

## 第三十八式　窝底炮

**动作一：**接上势。身体微右转，左脚提起；同时，两拳虚握，双逆缠分向前后，右拳在前，拳心向下，左拳在后，拳心斜向后；目视右前方。（图4—193）随即左脚盖步落地；左拳走下弧，向前摆动变掌；右拳顺缠，向内划弧至胸前，拳心向上；目视右前方。（图4—194）

【要求】向前上步要灵活，两手开中有合，合中有开，两臂与步法协调结合。在练习时也可做跳跃步。

【用法】做跳跃步练习，根据对方距离远近，步法随机应变。

**动作二：**接上势。右脚向右横开步，落地后重心右移，身体迅速左转；随转体右拳逆缠向右击出，拳心向下；左手同时逆缠，向左侧发肘劲；目视右方。（图4—195）

图4—193　　　　　图4—194　　　　　图4—195

【要求】发劲要由根至梢，由内至外，刚劲有力，完整一气，右脚与右拳要同时到位。

【用法】跃步击敌小腹。

## 第三十九式　回头井拦直入

**动作一：**接上势。重心继续右移，身体向右转180°；同时，左脚内扣划弧

向右侧上一步；左拳先逆后顺缠，由前划弧向右上掤；右拳随身体右转逆缠上掤至额前；目视左侧。（图4—196）

动作二：接上势。重心移于左腿，右脚提起，插步向左后方伸出，身体右转180°；双拳随转体从额前划弧下沉至胸前；目视前方（图4—197）。身体微右转，重心右移；两拳双顺缠，向下沉至腹前，右拳在上，左拳在下，双拳拳心斜向里；目视前方。（图4—198）

动作三：接上势。身体迅速左转，重心随转体向左移；两肘同时向左前上方发出；目视左前方。（图4—199）

图4—196

图4—197

图4—198

图4—199

【要求】此式向右转体360°，连续动两步，双拳配合身体旋转，要做到周身协调，发力完整，力达两肘尖。

【用法】此式为近距离双肘击敌的方法。

## 第四十式　金刚捣碓

动作一：接上势。双拳变掌，右掌逆缠，向上、向右划弧，屈臂于右胸前，掌心斜向右；左掌顺缠，先向前再向右后掤，掌心斜向右上；随即双掌同时向右后方掤，重心移到右脚；目视前方。（图4—200）

**动作二**：接上势。动作同老架一路第二式"金刚捣碓"动作五至动作九。（图 4—201、图 4—202）

图 4—200

图 4—201

图 4—202

要求、用法同"金刚捣碓"。

# 第四十一式　收　势

**动作**：右拳变掌，双掌顺缠，分向两侧，再变逆缠，由外经上合于胸前，再向下按于两侧；左脚收于右脚内侧，自然站立；两掌心向内，自然合于两腿外侧。（图 4—203）

【要求】两手下按，周身放松，气沉丹田，意气归源。

图 4—203

# 第五章　陈式太极推手法

## 第一节　陈式太极推手概述

陈式太极推手是在练好陈式太极拳架的基础上进行的。推手训练既不用护具，又不受场地和器材的限制，还可避免伤害性事故，并能得到技击、健身和娱乐的多重效果。

陈式太极推手，就是两人搭手互相缠绕，根据太极拳粘、黏、连、随、松、活、弹、抖，不丢不顶、圆转自如、避实就虚、持巧不持力的原则，将抓、拿、摔、踢、打等基本技法融为一体，运用掤、捋、挤、按、采、挒、肘、靠八种方法和劲别，练习全身皮肤触觉和体内感觉的灵敏性，以达到人不知我，我独知人，意在人先，乘势借力，克敌制胜的目的，是一种练习高超技击技能的方法。

练习太极拳架是知己功夫，练习推手是知彼功夫，知己知彼方能百战百胜。练习推手是检验拳术功夫层次的重要标准。故《拳论》云：

> 一阴九阳根头棍，二阴八阳是散手；
> 三阴七阳犹觉硬，四阴六阳类好手；
> 唯有五阳并五阴，阴阳不偏称妙手；
> 妙手一运一太极，太极一运化乌有。

## 第二节　陈式太极五种推手法

### 一、挽花

#### 1. 单手挽花

甲（右侧深衣者）、乙（左侧浅衣者）双方搭手前相对站立，其距离以双臂握拳向前平伸拳顶相触为标准（图5—1）。甲乙双方同上右脚成前弓步；同时都以右臂向前掤出，两腕关节相接；两掌心一左一右立于鼻前正中线；双方左手叉腰；目视前方（图5—2）。在此基础上，甲可以领乙，乙也可以领甲，前后移动重心，两手腕相互听劲，粘黏不散，可转平圆（图5—3、图5—4），也可转立圆（图5—5~图5—7）。这样反复练习，可锻炼听劲和上、下、左、右引进落空的劲。甲乙双方亦可同上左脚成左弓步，并都以左臂向前掤出，两腕关节相接，右手叉腰，左手领劲转平圆或立圆。

图5—1

图5—2

图5—3

图5—4

图5—5

图5—6

图 5—7

### 2. 双手挽花

　　同单挽花步法相同，双方上左步或右步均可，同出双臂前臂相接掤住，双方手臂在里在外均可（图 5—8）。但必须有一人领劲，另一人随劲，结合重心前后左右移动，在身法，腰劲的带动下，两臂相互缠绕，连绵不断，粘黏不散，快慢相间，上下相随，里外相合，随机应变（图 5—9~图 5—12）。此法周而复始反复练习，可使两臂缠绵不断，触觉如秤准之灵，其表现是：

图 5—8

　　　　两手缠绵不断线，
　　　　足跟牢固意九泉；
　　　　练到两臂如秤灵，
　　　　欲加毫厘在意先。

图 5—9

图 5—10

图 5—11

图 5—12

## 二、合步推手（定步）

合步推手的步法与第一种推手挽花的步法相同。先立正站立（图 5—13），双方同上右脚，两脚横向相对，相距 15 厘米左右；同时，双方右臂伸出掤起，手腕相接；双方左手均抚于对方右肘外侧；目视对方。（图 5—14）

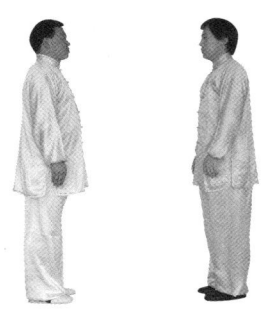

图 5—13

图 5—14

然后甲方领劲，微向前掤，重心前移，松左胯，身微左转；乙方随甲方掤劲微后捋，重心略后移，松右胯，身微右转，甲方随乙方捋劲，身体微右转，右臂用挤劲走下弧，向上掤于乙方左臂下，同时左手在身体右侧按住乙方左手腕。与此同时，乙方重心后移，身体微左转，左手松开甲方右肘接甲方左手，右手松开甲方右手接甲方左肘变按劲。（图 5—15、图 5—16）

图 5—15

图 5—16

　　上动不停。乙方用按劲按甲方。甲方身体微左转，重心后移，用掤劲上捋，将乙方按劲引空。乙方被捋，左臂随即松肩沉肘，将甲方掤劲滑空，再向左转变挤劲后，将左臂掤于甲方右臂下，右手按住甲方右手腕。甲方捋空后，身体随即右转，两臂如掤劲，将乙方挤劲滑空，双手按住乙方右臂；目视对方。（图 5—17、图 5—18）

图 5—17

图 5—18

　　甲方重心前移，两手合力前按。乙方身体微右转，双手掤住甲方右臂上捋；甲方随沉肘松肩变挤劲还原成图 5—16。如此反复练习，连绵不断。以上是甲方先领劲的练法。

　　如果双方搭手后乙方先领劲，则甲方捋，乙方挤；甲方按，乙方掤捋；甲方挤，乙方按；甲方左手掤于乙方右臂下。（图 5—19~图 5—24）

　　甲方双方同时上左脚的练法与上面两种练法相同。

　　合步推手也叫打轮。两人搭手，随其自然，不顶不抗，圆转自如。熟练后，如胶似漆，粘黏不脱，滑如冰凌。合步推手的特点是：

图 5—19

图 5—20

图 5—21

图 5—22

图 5—23

图 5—24

两人推手如鳔胶，
粘黏连随主宰腰；
功夫达到熟练时，
滑如冰凌粘如胶。

### 三、顺步推手（一进一退）

甲乙双方相对站立。甲方提右腿，上步成右弓步，同时伸右臂掤起，右手立掌，高与肩平，左手立掌，轻抚于右肘内侧。乙方提左腿，上步于甲方右腿外侧，同时抬起双臂，左手腕轻贴对方右肘关节外侧，右手腕接对方右腕关节。甲方左手置于乙方左手腕外侧。重心均在前腿，目视对方。（图5—25、图5—26）

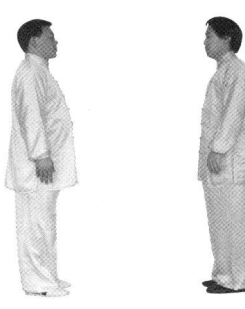

图5—25

图5—26

甲方右臂向右前方用挤劲缠绕，乙方身体下沉微左转，化开甲方挤劲后，双手按住甲方左手和左肘。此时甲方重心在前，乙方重心在后，甲乙双方目视对方手臂。（图5—27）

乙方重心前移，用双手按对方。甲方重心后移，身略左转，用上挒劲将来劲走空。乙方随即沉肘松肩，变挤劲掤住对方右臂。（图5—28）

图5—27

图5—28

上动不停。甲方重心前移，右手按对方右手，左手按对方右肘，向前按出后变侧身，以右手为主，向前按并外挤；同时左手抚于右臂内侧以助其势。与此同时，乙方身体向右转，重心右移，双手臂缠对方右臂向下捋。甲方随着乙方的下捋身向下沉。（图5—29、图5—30）

图5—29　　　　　　　　　　　　　　　图5—30

接上动，甲方右臂外翻上掤，重心后移，提右腿后倒一步，左臂随之贴于对方右肘外侧。与此同时，乙方随甲方外翻上掤倒步，用右臂掤住劲，重心前移，提右脚上一步于甲方左脚里侧，左手随之抚于右臂内侧与甲方左手相合。目视对方。（图5—31）

接上动。乙方用挤劲以右臂向前方缠绕对方左臂，掤住左肘，左手接甲方左手腕变捋劲。甲方双手缠绕后按于乙方左手、肘。此时乙方重心在前，甲方重心在后。（图5—32）

图5—31　　　　　　　　　　　　　　　图5—32

上动不停。甲方重心前移，并用双手按对方。乙方重心后移，身略左转，用上捋劲将对方捋空。甲方随即沉肘松肩，用挤劲缠绕乙方左臂，掤住乙方右臂

变捋劲。（图5—33、图5—34）

图5—33

图5—34

　　接上动。乙方重心前移，双手合住劲，按甲方右手、右肘，按出后变侧身，以右手为主向前按并外挤，左手抚于右臂内侧，以助右臂之力。与此同时，甲方身体向右转，重心右移，双手绕住乙方右手、臂向下捋，目视对方。（图5—35）

　　上动不停。乙方随即身体下沉，右手外翻上掤，重心后移，提起右腿倒一步，左手随之轻贴对方右肘外侧。与此同时，甲方随着乙方的上掤和倒步，用右手掤住劲，重心前移，提起右腿上一步于乙方左脚内侧，左手随之抚于右臂内侧与乙方左手相合。目视对方。（图5—36）

图5—35

图5—36

　　此种练法一进一退为一圈，甲乙双方各一左一右，平衡圆转，均包含有掤、捋、挤、按、采、挒、肘、靠八种用法，以及脚、膝、胯等部位的套、管、粘、黏等法。反复练习，奥妙无穷。其特点是：

掤攦挤按须认真，
上下相随人难侵。
一进一退步灵活。
肩肘胯靠显神威。

右势练熟后可练左势，左右势动作、要求相同，唯方向相反。

## 四、大攦

大攦，是在第三种顺步推手的基础上进行的一种推手法。如图 5—33 所示，按第三种方法推几圈，将周身各部位关节活动开后，身法运动幅度增大，双方均一腿屈一腿伸，仆步下势，手法与顺步推手相同。在行进中尽量让小腿肚铺地，随着手法掤、攦、挤、按的缠绕，双腿在下边左右盘旋。（图 5—37~图 5—48）

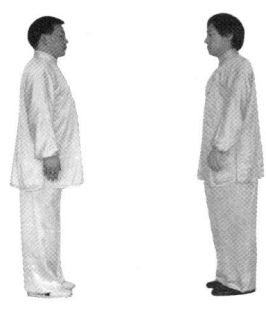

图 5—37

图 5—38

图 5—39

图 5—40

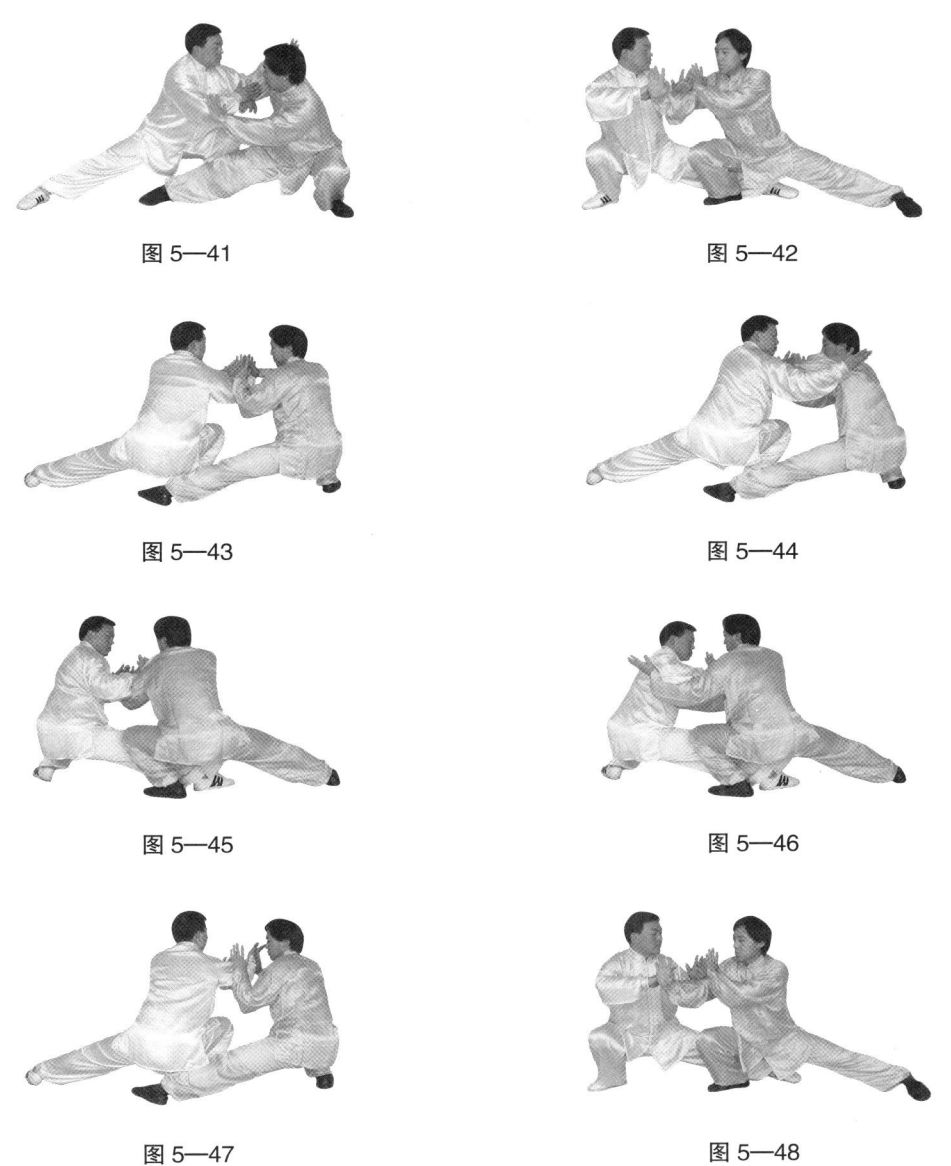

图 5—41　　　　　　　　　　　图 5—42

图 5—43　　　　　　　　　　　图 5—44

图 5—45　　　　　　　　　　　图 5—46

图 5—47　　　　　　　　　　　图 5—48

　　这种推手方法主要练习腿部力量，从而使下盘灵活、稳固，裆内产生弹簧力，在上肢手法的配合下旋转自然。其特点是：

两腿铺地如顽石，
下盘稳固定根基；

> 裆内自有弹簧力，
> 灵机一转鸟难飞。

大捋亦可左右势练习，方法、要求相同。

## 五、活步推手（花脚步、乱踩花）

活步推手的手法与顺步推手的方法相同，用掤捋挤按四正手和一进一退的步法推几圈后，手法不变，而步法灵活多变，或进或退，或大或小，或快或慢，或连进，或连退，总是随机应变。手法结合身法步法，周身协调一致，连绵不断。步法不受方向位置的限制，可进一退一，也可进三退三，进五退五，并根据场地大小，任意选择方向。但步法必须与身法协调，这样，练起来才轻灵自然，满场飞舞，潇洒大方。（图5—49~图5—64）

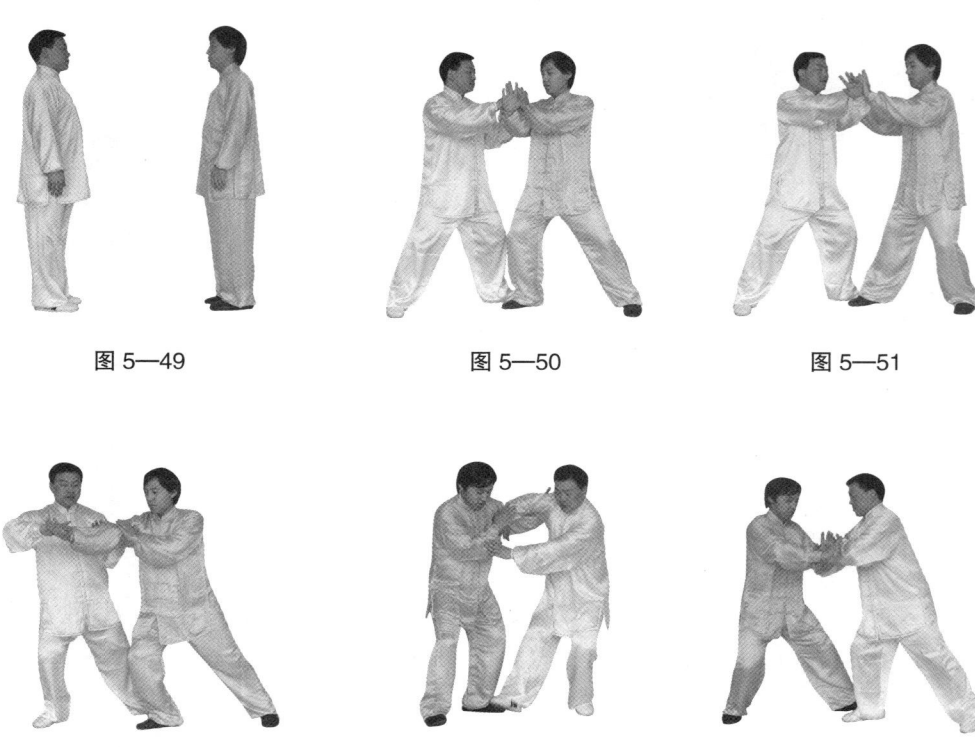

图5—49        图5—50        图5—51

图5—52        图5—53        图5—54

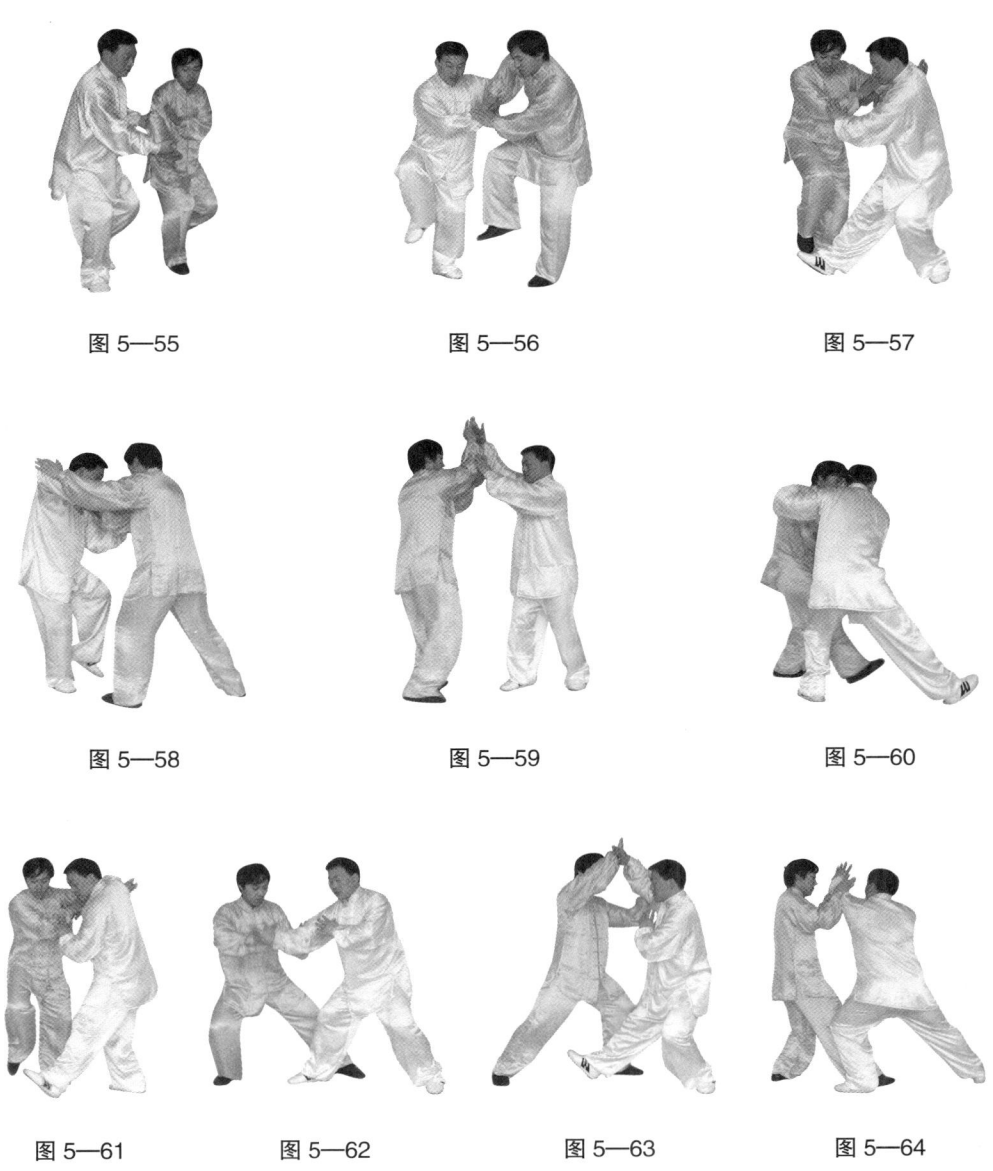

图 5—55　　　　　　　图 5—56　　　　　　　图 5—57

图 5—58　　　　　　　图 5—59　　　　　　　图 5—60

图 5—61　　　　图 5—62　　　　图 5—63　　　　图 5—64

　　此种练法主要是练习步法灵活，进步、退步、垫步、偷步、横步、跃步，灵活运用，舍己从人，随机应变。步法在练拳与推手中均占有重要地位。故拳论云："步为周身之枢纽，灵与不灵在于步，活与不活在于步。"由此可见步法之重要，学者切勿忽视。

此种方法练熟之后，可周身结合，连绵不断，你来我往，我往你随，或用肘，或用靠，乘虚而入，乘空而击，互相缠绕滑空，围攻之法互不相让，如棋逢对手，将遇良才。这种推手方法练好后，其表现如诗云：

> 二人推手如围棋，
> 一来一往论高低。
> 围到山穷水尽处，
> 陡然一式判雌雄。

# 第三节　陈式太极推手实用法举例

掤。如图5—65、图5—66。

图5—65　　　　　　　　　　　　　　图5—66

捋。如图5—67~图5—69

  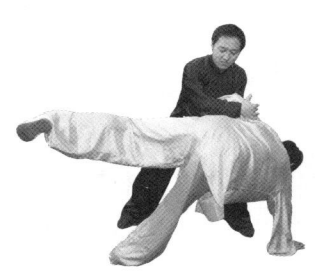

图5—67　　　　　　　图5—68　　　　　　　图5—69

挤。如图 5—70、图 5—71。

图 5—70

图 5—71

按。如图 5—72、图 5—73。

图 5—72

图 5—73

采。如图 5—74~图 5—77。

图 5—74

图 5—75

243

图 5—76

图 5—77

捌。如图 5—78~图 5—81。

图 5—78

图 5—79

图 5—80

图 5—81

肘。如图5—82、图5—83。

图5—82

图5—83

靠。如图5—84、图5—85。

图5—84

图5—85

# 第六章　陈式太极单剑

## 第一节　陈式太极单剑简介

陈式太极单剑，是太极拳套路中短器械的一种。几百年来，在陈家沟广为流传，是最古老的器械套路之一。

陈式太极单剑共四十九式，套路布局合理，衔接紧凑，剑法清晰，以刺、劈、撩、挂、点、抹、托、架、扫、截、扎、推、化等剑法，并结合太极拳舒展大方的身法，灵活稳健的步法，忽刚忽柔，忽隐忽现，沾粘连随、腾闪折空的变化，真正体现出陈式太极剑以身运剑、连绵不断、缠绕回旋、蓄发相变、刚柔相济、快慢相间的特点，以及沾粘不散、无孔不入、虚笼诈诱、变化莫测、屈伸往来、刚劲有力的技击技法。

练习陈式太极单剑，需在练好拳架的基础上进行，这样才能做到以意导气，以气催身，劲贯剑梢，周身一致，圆转自然。拳谚云："练刀如猛虎，练剑如游龙。"故在练剑时如同练拳一样，运动如行云流水，连绵不断、浑厚圆转，发劲如金狮抖毛，瞬息万变。练好剑不仅可以收到强魄健体的效果，而且可以使人心旷神怡，得到艺术美的享受。著名太极拳家照丕公为此作歌云：

> 扎点抹劈刺，缠绕劲落空；
> 挑犁为正道，推托是正宗；
> 引进皆有路，纵放寒光生；
> 缩身如猬形，吐气贯长虹。
> 霞光万道放四射，光辉灿烂妙无穷；
> 太极宝剑长久练，功到熟时自通神。

## 第二节 陈式大极单剑动作名称

第 一 式 太极剑初势

第 二 式 朝阳剑

第 三 式 仙人指路

第 四 式 青龙出水

第 五 式 护膝剑

第 六 式 闭门势

第 七 式 青龙出水

第 八 式 翻身下劈剑

第 九 式 青龙转身

第 十 式 斜飞势

第 十 一 式 展翅点头

第 十 二 式 拨草寻蛇

第 十 三 式 金鸡独立

第 十 四 式 仙人指路

第 十 五 式 盖拦势

第 十 六 式 古树盘根

第 十 七 式 饿虎扑食

第 十 八 式 青龙摆尾

第 十 九 式 倒卷肱

第 二 十 式 野马跳涧

第 二 十 一 式 白蛇吐信

第 二 十 二 式 乌龙摆尾

第 二 十 三 式 钟馗仗剑

第 二 十 四 式 罗汉降龙

第 二 十 五 式 黑熊翻背

第 二 十 六 式 燕子啄泥

第 二 十 七 式 白蛇吐信

第 二 十 八 式 斜飞势

第 二 十 九 式 鹰熊斗智

第 三 十 式 燕子啄泥

第 三 十 一 式 摘星换斗

第 三 十 二 式 海底捞月

第 三 十 三 式 仙人指路

第 三 十 四 式 凤凰点头

第 三 十 五 式 燕子啄泥

第 三 十 六 式 白蛇吐信

第 三 十 七 式 斜飞势

第 三 十 八 式 左托千斤

第 三 十 九 式 右托千斤

第 四 十 式 燕子啄泥

第 四 十 一 式 白猿献果

第 四 十 二 式 落花势

第 四 十 三 式 上下斜刺

第 四 十 四 式 斜飞势

第 四 十 五 式 哪吒探海

第 四 十 六 式 怪蟒翻身

第 四 十 七 式 韦驮献杵

第 四 十 八 式 磨盘剑

第 四 十 九 式 太极剑还原

# 第三节 陈式太极单剑动作图解

## 第一式 太极剑初势

**动作一**：两脚并立，左手握剑之护手，垂于身体左侧，手心朝后，剑尖朝上，剑贴前臂内侧；右手成剑指，垂于身体右侧；目视前方。（图6—1）

【要求】头自然正，虚领顶劲，唇齿微合，呼吸自然，意识集中，沉心静气。立身中正，沉肩松胯。气沉丹田，贯于手足，脚掌踏平，涌泉穴要虚。

**动作二**：左脚向左横开半步，两腿微屈，上肢动作不变；目平视前方。（图6—2）

【要求】两腿屈膝松胯，气往下沉，重心移于右腿，提左腿向左横开半步时，要轻松自然，缓起缓落。

**动作三**：两臂缓慢由身体两侧向前上抬起与肩齐，剑钻朝前，剑尖朝后；目视前方。（图6—3）

 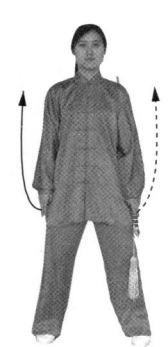 

图6—1 图6—2 图6—3

【要求】随两臂缓缓上升，身体微微下沉，屈膝松胯，沉肩垂肘，胸宽腹实。

**动作四**：两手缓慢下沉至小腹两侧；同时两腿缓慢下蹲，剑尖朝后上方，剑指朝前；目平视前方。（图6—4）

【要求】屈膝松胯，立身中正，切忌弯腰突臀。

**动作五**：两臂呈弧形缓慢向左前上方掤出，右手剑指手心朝上，剑指朝前；

左手持剑，手心朝下，剑尖朝后；身体微向左转，重心略偏右腿；目平视左前方。（图6—5）

【要求】身体向左转，重心在右，旋转自然顺随。

动作六：右脚尖外摆，上体从左向右转体90°，重心在左腿；两臂随身体右转，在体前划平弧，右手剑指朝右，手心朝外，剑尖朝左；目平视前方。（图6—6）

图6—4　　　　　　　　图6—5　　　　　　　　图6—6

【要求】重心左移，右脚尖外摆，应与两手随身体右转，上下协同一致，圆转自如。眼睛通过左侧肩向前平视。

动作七：重心移至右腿，屈膝下蹲，同时左腿屈膝提起，脚尖自然下垂，身体下沉；两手有上掤之意；目视前方。（图6—7）

【要求】提膝松胯，上下相合，掤劲不丢，气贯手脚。

【用法】有引劲落空，提腿进击之意。

动作八：重心在右，左腿向前方迈一步，脚跟内侧着地，脚尖上翘里合，屈膝松胯，随开步同时身体微向右转下沉；两手上掤；目视前方。（图6—8）

图6—7　　　　　　　　　　图6—8

【要求】精神贯注，周身浑圆一气。不可弯腰、低头。

【用法】此势为上引下进法。左脚上步内扣，有管、套对方腿脚之意。

**动作九：**重心移至左腿，全脚掌着地，随即上体从右向左转体75°，右脚向前方上一小步，脚跟抬起，脚尖点地；同时左手持剑，从身体右侧向下，经体前掤起至胸前；右手剑指向前撩起至右胸前，手心向上，剑指朝前，两臂屈肘，左手持剑，护手贴于右剑指上，剑尖朝左；目视前方。（图6—9）

【要求】虚领顶劲，立身中正，松肩沉肘，含胸塌腰，屈膝松胯，上下相合。

**动作十：**右脚向右横迈一步，脚尖朝前；同时，右剑指向右下方逆缠至右腿外，手心朝下，剑指朝前；左手持剑向左摆，剑尖朝后；同时身体稍右转，眼随转体平视前方。（图6—10）

【要求】跨步、转身、开右手均要结合腰劲。

**动作十一：**重心移至右腿，右腿屈膝松胯，身体随即从右向左转体90°，左脚随转体向右撤半步，左腿屈膝，脚尖着地；同时，右手剑指从右后侧向上经右耳下向前推出，剑指朝上与肩平；左手持剑走下弧，摆于身体左后侧，剑尖朝上。（图6—11）

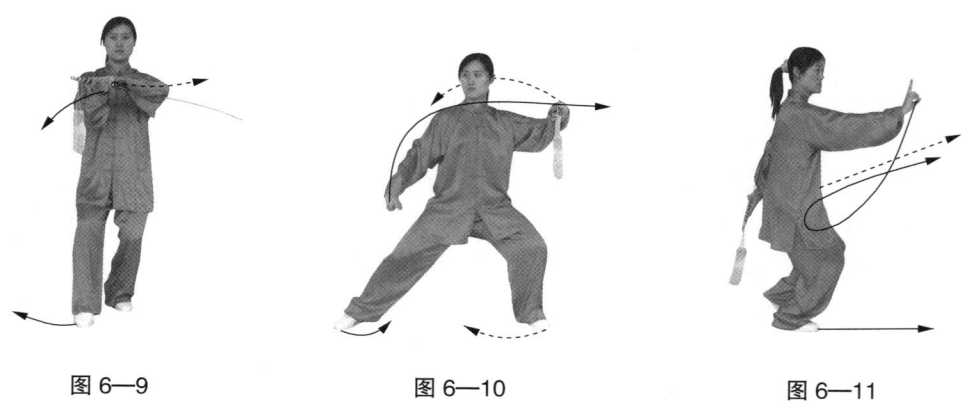

图6—9　　　　　　　图6—10　　　　　　　图6—11

【要求】在重心右移、右手从后向上走弧线至耳下时，右腿屈膝松胯，脚尖内扣，全身力量合于右腿，虚实分明。

【用法】左手持剑在对方面部一晃，内气贯于右手指前推，直指对方眼睛，有"二龙戏珠"之意。

**动作十二：**重心移到左腿，左脚全脚着地，右脚经左脚内侧向前上一步，成右弓步；同时，右手剑指向外划弧，摆至右腿侧；当重心移至右腿时左手剑同时

指至胸前，剑尖指后，两手心朝上；目视前方。（图6—12）

【要求】随上步移重心时，用裆腰劲贯于手指、剑钻。

【用法】用剑钻或剑指点其裆部或腹部要穴。

动作十三：重心左移，左腿屈膝稍半蹲，右腿伸直，右脚尖外摆，身体微向右转；同时，右手缓慢向右下方逆缠至腰下，剑指手心朝下；左手持剑稍向左逆缠；目视前方。（图6—13）

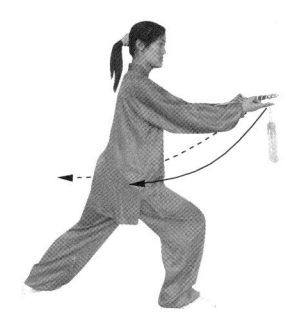　　　　　　　　　　　　

图6—12　　　　　　　　　　　　　　图6—13

【要求】左腿支撑重心，右脚尖外摆，右腿有顺缠丝劲。两臂逆缠掤劲不丢。

## 第二式　朝　阳　剑

动作一：接上势。右脚尖落地，重心移至右脚，右腿屈膝半蹲，左脚划弧线上步停于右脚内侧，脚跟抬起，脚尖着地；同时身体从左向右转体90°；左手持剑与右手屈臂相合于胸前，右手握剑把，左手松开护手；目视前方。（图6—14）

【要求】松肩沉肘，屈膝松胯，上下相合，有蓄而后发之意。

【用法】左脚弧形上步，有前扫蹚之意。

动作二：重心在右腿，左腿屈膝提起，左脚自然下垂，悬于裆内，同时右手握剑把，两手托剑从胸前至头顶后，左手成剑指，手心朝前上方，剑尖朝左；目视前方。（图6—15）

【要求】右腿支撑重心，屈膝松胯，收腹提肛，两臂撑圆，劲贯剑刃。

【用法】用剑上架对方器械，有护身护头之意。

图 6—14

图 6—15

# 第三式　仙人指路

**动作一**：接上势。身体下沉，向右转体 45°，微前倾，下肢不动；右手握剑，向右前下方走弧形顺缠收至胸前；同时，左手剑指经面前向下与右手相合；目视右前下方。（图 6—16）

【要求】下肢不动，保持身体平稳，周身相合，有"缩身如猬形，吐气贯长虹"之势。

【用法】滑空对方器械。

**动作二**：右手持剑，向右前下方探身斜刺，手心向上；同时左手向左上方开，上下对称，左手剑指朝前，手心朝左上；目视右手剑尖。（图 6—17）

图 6—16

图 6—17

【要求】右腿支撑重心，左腿提膝扣裆，屈膝松胯。刺剑时，上开下刺，周身一致，用力快速突然，劲贯剑尖。

【用法】刺其腿部。

## 第四式　青龙出水

动作一：接上势。身微左转，左脚向左前方落步，脚跟着地，脚尖勾起，重心在右腿，屈膝松胯，同时身体从右向左转体45°；右手持剑，右臂屈肘腕内旋，由斜下向上走弧线收于右腰间，手心朝上，剑尖朝左前方；同时左手直臂下落与肩平，剑指朝上；目平视左前方。（图6—18）

【要求】落步轻巧，右臂屈肘、旋腕、转剑应与整个动作协调一致。左臂松肩沉肘时，食指和中指领劲。

【要求】有拦腰、转身前刺之意。

动作二：左脚尖着地，重心移至左腿，成左弓步，同时身体从右向左转体90°；右手持剑，从右腰间向前刺出，剑尖朝前，手心向上；左剑指内旋，下沉，从胸前弧形至左额上方，剑指朝右上，手心外翻，手心朝左上方；目视剑尖。（图6—19）

图6—18　　　　　　　　　　　　　　　　图6—19

【要求】旋腰转裆刺剑，周身一致。"劲由脚而生，行于腿，主宰于腰，行于手指"，力达剑尖。

## 第五式　护膝剑

动作一：左脚尖外摆，重心移至左脚，左腿屈膝松胯；右脚经左脚内侧向前上一步，脚跟内侧着地，脚尖上翘里合，同时身体从右向左转体30°；随即右手持剑，臂内旋转腕，呈弧形向上撩剑，右手心朝里；左手剑指下合于右手腕内侧，使剑尖朝前上方；目视剑尖。（图6—20）

【要求】左脚尖外摆，剑上领，转体上右步，要协调一致。

【用法】护膝剑是指剑在身体左右两侧弧形回绕，同时与身法、步法、拳内缠丝劲相结合的一种剑法，具有上护头顶下护身之意。

图6—20

动作二：接上势。右脚尖外摆落地，重心移至右腿；左脚经右脚内侧向前上一步，身体由左向右转体180°；右手持剑，左手剑指护右手腕，随上步使剑上撩下转走弧形，经左腿外侧，向前上撩剑，至头右侧上方，手心朝外，剑尖朝左；目视左前方。（图6—21）

【要求】剑从身体左侧弧形下挂，经左腿外侧时重心在右，上步右转体、撩剑，要协调一致。

动作三：接上势。左脚尖外摆着地，重心移至左腿；右脚经左脚内侧向前上一步，脚跟着地，脚尖勾起，同时上体向左转体90°；右手持剑，左手剑指护右手腕，经上向后下划弧，随右腿上步，向前上方撩剑，右手心朝里，剑尖朝前；目平视右前方。（图6—22）

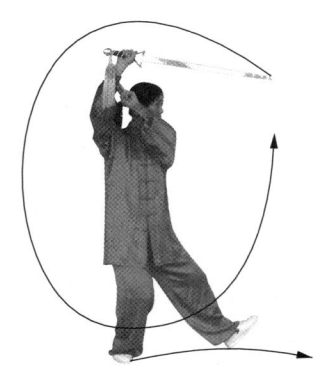

图6—21

图6—22

【要求】旋裆转腰，旋腕转臂，劲贯剑身。

## 第六式　闭门式

**动作：**右脚尖内扣，身体微向左转，重心移至右腿，屈膝松胯，左脚向右撤半步屈膝，脚尖着地；随即右手持剑，左手剑指护腕，将剑提至额前上方，手心朝外，剑尖向前下方；目视剑尖。（图6—23）

【要求】剑向上提，身体下沉，屈膝松胯，气沉丹田，有上下相合之意。

【用法】滚、拨对方器械，护身护膝。

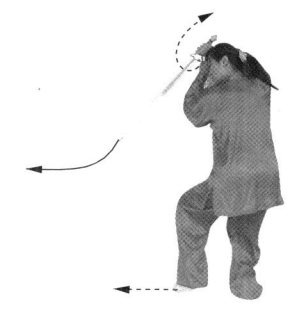

图6—23

## 第七式　青龙出水

**动作：**接上势。左脚向前上一大步；右手持剑，右臂向内旋弧形下沉至腰间，手心朝上，随重心左移，转腰前刺；同时，左手剑指经胸前划弧，由下向上提至头左前上方，手心朝上；随刺剑身体向左转45°；目视剑尖。（图6—24）

【要求】劲由脚起，转裆扭腰，旋剑前刺，劲贯剑尖。

【用法】左手上架对方器械，旋剑前刺对方胸、腹部。

图6—24

## 第八式　翻身下劈剑

**动作一：**右腿屈膝提起，脚尖自然下垂，随即身体稍从左向右转体90°；同时，右手持剑，旋臂翻腕上提至额前；左手向下，剑指合于右手腕，使剑尖摆至身体左侧腰前。（图6—25）

【要求】提腿转身，翻腕上下一致、快速。

**动作二：**右脚向右迈一步，全脚掌着地震脚，重心右移，右腿屈膝松胯成

255

弓步；同时右手持剑，从左向上、向右劈至右侧腰前，使剑尖朝右前下方；左剑指向上摆至左上方，剑指朝右前上方，手心朝左上；目随身体转视右下方剑尖。（图6—26）

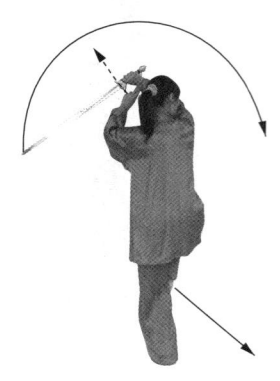

图6—25　　　　　　　　　　　　　　　　　图6—26

【要求】跨大步转身劈剑，震脚发劲要完整，左右手要相互配合。

【用法】设对方从背后偷袭，听风至，身体急转，跨步劈剑。

# 第九式　青龙转身

**动作一：**重心移至左腿，身体从右向左转体90°。右腿屈膝提起，脚尖自然下垂；同时，左手向下划弧摆至左侧腰间，手心向上；右手持剑，顺缠翻腕，手心向上，剑划平弧，收于右腹前，使剑尖朝前；目视前方。（图6—27）

【要求】转身提腿要上下相合，翻腕平扫收剑要力达剑刃。

**动作二：**右脚向前迈半步震脚落地，同时左脚经右脚内侧向前迈一步，重心落至左腿，左腿屈膝松胯；随即右手持剑向前方刺剑，手心向上，使剑尖朝前；左手先向前指，随转腰再用肘劲向后至腰间；目视剑尖前方。（图6—28）

【要求】此势在提右脚向前迈步时，可做剪跳步，速度要快。刺剑时结合裆和腰的旋转力，劲贯剑尖。

【用法】接上势。向右劈剑后，左侧遇对手，迅速转身，剑平扫，抹其腰部。当对方后撤，可用跳步前刺其胸、腹部。

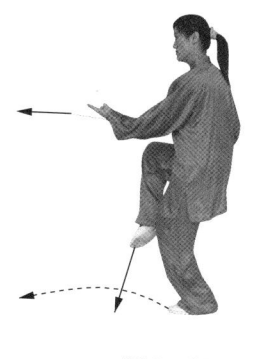

图 6—27

图 6—28

# 第十式　斜 飞 势

**动作一**：右手持剑下沉；重心继续左移，身体略前倾，向左转体 15°；左手向前合于右前臂上，剑指朝前，手心向上；目视剑尖前下方。（图 6—29）

**动作二**：重心走下弧移至右腿，右腿屈膝下蹲，左腿挺而不直；左手顺缠，下沉至左腿外侧，剑指朝左下，剑指手心朝前上；同时，右手持剑，随重心右移，腰右移，由左下向右前上划弧抹剑，右手比肩高，使剑尖朝右上方；随抹剑身体右转 75°，目转视右上方剑尖。（图 6—30）

图 6—29

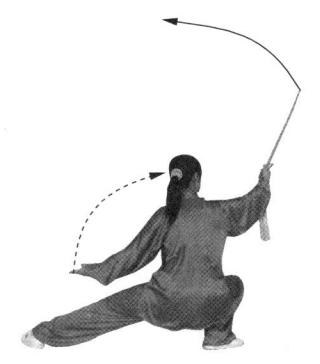

图 6—30

【要求】抹剑时必须结合裆腰劲，利用裆腰的旋转力，将劲贯于外侧剑刃。要开合结合。

【用法】根据情况用剑的外刃自下而上斜抹，对其裆部、腰部、颈部均有威胁。

257

# 第十一式　展翅点头

**动作一：**重心左移，身体略左转；右手持剑走上弧线，向左撩剑至左额前，手心向里，剑尖朝右上方；左手剑指走上弧线，与右手腕相合；目视右前方。（图6—31）

**【要求】**上撩剑和移动重心要上下配合，同时到位。

**动作二：**重心移至右腿，左脚经右脚向右后插步，两腿前后交叉下蹲，成坐盘步；同时，右手持剑，从左下向右上方弧线逆缠撩剑，手心向后上方；左手剑指走下弧，上合于头上方，身体前倾下合，经右肩侧视剑尖方向。（图6—32、图6—32附图）

图6—31

**【要求】**右手持剑成反撩剑，身体下沉相合，眼神斜视剑尖，有美女望月之势。

**【用法】**设对方用器械击我中门，我应随即移重心，剑上撩避其锋芒，沾粘器械。突然身下沉，使剑反手上撩，低击其裆部，高击其咽喉。

**动作三：**左脚跟着地，重心落于左腿，左腿屈膝松胯，右脚经左脚前向右迈一步；同时右手持剑，从右经下向左上顺缠上提，剑尖朝右上方；左手剑指握住剑把；目视右前方。（图6—33）。

**【要求】**提剑划弧转势与左手相合，与右腿开步要一致。

图6—32

图6—32附图

图6—33

动作四：重心移至右腿，屈膝下沉，左腿伸直，同时身体右转90°；两手持剑，从左经额前上方向右下点剑于胸前，剑尖朝右前方；目视剑尖。（图6—34）

【要求】两手合力点刺时，腰劲下塌与移动重心要一致。

【用法】滚闭对方器械、点刺手腕或肋部。

图6—34

## 第十二式　拨草寻蛇

动作一：重心移至左腿，左腿屈膝松胯，右腿挺而不直，身体稍左转；两手持剑；向左划弧至左肩侧上方，剑尖朝右上；左手剑指贴于右手腕处；目平视右前方。（图6—35）

【要求】剑上撩时，随重心移动，结合腰劲向左转体75°，劲贯两手。

动作二：右脚尖外摆，重心移至右腿，屈膝松胯；左脚经右脚内侧向右前迈一步，脚跟着地，脚尖勾起，左腿稍屈膝；上体随上步向右转体180°；右手持剑，两手同时由左向下经体前向右上撩剑，摆于额前上方；目平视左前方。（图6—36）

图6—35

图6—36

【要求】两手持剑划弧，与上步转体要一致。

【用法】剑随身体转动，有前撩和左右护身之意。

动作三：左脚尖着地，身体稍右转，两腿屈膝下蹲；同时，右手持剑，两

手从左上向右弧线下沉与膝平，右手心向上，剑尖朝右；目随之转视剑尖。（图6—37）

【要求】剑下沉时，屈膝下蹲，合住劲。要立身中正，切勿弯腰突臂。

动作四：左脚尖外摆，重心左移，提右腿上步，脚跟着地，脚尖勾起，重心在左，左腿屈膝半蹲；同时，两手从右向左经体前平扫180°与膝高，剑尖朝右；与此同时，身体随右腿上步向左转体180°；目转视剑尖。（图6—38）

图6—37                                             图6—38

【要求】身下沉保持立身中正，扫剑转体上步要一致。

【用法】被包围时，可扫对方下盘（腿部），与割草一样。

## 第十三式　金鸡独立

动作一：重心右移，身体先左后右转；右脚尖落地，右腿屈膝松胯；右手持剑，左手剑指贴右手腕，先左后右向上划弧翻腕至额前，手心向外，剑尖朝左；目视前方。（图7—39）

【要求】在移重心、转腰、旋腕时，劲要连绵不断，有上捆下沉之意。

动作二：身体下沉，重心左移；右臂内旋，顺缠下沉至右胸前，剑尖从左经额上方摆至右前方与肩平；同时，身体略左转，目视右前方。（图7—40）

【要求】两手托剑旋腕下沉，当裆、腰劲合住，重心偏左，有力托千斤之势。

动作三：左腿挺膝，重心左移，右腿屈膝提起；右手持剑，左手剑指贴于右手腕，两手托剑至额上方，剑尖朝右；目视右前方。（图7—41）

图 6—39　　　　　　　图 6—40　　　　　　　图 6—41

## 第十四式　仙人指路

**动作：**右脚在右侧落步，左腿屈膝提起；右手持剑向右下方刺；同时，左手剑指掤至左上方；目随右手转视右下方。（图 6—42）

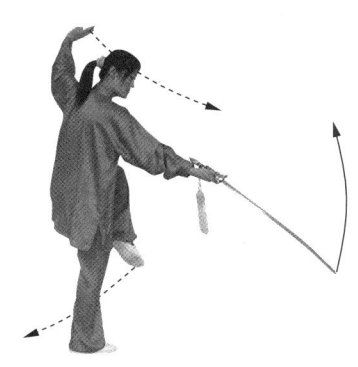

图 6—42

【要求】进步前下刺，左手与右刺剑要上下结合，身略前倾，也可发力。

【用法】接上势。突然引空下刺，有欲下先上、出其不意之意。

## 第十五式　盖拦势

**动作一**：左脚向后落步，脚尖点地；右腿屈膝半蹲，重心在右；上体随即从左向右转体45°；同时，剑指下沉，与右手相合；右手持剑，微上挑收回，剑从下走弧线收于胸前；目视前方。（图6—43）

**【要求】** 重心在前，后腿为虚，腰劲下塌，两手相合。

**动作二**：重心迅速左移，右脚快速向后撤半步，脚跟发力；同时，右手持剑，与左手分别向左、右两侧后发肘劲，两臂略低于肩，剑尖朝前；目视前方。（图6—44）

**【要求】** 倒步震脚与两臂发力要完整一气。

**【用法】** 在不能转身的情况下，或被人从背后抱住而不能解脱时用此方法。一腿轻轻后撤，突然向背后退步发力。脚跟可踩其脚尖，脊背可打背靠，两肘向后穿肘，也可以用剑钻向后猛击，促其脱手。

图6—43

图6—44

## 第十六式　古树盘根

**动作**：重心右移，两腿屈膝盘腿下坐，随身体从左向右转体90°；右手持剑，上掤至额前上方，剑尖朝左；同时左手剑指合于右手腕；目视左前方。（图6—45）

**【要求】** 两脚不动，右脚尖微向外摆，身体向右转螺旋下沉，同时两手托剑上掤。

图6—45

【用法】身体右转，螺旋下沉，两手托剑上挪，将对方器械托住后，迅速旋转引空，待机出击。

## 第十七式　饿虎扑食

**动作一：** 左脚经右脚内侧向左侧上一步，脚跟着地，脚尖勾起；右手持剑，向内旋腕，下沉至右腰侧，剑尖朝左前方与腰平；目随视剑尖。（图6—46）

【要求】重心在右腿，左腿上步要轻灵自然，蓄而待发。

**动作二：** 重心左移，成左弓步，松左胯，身体向左转体75°；两手提剑向前平刺，手心向上；目视前方。（图6—47）

图6—46

图6—47

【要求】前刺剑时，劲由右脚起至腿，结合腰，通过肩、肘，力达剑尖，周身要协调一致。

【用法】接上势。两手握剑下翻，贴于对方器械之上，用粘挪劲，顺势前刺其胸、腹部。

## 第十八式　青龙摆尾

**动作一：** 接上势。身体右转，重心右移，右腿屈膝松胯，脚步不动；右手持剑，左手剑指贴于右手腕。随身体转动，剑下沉走弧线，经左腿外侧上提至右额外侧，手心向外，剑尖朝左前下方；目视左前方。（图6—48）

【要求】剑应随身体旋转，紧贴左腿外侧划弧上提。

**动作二：** 重心左移，身体先右后左转，两脚原地不动；两手持剑，由头前上

方向上、向右，经身体右侧向下、向右上划弧撩剑，剑尖朝右与肩平，随剑旋转手心向里；目随剑尖转视右方。（图6—49）

图6—48　　　　　　　　　　　　　　　　　图6—49

【要求】剑应随重心移动和身体旋转紧贴右腿外侧划弧上提。

【用法】脚步不动，剑随重心移动和身体旋转在身体左右两侧划圆摆动，如"青龙摆尾"，有"上护头顶下护身"之意。

## 第十九式　倒卷肱

**动作一：**右脚经左脚内侧向后撤一步；右手持剑，左手剑指贴于右手腕上，剑从身体左侧向上划立圆逆缠至右上方；同时，身体从左向右转体180°；目视左前方。（图6—50）

【要求】剑经身体左侧划立圆，当剑从起点开始划至180°，并从下向前上方撩剑时，再退右步，这样可身剑一致，较为顺随。

**动作二：**左脚经右脚内侧向后撤一步；右手持剑，左手剑指贴于右手腕上，剑从身体右侧划立圆顺缠至左上方；同时身体从右向左转180°；目视右前方。（图6—51）

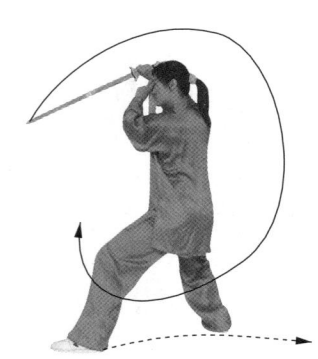

图6—50

【要求】剑在右侧划圆至180°时退左步。

**动作三：**重心右移，右腿屈膝松胯；身体先左后右转；两手随之经额前在身体左侧划立圆，剑尖向下，两手逆缠至头右侧，高于肩；目随剑转视左方。

（图 6—52）。

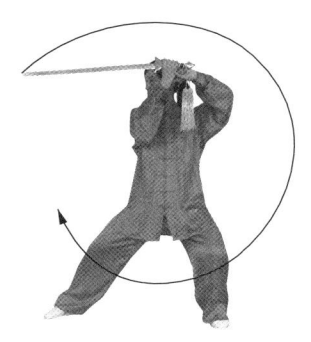

图 6—51　　　　　　　　　　　　　　　　图 6—52

【要求】脚步不动。两手持剑在体前划立圆提至头前时，应与重心移动、脚左右旋转协调一致。

【用法】"倒卷肱"是退步防身的一种剑法，可败中取胜。

## 第二十式　野马跳涧

**动作一**：重心移至左腿，左腿挺立，右腿屈膝提起；同时右手剑、左手剑指分别划弧下分后再合抱于胸前，剑尖向前；身体右转 15°；目视前方。（图 6—53）

【要求】一脚独立着地，一脚悬于裆内，要屈膝松胯，含胸塌腰，松肩沉肘，气沉丹田，周身相合，稳如泰山。

**动作二**：右脚向前落地，脚跟着地，脚尖勾起；左腿屈膝稍半蹲，上肢动作不变；目视前方。（图 6—54）

**动作三**：左腿蹬地屈膝提起；右腿接着迅速蹬地向前跃起，上肢动作不变；目视前方。（图 6—55）

**动作四**：左脚落地，右脚提起，上肢动作不变；目视前方。（图 6—56）。

**动作五**：右脚向前落地，右腿屈膝成右弓步，左腿用力前蹬；两手持剑，向前平刺与腰高；目视前方。（图 6—57）

【要求】动作一至动作五（图 6—53 至图 6—57）是"野马跳涧"的全套动作。它要求从动作一提腿开始，迈步、蹬地起跳、腾空、落地前刺要一气呵成，并要周身合一，起跳轻灵、迅速，刺剑力点准确完整。

图 6—53

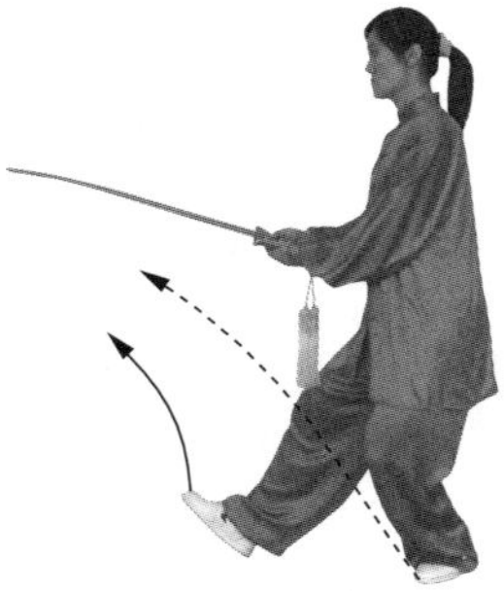

图 6—54

图 6—55

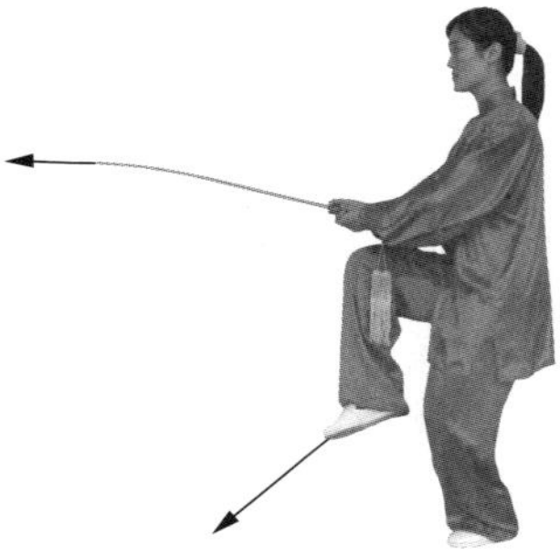

图 6—56

图 6—57

【用法】可以作为突围或远距离进攻的一种方法。

# 第二十一式　白蛇吐信

动作一：身体左转，重心左移，左腿屈膝半蹲成左弓步；两手持剑，从右经体前向左后扫剑；同时，身体随扫剑从右向左转体180°；目视前方。（图6—58）。

【要求】后扫剑要随重心移动，结合腰劲旋转，力达剑刃，剑尖平扫180°。

动作二：重心右移，右腿屈膝全蹲，左腿伸直，左脚尖上翘里合；两手持剑收至腹

图 6—58

前，手心向上；随重心移动，身体右转 45°；目视左前方。（图 6—59）

【要求】重心右移时，要随裆劲旋转移动。不能直线后坐，要保持有弹力。下沉时，头要领颈，立身中正。

动作三：重心左移，右脚上步至左脚内侧与左脚并立，两腿微屈，随右脚上步，上体从右向左转体 45°；同时，两手持剑从腰侧向前刺出；目视前方。（图 6—60）

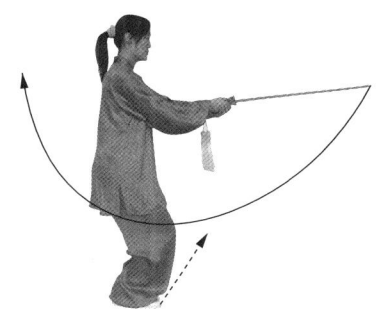

图 6—59　　　　　　　　　　　　　　　　图 6—60

【要求】转移重心、上步、刺剑动作要协调一致。

【用法】动作一转身平扫，可扫对方之腰肋；动作二身法下沉，可拉开距离，将其势引空，保持裆内灵活；动作三可用裆内的弹力，结合腰劲，自下而上前刺其腹部。

# 第二十二式　　乌龙摆尾

动作一：左腿屈膝提起，身体向右转；同时，两手持剑，使剑从体前向下经身体右侧摆至身体右后方，高与肩平；目视前方。（图 6—61）

【要求】剑从身右侧划弧上提，与转身提腿要同时进行。做到屈膝松胯，心气下沉，上下相合。

动作二：左脚向前落步，脚跟外侧着地，脚尖外摆；同时，两手持剑，使剑从身后向前下劈剑；目视前方。（图 6—62）

【要求】劈剑与落脚要同时进行。腰劲下塌，手腕放松，力达剑尖。

【用法】设对方用枪或剑刺我左膝，我应迅速提左腿避开，用剑点其手腕。

图 6—61

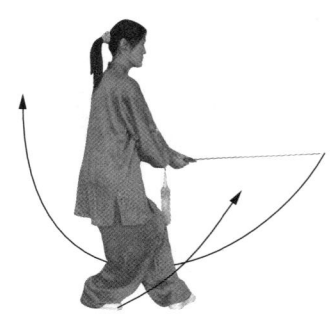

图 6—62

**动作三**：右腿屈膝提起，左腿站立，膝微屈，身体向左转；同时，两手持剑，从体前向下经身体左侧摆至身体左后方，高与肩平；目视前方。（图 6—63）

【要求】剑从身体左侧划弧上提与转身提腿要同时进行，做到上下相合。

**动作四**：右脚向前落地，脚跟着地，脚尖外摆，左腿稍屈膝；两手持剑，从身体后向前下劈剑；目视前方。（图 6—64）

图 6—63

图 6—64

【要求】劈剑与落脚要一致，手腕放松，力达剑尖。

【用法】设对方刺我右膝，我应迅速提腿避开，用剑尖劈其腕部。

## 第二十三式　钟馗仗剑

**动作一：** 重心右移，右脚尖着地，左脚经右脚内侧向前上一步；同时，右手持剑，翻转旋腕，掌心朝外，两手经右腿前向右摆，剑尖朝下；同时，身体向右转130°；目随剑转视。（图6—65）。

**【要求】** 右腿屈膝松胯，左腿上步要自然，两手持剑随身体右转，翻腕外摆。

**动作二：** 重心左移，左腿稍屈膝，右脚提起向右后撤小半步，脚跟着地，脚尖勾起；同时，右手持剑顺缠，左剑指也随之向上缠于额前，剑尖向前上撩；目随视剑尖。（图6—66）

图6—65　　　　　　　　　　　　　图6—66

**【要求】** 撤步与撩剑要协调一致。

**【用法】** 设对方从背后侵来，我应迅速撤步，转腕上撩，挑对方裆、腹部。

**动作三：** 右脚尖着地；右手持剑，两手向上经头上方向左下翻腕上提，手心朝外，剑尖朝左下方；目视剑尖。（图6—67）

**动作四：** 重心右移，身体向右转体15°，左腿后撤半步，脚尖着地；右手持剑，提至头右侧上方，手心朝外；左手剑指向前方逆缠推出，与剑尖有相合之意；目视前方。（图6—68）

**【要求】** 剑上提时，要松肩塌腰，屈膝松胯，气向下沉，立身中正，精神贯注左前方。

**【用法】** 剑上架护头；剑钻在上提时，击对方头部。

图 6—67

图 6—68

## 第二十四式　罗汉降龙

　　**动作：**左脚向前跨一步，全脚掌着地，重心移至左腿，左腿屈膝松胯，身体向右转 15°；右手持剑，向左前下方扎刺；左手向上托住剑把与右手相合；目视剑尖。（图 6—69）

　　**【要求】**移重心、跨步、转体扎刺要同时完成，步到剑到。

　　**【用法】**接上势。上架引空对方器械后，突然跨步前扎对方胸肋。

图 6—69

## 第二十五式 黑熊翻背

**动作：**身体迅速向右转体90°，提右腿向右后方跨步，落地震脚，重心移至右腿；同时，右手持剑，两手向上经头上方向右下劈剑，力达剑尖；目视剑尖。（图6—70）

图6—70

【**要求**】转身、跨步震脚、劈剑应同时完成。
【**用法**】如对方从背后来侵，可迅速转身下劈。

## 第二十六式 燕子啄泥

**动作一：**身体向左转180°，左腿屈膝提起；左手向左下分，剑指朝左下，手心朝前；右手持剑，下分于右腿外侧，剑尖朝右下；目视前方。（图6—71）
【**要求**】转身提膝应与两手下分同时进行。右腿支撑，重心要稳，周身放松下沉。
**动作二：**左脚向前上步；两手分别从左右向上合于胸前，剑尖朝上；随即右脚经左脚内侧向前上一步，重心落于右腿；同时，两手持剑，向前下点剑，剑尖朝前下方；目视剑尖。（图6—72）。
【**要求**】上左、右步与剑的分、合，点剑要协调一致。
【**用法**】如对方后侵，当距离稍远时，可转身上步，用剑尖点其中门要穴。

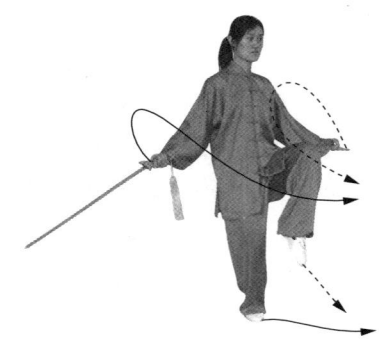

图 6—71 图 6—72

## 第二十七式　白蛇吐信

**动作：**左脚上步，与右脚并齐；两手持剑向前平刺，手心向上；目视前方。（图 6—73）

图 6—73

【**要求**】并步刺剑，要与腰、裆劲结合，力达剑尖。
【**用法**】对方后撤时，可上步平刺其腰、腹部。

## 第二十八式　斜　飞　势

**动作一：**重心移至左脚，身体微左转，右脚向右后跨一步，两腿稍屈膝下

蹲；右手持剑，左手剑指贴于右手腕上，向下合于左膝上，剑尖朝前下方；目视右后方。（图6—74）

【要求】重心左移、向右后撤步与身体微左转、剑下合引劲要协调一致，开步要轻灵自然。

【用法】对方从右后侵来，身体迅速向左移动，将来劲引空。右脚开步，套其左脚，呈上引下进之势。

动作二：身体向右转45°，重心移至右腿；右手持剑，由左向右经腹前向右上方抹，剑尖朝右斜上方；左手下分至左膝外侧，剑指朝左，手心朝前上；目视左前方。（图6—75）

图6—74　　　　　　　　　　　　　　　图6—75

【要求】抹剑时，要与裆、腰劲结合，力达剑的外刃。
【用法】结合裆、腰劲，抹其颈部。

## 第二十九式　鹰熊斗智

动作一：重心移至左腿，身体向左转45°；右手持剑，向左上撩剑，剑指合于右手腕，剑尖朝右上；目视右方。（图6—76）

【要求】重心左移、身体左转与上撩剑应协调一致。

动作二：重心移至右腿，左腿屈膝提起，身体向右转体45°；右手持剑，两手经头上方向左划弧，经左膝外侧后，再向右上提剑，剑尖朝下，两手提至右肩上方；目视左下方。（图6—77）

【要求】剑划弧至左腿外侧时，重心右移，提左腿。右腿屈膝松胯与身体上下相合。

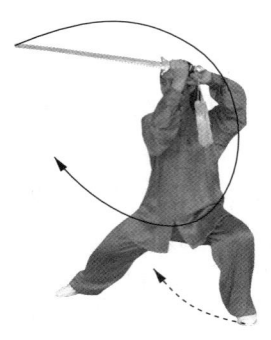

图 6—76

图 6—77

## 第三十式　燕子啄泥

**动作一：**身体左转下沉，左脚向前落地，两腿坐盘下蹲，重心偏右腿，右脚前脚掌着地；右手持剑，左手剑指贴于右手腕处，剑尖领劲向下经后再向上弧线剜剑，剑尖向上；眼随剑尖向上时目视前方。（图 6—78）

**【要求】**剑随身体下沉，剜剑时与身法相结合。

**动作二：**身体向右转，重心移至左腿，提右腿向前上步；两手持剑，使剑尖从头后上方向右下方穿剑；随上步穿剑，上体从左向右转体90°；目视右下方。（图 6—79）

图 6—78

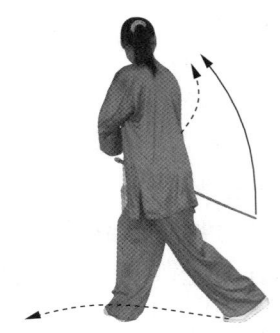

图 6—79

**【要求】**左右穿剑时，要与身法、步法配合，做到协调一致。

**【用法】**起到左右护身的作用，并含有剜刺剑法。

274

**动作三**：重心移至右腿，提左腿向前上步；同时，右手持剑，两手从腹前向左右两侧分开，高与肩平；目视前方。（图6—80）

【要求】两手上分时，要松肩沉肘，腰劲下塌。

**动作四**：重心移至左腿，提右腿向前上一大步；两手同时在头前相合，向前下方点剑；重心在右，目视前下方。（图6—81）。

图6—80

图6—81

【要求】两手相合点剑时，松胯塌腰，劲贯手腕。手腕放松，用腕力点剑，力达剑尖。

【用法】点对方手腕或穴位。

# 第三十一式　摘星换斗

**动作一**：重心左移，提右腿向右后撤一步，重心在右，上体随撤步从左向右转体90°；同时，两手持剑，从左摆至右前方，高与胸平；目视前方。（图6—82）

**动作二**：身体左转，两腿屈膝松胯，重心移至两腿间；两手持剑上撩合于胸前，剑尖朝上；目视前方。（图6—83、图6—83附图）

【要求】重心左移，屈膝下蹲，两手抱剑合于胸前，蓄而待发。

**动作三**：身体微左转，重心略右移；左手剑指与持剑右手同时向左右两侧发力推出，剑尖朝上，两手高与肩平；目视右前方。（图6—84）

图6—82

图 6—83　　　　　　　　　图 6—83 附图　　　　　　　　图 6—84

【要求】左右发劲要完整，塌腰松胯，气勿上浮。

【用法】设对方从背后搂抱或从左右来侵，有"力开华山"之势。

## 第三十二式　海底捞月

**动作一**：身体左转，重心左移，提右腿向左前上一步，右腿屈膝松胯成弓步；随上步右手持剑，从右向左下拦剑，手心向上；左手剑指提至头上方；随上步，身体向左转 135°，微向前倾；目视前下方。（图 6—85）

【要求】转身上步、拦剑、下刺要同时进行。

【用法】跨大步向前，将剑插入对方裆内。

**动作二**：重心移至左腿，右腿屈膝提起；右手持剑，用剑尖和前刃挑至头平；左手剑指贴于右手腕内；目视右前方。（图 6—86）

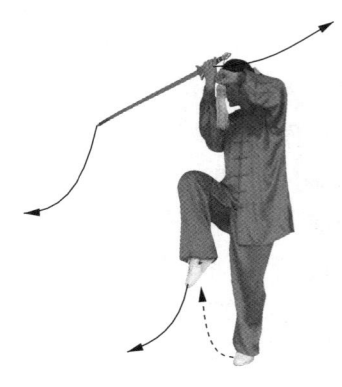

图 6—85　　　　　　　　　　　　　　图 6—86

【要求】剑向上挑时，松胯塌腰，通过手臂，力贯剑尖。

【用法】剑从对方裆内向上挑。

## 第三十三式　仙人指路

**动作：**右脚向右前方上步，左脚随即屈膝提起；右手持剑，从上向右下点刺；左手剑指摆至左上方；目视右下方。（图6—87）

【要求】向前下刺时，身体虽稍向前倾斜，用左腿与左手保持平衡。中心点不变。刺剑也可发力。

【用法】刺对方裆、膝、脚均可，有避上取下之意。

图6—87

## 第三十四式　凤凰点头

**动作一：**身体略向左转，右腿屈膝下沉，左脚向前跨步，脚跟着地，脚尖勾起；右手持剑，右臂内旋，剑尖朝下；左手剑指下落与肩高；目视右后方。（图6—88）

【要求】转身落脚、旋腕转剑要协调一致，劲下沉。

【用法】前刺一剑，突然转身急走，有"佯输诈败"之势。

**动作二：**身体略左转，重心移至左腿，右脚向前上半步，脚前掌着地，脚跟提起，屈膝松胯；右手持剑，经身体右侧向前沿弧线向后点剑，左手与右手相合；目视右后方。（图6—89）

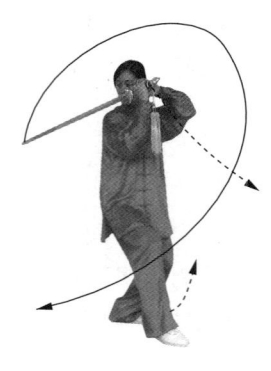

图 6—88                                          图 6—89

【要求】重心左移，上右步，转腕点剑要完整一气，做到屈膝松胯，腰劲下塌。

【用法】此势结合拳论中"佯输诈走谁云败，引诱回冲制胜归"，有转身败走突然袭击对方之势。

## 第三十五式　燕子啄泥

**动作一：**右脚向前垫一小步，左腿随即屈膝提起；右手持剑，两手同时从上经体前向左右下分，剑尖朝右下方；目视前方。（图 6—90）

【要求】两手左右下分，左腿屈膝提起，要上下相合。

**动作二：**左脚向左前方上步，重心左移，接着右脚经左脚内侧向左前方上步，重心在右，成右弓步；与上步同时，右手持剑，从后经上向前下方点剑；左手剑指向上、向前与右手合力握剑；目视前下方。（图 6—91）

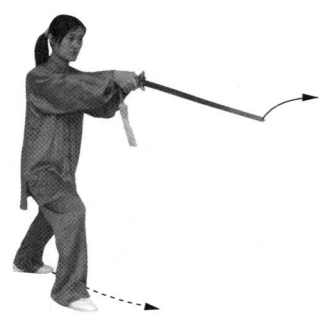

图 6—90                                          图 6—91

【要求】上步点剑时，腰部要放松向下，力达剑尖。

## 第三十六式　白蛇吐信

动作：左脚上步至右脚内侧并步，两腿微屈；两手持剑，随上步稍向上平刺，剑与腰高；目视前方。（图6—92）

图6—92

【要求】并步时，腰劲下塌，双手握剑略下沉内收后，再合力刺出。
【用法】结合腰劲，刺对方胸、腹部。

## 第三十七式　斜 飞 势

动作一：身体左转，重心左移，提右脚向右后跨一步，两腿稍屈膝；右手持剑，两手向下合于左膝上，剑尖朝前下方；目视右下方。（图6—93）
【要求】松胯塌腰，劲合于左腿。
【用法】此势为"上引下进"法。设对方从背后袭来，迅速转身下沉，将来势引空，右脚稍稍进步，管其腿脚。
动作二：身体右转，重心走下弧移至右腿，右腿屈膝下蹲；右手持剑，手心向上，用剑外刃，结合腰劲旋转向右后上方斜抹；左手剑指配合下开至左膝上，手心朝前上方。（图6—94）
【要求】抹剑时，塌腰转身，随重心移动，力达剑身。
【用法】接上势。将对方引空后，迅速向后回剑上抹。

279

图 6—93　　　　　　　　　　　　　图 6—94

## 第三十八式　左托千斤

**动作一**：身体略右转，重心左移，右腿屈膝提起；同时，右手持剑走下弧，收至胸平后，与左手相合抱住剑把，剑尖朝右；目视前方。（图 6—95）

**【要求】**移重心、提腿、抱剑时，要松肩松肘，屈膝松胯，做到气沉步稳。

**动作二**：右脚向左前上步，随即左腿屈膝提起，重心在右腿，右腿稍屈膝，上体下沉；目视前方。（图 6—96）

**【要求】**上步轻灵稳健，周身相合，有蓄而待发之势。

**动作三**：左脚向前上一步，重心移至左腿成左弓步；同时两手持剑向前平推，高与胸平，剑尖朝右；目视前方。（图 6—97）

**【要求】**左腿向前迈大步，右腿后蹬，塌腰松胯，两臂合力前推。

**【用法】**此势是向左格挡对方器械，横力前推；也可以弹抖发力。

图 6—95　　　　　　　　图 6—96　　　　　　　　图 6—97

## 第三十九式　右托千斤

**动作一：**身体右转，重心右移，左腿屈膝提起；右腿稍屈膝；两手持剑，剑尖向上经左划弧合于胸前，剑尖朝左；目视右前方。（图6—98）

**【要求】**重心右移，提左腿，手腕内翻合剑，身体上下相合。

**动作二：**左脚落地，随即右脚经左脚内侧向前上步，重心移至右腿，右腿成弓步；同时，两手持剑，向右前方平推，剑尖朝左低于肩；目视右前方。（图6—99）

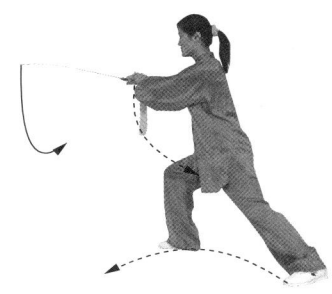

图6—98　　　　　　　　　　　　　　　　　图6—99

**【要求】**右腿向前迈大步，左腿后蹬，塌腰松胯，两臂前推。

**【用法】**此势是向右格拦对方器械，横力前推，也可以弹抖发力。

## 第四十式　燕子啄泥

**动作一：**左脚经右脚内侧向前跨一步，脚尖点地，脚跟抬起；持剑两手分别向左右两侧下分，右手心朝前上方，剑尖朝右下方，左手剑指手心朝前；目视前方。（图6—100）

**【要求】**上步轻灵，两手下分时走圆弧劲，要有"开中寓合，合中寓开"之意。

**动作二：**重心左移，随即提右腿向前上一大步，重心在右，成右弓步；同时，两手从左右两侧弧线向上至头前相合抱剑，用腕力向前下方点刺；目视剑尖。（图6—101）

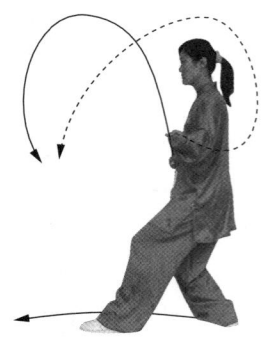

图 6—100                                    图 6—101

【要求】松胯塌腰，力达剑尖，点刺与上步同时进行。

【用法】用剑尖点其膝盖。

## 第四十一式　白猿献果

**动作一**：重心后移，身体向后仰，两手经胸前向上同时向左右环绕分开，剑从脸上撩过；目视上方。（图 6—102）

【要求】身体后仰时，松胯下沉，稳定重心。右手持剑上掤外撩。

【用法】设对方用枪刺我胸或咽喉，我应迅速仰身后移，用剑横架使其刺空。

**动作二**：重心前移成弓步，身体向前倾斜；同时，右手持剑，从头上向右、向前、向左弧线平砍，手心向上；左手从左向右划弧与右手相合；目视前方。（图 6—103）

图 6—102                                    图 6—103

【要求】后仰、平砍前合时，速度要快。

【用法】承前势，将对方枪引空后，趁其撤兵未及，迅速转腰抢臂，重心前移，向前探身平砍其颈部，端其头，如"白猿献果"。

# 第四十二式　落花势

**动作一**：重心左移，身体从右向左转80°；两手持剑，向头前上方撩剑，剑尖朝右上方，稍高于肩；目视右方。（图6—104）

【要求】撩剑时，手腕内旋与移重心、转体相结合，做到圆转自然。

**动作二**：两手持剑，向后、向下经身体左侧划弧向前上方撩剑；同时右腿向右后撤一步，重心移至右腿，身体向右转150°；目随剑转。（图6—105）

【要求】待剑从身体左侧转到向前上方撩剑时，再撤右步转身，做到顺随自然。

**动作三**：两手持剑，向后、向下经身体右侧向前上方撩剑；同时，左腿向左后撤一步，重心左移，身体随向左转体150°；目随剑转。（图6—106）

图6—104　　　　　　图6—105　　　　　　图6—106

【要求】剑从身体右侧转至向前上方撩剑时，再撤左步。撤步的要求同拳式中"倒卷肱"相同。

【用法】动作一、二、三均为撤步姿势，两手持剑随身体转动，左右划弧前撩，可在撤退步时，保护身体，防敌侵犯。有"上护头顶下护身"之意。

## 第四十三式 上下斜刺

**动作一：**身体先左后右转，重心移至右腿，右腿屈膝松胯；同时，两手持剑，向后、向下经身体左侧划弧提至右额前，剑尖朝左下方，手心朝外；目随剑尖转。（图6—107）

【要求】剑从身体左侧转一周上提时，要松胯塌腰，松肩沉肘，气沉脚跟。

**动作二：**身体微右转，重心移至左腿，右腿屈膝提起，右脚悬于裆内；同时，双手抱剑柄向前划弧下沉，合于腹前，剑尖朝右前上方；目视右前方。（图6—108）

【要求】抱剑下沉时，要屈膝松胯，上下相合，有"蓄而待发"之意。

**动作三：**身体先下合后再上领左脚向前跳步，全脚掌落地，上体姿势不变；目视右前上方。（图6—109）

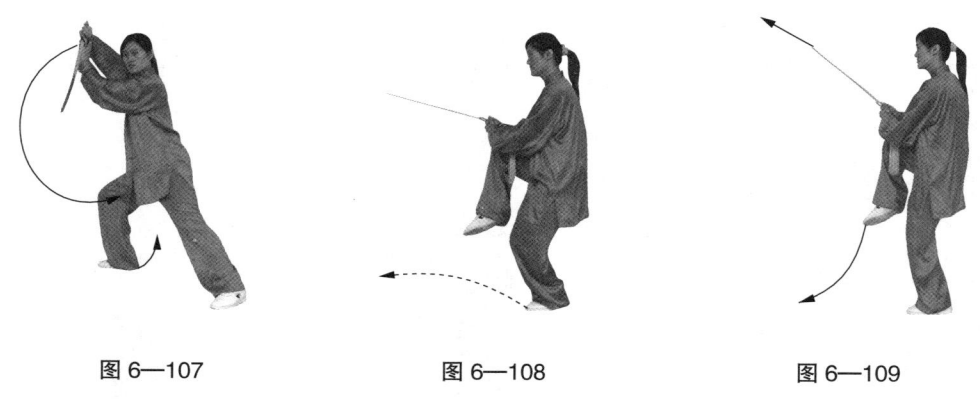

图6—107        图6—108        图6—109

【要求】跳步时要轻灵自然。

【用法】与对方距离较远时，要垫步前进接近目标。

**动作四：**右腿向前上一大步，重心落至右腿，成右弓步；两手持剑，向右上刺剑，剑尖朝右上；目视剑尖。（图6—110）

【要求】刺剑时，跨大步，重心随即前移，松胯塌腰，沉肘松肩，劲达剑尖。

【用法】垫步向前刺对方咽喉。

**动作五：**身体左转，重心在右腿；两手持剑，迅速折腕向左下摆至右胸前，剑尖朝左下方；目随剑转视左下方。（图6—111）

【要求】迅速扭腰转胯，旋臂折腕，剑尖迅速转向左下方。

**动作六：**身体微左转，重心移至左腿，成左弓步；同时双手持剑，随重心移

动向左前下刺剑，剑尖朝前下；目视剑尖。（图6—112）

图6—110        图6—111        图6—112

【要求】刺剑时，随重心前移，塌腰松胯，劲贯剑尖。

【用法】设对方从背后来侵，我迅速转身下沉，避上取下。

## 第四十四式 斜飞势

动作：重心由左腿移至右腿，右腿屈膝下蹲，左脚尖内扣；同时，左手下分至腿外侧，剑指朝左，剑指手心朝前；右手持剑，由左向右经腹前向上用剑外刃向右上方抹，高于肩，剑尖朝右上方；目转视剑尖（图6—113）。身体随摆剑右转45°。

【要求】剑右上抹时，必须随重心移动，塌腰转动，劲达剑刃。

【用法】用剑刃回身转腰，抹其颈部。

图6—113

## 第四十五式 哪吒探海

动作一：身体微右转，重心移至左腿，右腿屈膝提起，右脚悬于裆内；同时，右手持剑，与左手相合于腹前握剑把，剑尖朝前，高与腰平；目视右前方。（图6—114）

【要求】提腿移重心时，要屈膝松胯，塌腰沉肘，使另一腿挺立，稳如泰山。

动作二：右脚跟向前着地，左腿稍屈膝，重心在左腿，上体保持原姿势不变。（图6—115）

【要求】右脚落地，向前垫步，身体随之下沉，有欲跳之势。

动作三：重心迅速移至右腿，右脚前掌快速着地弹起，带左腿跳起向前跨步，脚尖着地，右脚悬于裆内；两手抱剑相合；目视前方。（图6—116）

图6—114　　　　　　　　图6—115　　　　　　　　图6—116

【要求】此势为垫步前姿势，用前脚掌着地，利用足弓的弹力向前蹿跳，但必须与身法相配合。

【用法】此势有远距离前刺和蹿跳突围之用。

动作四：右脚向前跨步落地，重心移至右腿成弓步；同时，两手持剑，向前下方抖腕点刺，剑尖朝前下方；目视剑尖。（图6—117）

【要求】跨步落地与抖腕点刺要同时进行。点刺时，抖腕发劲。

【用法】跳步向前下方点刺对方裆部和膝盖，取其下盘，如"哪吒探海"之势。

图6—117

## 第四十六式　怪蟒翻身

动作一：身体向左转40°，重心由右腿移向左腿；同时，右手持剑，手腕内旋上撩剑；左手剑指合于右手腕内侧；目视右前方。（图6—118）

【要求】转身，移重心，上撩剑要协调一致。

动作二：重心移至右腿，左脚经右脚内侧向右上一步，身体由左向右转体180°；同时，双手持剑，经身体左侧转体撩剑；目视剑尖。（图6—119）

图6—118

图6—119

【要求】上步，转体要协调一致。

动作三：身体右转，重心移至右腿，成右弓步；右手持剑，向上经头上向右下劈剑，剑尖朝右下；左手剑指向左上方分开，稍高于头；目视右方剑尖。（图6—120）

【要求】转体塌腰、抡右臂下劈。

【用法】动作一、二、三应一气呵成。设对方从背后来侵，距离很近，故我要向前上步，迅速转身向下劈剑，向后跨步，都是为了调整距离，使对方进入我的攻击范围之内。

图6—120

287

## 第四十七式　韦陀献杵

**动作一**：身体左转；右手持剑，手臂外旋折腕，收至腰间，手心向上，剑尖朝左前方；左手下沉，高与肩平；同时左脚尖微外摆；目视左前方。（图6—121）

**【要求】**转剑折腕与转身要协调一致。

**动作二**：重心左移，右脚经左脚内侧向左前方上一步，重心移至右腿，右腿成弓步，随上步，身体向左转体180°；同时，右手持剑向前平刺，手心向上；左手剑指下合至左腰间，手心向上；目视剑尖。（图6—122）

图6—121

图6—122

**【要求】**上步、转身刺剑要协调一致。

**【用法】**设对方从背后来侵，我突然转体上步前刺。

## 第四十八式　磨　盘　剑

**动作一**：重心移至左腿，左腿屈膝，右腿提起，脚尖外摆，脚跟外侧着地，脚尖勾起；右手持剑，腕内旋，向上、向左合至胸前，手心向下，剑尖朝左侧；同时，左手剑指向前贴于右手腕上；身体右转75°；目视右前方。（图6—123）

**【要求】**重心左移、提右脚外摆、旋剑里合协调一致。

**动作二**：身体继续右转，右脚尖落地，重心移至右腿，左脚经右脚内侧向前跨一大步，脚尖里扣；同时，右手持剑，双手随转体合力推剑平抹，剑尖朝左；身体右转90°；目随剑尖（图6—124）

【要求】上左步时，可以跳步。转体随腰劲抹剑。

动作三：身体继续右转，重心移至左腿，右脚经左脚后向左后撤一步，重心移至右腿，右腿稍屈膝；右手持剑，两手向右继续平抹，剑尖朝后；同时，身体右转90°；目随剑尖转视。（图6—125）

图6—123

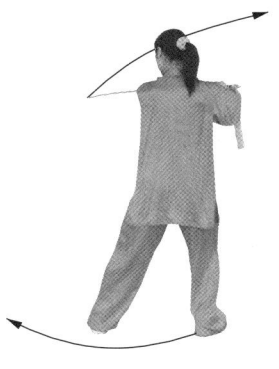

图6—124

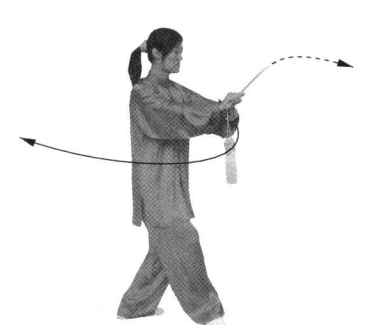

图6—125

【要求】接上势。左脚跳步落地，提右腿后撤与转身要同时进行，协调一致。

动作四：承上势。身体继续右转90°，重心移至右腿，左脚尖内扣，屈膝松胯；同时，右手持剑，从胸前向右继续抹剑分开，剑尖朝前；左手向左分，剑指朝上，手心朝左；目视前方。（图6—126）

【要求】转身等动作要协调一致。

【用法】"磨盘剑"顾名思义，如推磨转圈一样。设对方四周围困，我平剑横握，摆脚转腰，如旋风横扫一圈，突出重围。

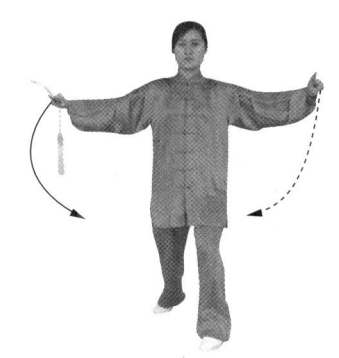

图6—126

动作五：重心移至右腿，左腿屈膝提起；同时，右手持剑，与左手相合于腹前，剑尖朝前；目视前方。（图6—127）

【要求】提腿抱剑时，要屈膝松胯，上下相合。

动作六：右腿屈膝下沉，左脚向前落步，脚跟着地，脚尖勾起，上体姿势不变。（图6—128）

【要求】身体下沉蓄势，欲向前刺。

**动作七**：重心移至左腿，脚掌踏实，右脚随即跟步，并于左脚内侧，两腿稍屈膝；两手抱剑合力前刺；目视前方。（图6—129）

图6—127

图6—128

图6—129

【要求】塌腰松肩，力达剑尖。

【用法】动作五、六、七应紧接前势，围扫一圈后，迅速上步前刺，有开路突围之用。

## 第四十九式　太极剑还原

**动作一**：身体微左转；两手持剑，向左上环绕，左手变掌握剑护手，剑尖朝上；右手附于剑柄处；目视前方。（图6—130）

**动作二**：两手持剑，向下沉至左腿外侧，剑尖朝上，剑平靠于左臂内侧；目视前方。（图6—131）

**动作三**：右手剑指经腹前向右分至右腿外侧，剑指朝下，手心朝前；左手不动；目视前方。（图6—132）

**动作四**：身体不动，左手持剑，与右手同时向左右两侧逆缠上分，再向里合于两肩前上方，两手心均朝前下方，剑平贴于左前臂内侧，剑尖朝后下方；目视正前方。（图6—133）

**动作五**：左手持剑，与右手同时下按；身体随之下沉，两膝微屈，胯要松开，气往下沉；目视前方。（图6—134）

图6—130

**动作六：** 右手向下贴于右腿侧，剑指朝下；左手持剑贴于左腿侧；身体挺直，两腿并立，成立正姿势，即收势。（图6—135）

【**要求**】 "太极剑还原"，为收势姿势。与拳势一样，徐徐开始，缓缓停止。要求意识集中，体松心静，气沉丹田，成万绪归元之体。

图6—131

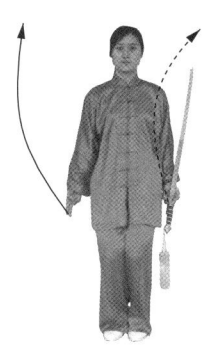

图6—132

图6—133

图6—134

图6—135

# 第七章 陈式太极单刀

## 第一节 陈式太极单刀简介

陈式太极单刀是太极套路中短器械的一种，原套路只有 13 个动作，故称十三刀。

1930 年至 1938 年，著名太极拳大师、陈氏十八世陈照丕在南京授拳时，在原套路的基础上，增加了 9 个动作，成为现在陈家沟所流传的太极单刀套路。

陈式太极单刀套路短小精悍，势势用法逼真。它的滚、闭、扎、拦、劈、砍、撩、截、缠、抖、架、抹、挑等 13 种刀法，真正体现了陈式太极拳刚柔相济、快慢相间、蹿蹦跳跃、松活弹抖、粘黏连随、缠绕落空的特点，确有刀如猛虎、力劈华山之势，并兼有短兵长用之法。

在练习时，要求手、眼、身法、步要密切配合，一动全动，劲力连绵不断，完整一气，刀法清晰，用意明确，合乎规范。练刀要缠头裹脑，律背缠腰，大劈大砍，气势磅礴。拳谚云："单刀看手、双刀看走。"所以在单刀练习时，强调手与刀配合的重要性。右手持刀，左手成掌，随刀法变换，时而托刀上架以助刀力，时而手按刀背左右滚闭，时而屈肘横架头部上方防护头顶，劈刀掌上撩，扎刀掌后推。总之掌与身法完整协调。

在练习时，必须在拳术功夫扎实的基础上，劲能一动发于四梢，一静复归丹田。套路熟练后，身催刀动，刀领身转，处处以腰为轴，劈砍撩扎、蹿蹦跳跃、弹抖发动、威风凛凛。

## 第二节 陈式太极单刀动作名称

第一式　单刀起势　　　　　　第四式　风卷残花
第二式　护心刀　　　　　　　第五式　白云盖顶
第三式　青龙出水　　　　　　第六式　黑虎搜山

# 第三节　陈式太极单刀动作图解

## 第一式　单刀起势

**动作一：**两脚并立；左手握刀盘，左臂抱刀垂于身体左侧，虎口朝下，刀刃朝前，刀尖朝上，刀背贴靠前臂；右手五指并拢，垂于身体右侧；二目平视前方。（图7—1）

**【要求】**头自然正直，二目平视，唇齿微合，舌尖轻抵上腭。鼻腔自然呼吸。立身中正，周身放松，心气下降，气沉丹田。髋关节放松，内气通过腿部沉于脚掌。脚趾、脚外侧、脚后跟皆要抓地，涌泉穴（脚心）要虚。

**动作二：**上体不动，左脚向左侧横迈半步与肩同宽，两膝微屈松胯。（图7—2）

图7—1

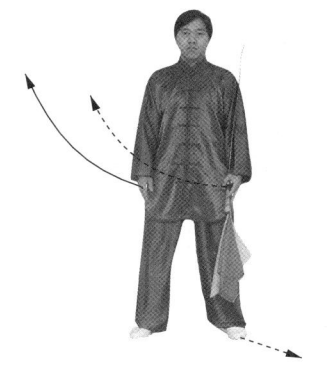

图7—2

【要求】目视前方，眼神集中，松胯屈膝，心气下沉。

【用法】通过周身放松下沉，使内气贯于梢节（两手指、两脚趾），随时有侧身迎敌之意。

动作三：接上势。右脚外摆，屈膝松胯；左脚提起向左前方上半步，脚跟里侧着地，脚尖上翘里扣；同时，左右两手从身体两侧向右上方弧形掤起，高与肩平，左手握刀盘在前，右手在后。（图7—3）

【要求】周身掤劲不丢，气贯手足，以腰为轴，向右微转。上左步要轻灵自然。

【用法】将对方的拳掌或器械来势引落空地，借机还击。提左脚可踹对方的腿或腰。

动作四：接上势。重心前移，右脚经左脚内侧向前上步，脚尖着地，脚跟抬起，左腿屈膝松胯；与右脚上步同时，左手握刀盘，两手从右侧经下向前弧形掤起至胸前，右手前伸握住刀把。（图7—4）

图7—3 　　　　　　　　　　　　　　　　图7—4

【要求】右脚上步要走弧形，轻灵自然，气贯脚尖。手脚动作配合要自然协调。

【用法】在右手未接刀之前，均可用脚攻之。左脚稳定重心，右腿提起上步时，可用脚尖踢对方臁骨、裆部和小腹。

## 第二式　护心刀

动作一：接上势。右脚向右撤半步，屈膝松胯；同时，右手握紧刀把向右后引带，回藏于右后，刀尖朝右前，刀背朝上，刀刃朝下；同时，左掌向左前推出，高与眼平；随撤步、带刀、推掌，上体从右向左转体15°；目视左掌前方。
（图7—5）

　　【说明】本动作是图7—6的过渡动作。

　　动作二：接上势。右手握紧刀把，从右下向右上摆至左侧胸前，刀尖朝前上，刀刃朝前下；左掌向左下经右上弧形绕行一周至刀背上；此时左脚向右脚撤半步，脚尖点地，脚跟提起，随左脚撤步，上体从右向左转体60°，右脚为实，左脚为虚；目视前方。（图7—6）

图7—5　　　　　　　　　　　　　　　　　　图7—6

　　【要求】目光前视，耳听背后，兼顾左右。虚实分明，气沉丹田，力贯手掌。

　　【用法】此势名曰"护心刀"，以守为主。以静待动，守护中门暗藏杀机。随时可防备前后左右来侵。主要防守枪刺中门（心窝），滚闭进击。左脚虚步，随时可以左、右撤步和前后移动，便于身体灵活转动。

　　【说明】从前一式的最后一个动作到护心刀最后一个动作中的开右步、后引带抢刀、推左掌、收左脚整个动作要一气呵成，不可有断续之处。前推的左掌要舒指塌腕，掌心吐力。后带抢刀时速度要快。

## 第三式　青龙出水

　　动作一：接上势。左腿屈膝提起，上体从右向左转体15°；随转体右手握刀外旋，向左上方推出；左臂内旋，左掌压刀背使刀刃朝左；目视前方。
（图7—7、图7—7附图）

　　【要求】在刀刃向左推转时，与身体左转、提左腿要上下一致，快速完成。此动作称转体旋腕滚刀。

【用法】假设对方用枪刺我前胸，我用刀刃粘接枪头或枪前身，随着转体滚动，将其前刺之势引空，顺势截对方手腕或刺其胸、腹部。

**动作二：**接上势。左脚震脚落地，同时右腿屈膝提起，随之上体从右向左转体 90°；右臂继续外旋，刀刃朝前；左掌始终压住刀背；目视右前方。（图 7—8、图 7—8 附图）

图 7—7　　　　　　　　　　　　　　　图 7—7 附图

图 7—8　　　　　　　　　　　　　　　图 7—8 附图

【要求】与上势交换步法，屈膝下沉，提右腿蓄而待发。

**动作三：**接上势。右脚向右侧上一大步，重心在右，成右弓步；同时，右手持刀，从胸前向右侧扎出，高与肩平，刀刃朝前，刀背朝后；左掌从胸前向左推出（呈上弧形），高与肩平；目视右前方。（图 7—9）

【要求】右脚向同侧跨大步与右手前刺、左掌向左推出三者要同时进行，结合腰、裆，速度要快，发劲要整。充分显示陈式太极拳松、活、弹、抖的独特风格。

【用法】同动作一。

图 7—9

## 第四式　风卷残花

**动作一**：接上势。左腿屈膝提起，置于右膝前；同时，右手持刀，右臂内旋，刀尖朝下，使刀从右经后向左摆至额前上方；同时左掌收至胸前。（图 7—10、图 7—10 附图）

**【要求】** 提左腿时用盖剪步或跳跃步，速度要快。右手持刀从脑后绕过时，必须刀背贴近身体，刀刃朝外，称"缠头裹脑"。

**【用法】** 此势用来撩拨对方器械，跳跃进步，拦腰横砍。撩拨对方器械，切忌硬拨硬碰，要用太极拳的沾粘劲，粘连不脱，让过力点，随势进击。

**动作二**：接上势。左脚向右脚外侧落地后，右脚从左脚后向右侧上一步，重心在右，左腿自然伸出，成右弓步；同时，右手持刀，从左经胸前向右砍出，刀刃朝右，刀尖朝前，略低于肩；目视刀尖。（图 7—11）

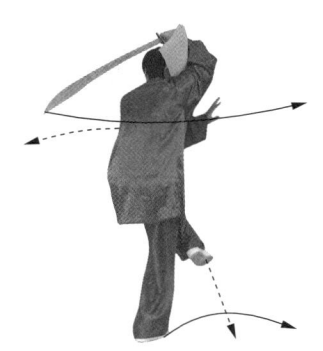

图 7—10

图 7—10 附图

图 7—11

【要求】右手握刀横砍与左掌经胸前向左推出的发劲，应以腰为轴，通过肩肘，力达刀刃。此时，必须做到下盘稳固，身躯端庄有力。

## 第五式　白云盖顶

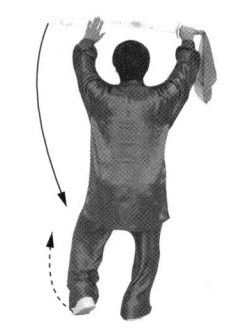

动作：接上势。左脚向右收回半步，脚跟提起，脚尖着地；同时，右手持刀，手臂内旋，刀尖朝下，从右向下、向前、向左摆至腹前；同时，左手从左侧摆至腹前，掌指贴刀背，两手同时向上托起，举至额前上方，刀刃朝上，刀尖朝左；目视前上方（图7—12）

【要求】右手握刀由右下沉至腹前时，左手必须同时由左下沉至腹前，与刀背相合，然后臀部微下蹲，塌腰落胯，两腕下坐，刀刃上翻，用腰腿力量向上托刀。

图7—12

【用法】当对方用枪刺我咽喉、面部或用棍及其他器械击我头部时，我用周身合力上架托住，有力托千斤之势。

## 第六式　黑虎搜山

动作一：接上势。左腿屈膝提起，随上提之势，身体从右向左转体90°；同时，右手持刀，左手贴刀背，使刀尖从上经前向下摆至左小腿外侧；目视刀背。（图7—13）

【要求】左手托刀下沉、右手用力、身体左转和提左腿要同时进行。

【用法】接上势。双手上架托住对方器械，随即左手托刀松沉，右手用力推，提左腿转身，将上架的器械引落空地，踏步进刺，直指对方咽喉或胸部。

动作二：接上势。左脚震脚落地，随即右腿屈膝提起，随之身体从右向左转体90°；同时，右手持刀，左手贴于刀背，使刀尖从下经上向右剁至右前方，刀尖朝右，刀刃朝前，高与肩平；目视前方。（图7—14）

图7—13

【要求】上下劲要合住，左右手劲要蓄好，准备迈步扎刀。正如《拳论》讲："蓄而待发，一触即发。"

动作三：接上势。右脚向右侧落步，脚尖外摆，重心在右，成右弓步；同时，右手持刀，从胸前向右侧扎出，右肘微屈，刀与肩平，刀尖朝右，刀刃朝上；此时左掌从胸前摆至左侧，高与肩平，呈上弧形；目视前方。（图7—15）

图7—14

图7—15

【要求】脚到刀到，步、身、刀协调一致。右手扎刀用弹抖劲，起于左脚而形于右手。左手放劲配合。

【用法】此势除在动作一说明的用法外，在短距离内有扎刀上挑之势。

# 第七式　苏秦背剑

动作：接上势。左脚尖外摆，随即重心由右脚移到左脚，右脚经左脚内侧向左上步，脚跟提起，脚尖着地；随右脚上步之势，身体从右向左转体90°；同时，右手持刀，从后带至胸前，左手贴刀把，刀尖朝后，刀刃朝上，刀背贴肩；目视前方。（图7—16）

【要求】松肩沉肘，含胸塌腰，屈膝松胯，上下相合，虚实分明。集中精力，目视前方。

【用法】此势以静待动，以守为主，引诱回冲，出其不意，克敌制胜。

图7—16

## 第八式　金鸡独立

**动作：**接上势。右脚经左脚内侧向后撤一步，重心后移至右脚；同时，左手松开，右手持刀，刀尖从后向下经身体右侧向前、向上抡摆至额前方，刀刃朝前下，刀尖朝前上；左掌移贴于刀背；目视前方。（图7—17）

图7—17

【要求】变换步法要灵活。刀从身体右侧下滑抡至胸前，主要靠右手腕灵活旋转，结合腰劲，步要顺随自然。

【用法】接上势。对方前刺我胸，我后退撤步，刀从右肩滑下抡至胸前，粘接刺来器械，随即滚闭前刺。

## 第九式　迎锋滚闭

**动作：**接上势。右手持刀外旋，左手始终贴于刀背；身体随右臂外旋，从右向左转体10°，使刀刃朝左；目视前方。（图7—18）

【要求】稳定重心，力贯刀刃。

【用法】迎锋滚闭，顾名思义，就是迎锋接刀滚闭进击之意。对方刺我左胸，我立即迎锋接刀向左滚闭。对方刺我右胸，我立即向右滚闭。闭过即刺。

图7—18

## 第十式　腰斩白蛇

**动作一：**接上势。左脚尖着地，脚跟外摆（也可用小跳垫步），右脚经左脚后侧向前插一步，身体随之向右转体180°；右手持刀，随转体从左向右抹刀。左掌贴于刀背；目视左前方。（图7—19）

【要求】插步转身，速度要快，身法要稳。

【用法】接上势。假设对方刺我右胸，我即向右滚闭将来势引空，随即插步转身横砍其腰部。同时左手从身后抓对方枪头，使其难以走脱。

动作二：接上势。身体继续从左向右转体180°；右手随转体，从左向右继续抹刀，重心在右，成右弓步；随即右手持刀，从胸前向右砍刀，刀尖朝前，刀刃朝右，高与肩平；同时左掌从胸前向左推出；目视右前方。（图7—20）

图7—19　　　　　　　　　　　　　　　图7—20

【要求】身端步稳劲整，两手左右配合。

【用法】接上图，左手从背后抓对方枪头向左猛带，尽量使其近身，右手握刀向右后方猛劲横砍。

# 第十一式　日套三环（一）

动作一：右手持刀外旋，使刀从右经前向左平扫，刀刃朝左，刀尖朝前，高与膝平；同时，左掌收至右前臂上；随扫刀之势，身体从右向左转体90°，重心由右移至左脚。（图7—21）

【要求】身体下沉。快速完成平扫一圈的动作。

【用法】假设被对方包围，用刀扫其下盘，跳跃坐盘下砍，连转三圈，猛砍三刀，寻空突围。

图7—21

动作二：接上势。右脚经左脚内侧向前上一步（此步也可以跳跃），随上步身体从右向左转体90°，屈膝松胯，重心略偏左腿。（图7—22）

【要求】上右步时可以跳跃。身法端正，不得前俯后仰。

**动作三：** 接上势。左脚经右脚后向右成右插步，屈膝盘腿；与插步同时，右手持刀内旋，使刀刃从右经身前摆至左肩外侧，刀刃朝上，刀尖朝左；同时，左掌贴右臂摆至右肩前；目视右前方。（图7—23）

图7—22                          图7—23

【要求】 盘腿下坐，双手交叉，两肩放松，两前臂外撑上掤，内气下沉。

**动作四：** 接上势。两手继续从胸前上掤至额上方，左掌贴于右手背，刀刃朝上，刀尖朝左下；目视前方。（图7—24）

【要求】 身体下沉，两手上掤，蓄而待发。

**动作五：** 接上势。右手持刀，从额上方向右下方劈刀，刀刃朝下，刀尖朝右上方；同时，左掌从额上方向左下方按，略比肩低；目视右前方。（图7—25）

【要求】 刀劈手按，随身下沉，速度要快。

图7—24                          图7—25

## 日套三环（二）

**动作一：**接上势。右手持刀外旋，使刀刃从右经身前向左平扫；同时，左掌摆至右手上；随扫刀之势，上体从右向左转体90°，重心移至右腿，左腿屈膝半跪，脚跟提起，脚掌着地；目视前方。（图7—26）

**【要求】**此势刀低旋转，速度要快。

**【用法】**同日套三环（一）的用法相同。

**动作二：**接上势。右手持刀向左平扫，使刀从前经左向后继续砍；身体随砍刀从右向左转体180°，重心移至左腿，右腿微压，脚跟提起，脚掌着地；左手掌始终在右手上；目视前方。（图7—27）

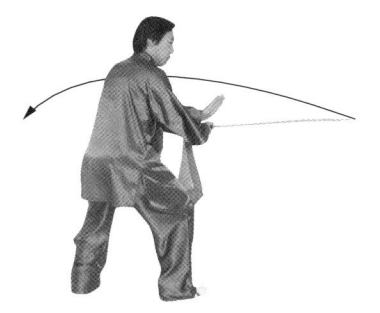

图7—26

图7—27

**动作三：**接上势。右脚经左脚内侧向前上一步（这一步可以跳跃），随上步之势，身体从右向左转体90°，成半马步，重心略偏左腿；目视右前方。（图7—28）

**【要求】**立身中正，松肩沉肘，两臂掤劲不丢，气贯梢节，腰劲下塌，裆劲要圆虚。

图7—28

动作四：接上势。左脚经右脚后向右插步，两腿屈膝盘腿；与插步同时，右手持刀内旋，使刀从右经身前摆至左肩外侧，刀刃朝上；同时，左掌贴右臂摆至右肩前；目视右前方。（图7—29）

【要求】盘腿下坐，双手交叉，两肩放松，两前臂外撑上掤，内气下沉。

动作五：接上势。两手继续上掤至额上方，左手贴右手背，刀刃朝上；目视前方。（图7—30）

【要求】气随身体下沉，两臂上掤撑圆，内劲饱满，气贯梢节，蓄而待发。有"力劈华山"之势。

动作六：接上势。右手持刀，从额上方向右下方劈刀，刀刃朝下，刀尖朝右上方；同时，左掌从额上方向左下方按，略比肩低；目视右前方。（图7—31）

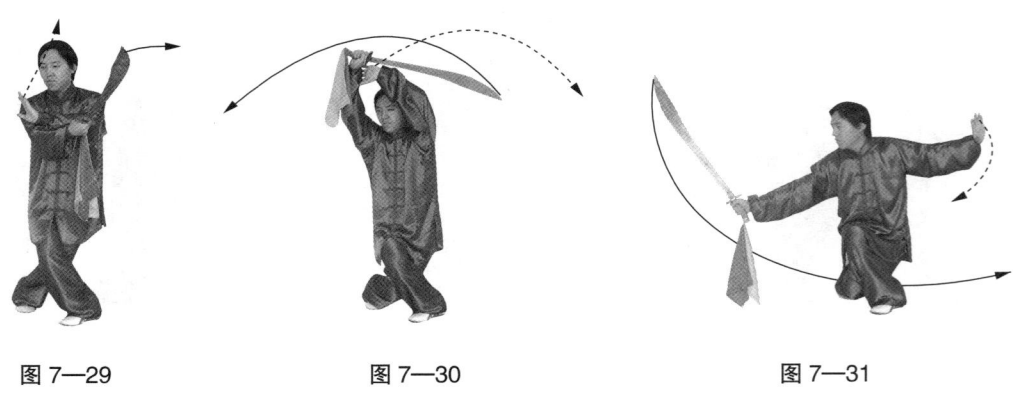

图7—29　　　　　　　图7—30　　　　　　　图7—31

【要求】刀劈手按，随身下沉，速度要快。

【说明】这六个动作要连续不断，应该一气呵成。这六个图实为一个动作的六个分解图。

## 日套三环（三）

动作一：接上势。右手持刀外旋，使刀从右经身前向左平扫；同时，左掌摆至右手上；随扫刀之势，身体从右向左转体90°，重心移至右腿，左腿屈膝半跪，脚跟提起，脚掌着地；目视刀前方。（图7—32）

【要求】此势刀低旋转，速度要快。

动作二：接上势。右手持刀向左平扫，使刀从前经左向后继续砍；身体随砍

刀之势，从右向左转体 180°，重心移至左腿，右腿微屈，脚跟提起脚掌着地；左掌始终塌于右手之上。（图 7—33）

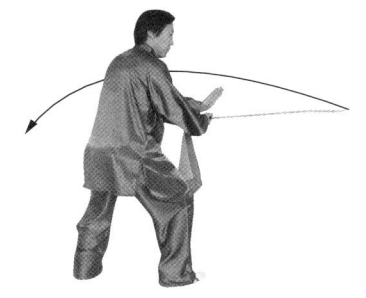

图 7—32　　　　　　　　　　　　　图 7—33

　　**动作三**：接上势。右脚经左脚内侧向前上一步（这一步也可以用跳跃步），随上步之势，身体从右向左转体 90°，成半马步，重心偏左；目视右前方。（图 7—34）

　　**【要求】**立身正中，松肩沉肘，两臂掤劲不丢，气贯梢节。

　　**动作四**：接上势。左脚经右脚向右后插步，两腿屈膝盘腿；与插步同时，右手持刀内旋，使刀刃从右经身前摆至左肩外侧，刀刃朝上；同时，左掌贴右臂摆至右肩前。（图 7—35）

　　**【要求】**盘腿下坐，双手交叉，两肩放松，两前臂外撑上掤，内气下沉。

　　**动作五**：接上势。右手持刀，两手继续上掤至额上方，左手贴于右手背，刀刃朝上；目视前方。（图 7—36）

图 7—34　　　　　　　图 7—35　　　　　　　图 7—36

【要求】气随身体下沉，两臂上掤撑圆，内劲饱满，气贯梢节，蓄而待发。有"力劈华山"之势。

动作六：接上势。右手持刀，从额上方向右下方劈刀，刀刃朝下，刀尖朝右上方；同时，左掌从额上方向左下方按，略比肩低；目视右前方。（图7—37）

【说明】此式动作一至动作六待熟练后，要连续不断一气呵成。

图7—37

## 第十二式　拨云望日

动作一：接上势。右脚从左脚前向右横迈一步，重心在左腿，成左弓步；右手持刀，从右向前下方弧形摆至左侧；左掌贴于刀背之上，刀刃朝左上方；随开步之势，上身从右向左转体45°；目视右前方。（图7—38）

【要求】撤步轻灵，腰劲下塌，有上引下进之势。

【用法】假设对方击刺我头部，我即撤步侧身上架。

动作二：接上势。重心右移，左脚向右脚收半步，脚跟提起，脚掌着地；随左脚收步，右手持刀，左掌托刀，把刀托至额前上方；目视刀前方。（图7—39）

图7—38

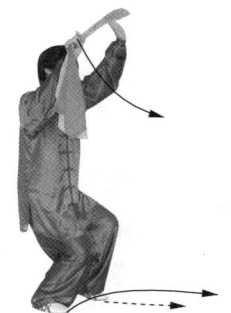

图7—39

【要求】两腿屈膝松胯，含胸塌腰，两臂撑圆上掤。

## 第十三式　左拨草寻蛇

**动作：**接上势。左脚向左前方上一步，右脚经左脚后向左插一步，两腿屈膝盘腿；同时，右手持刀，左手贴刀背，使刀从额前上方向左下方拦刀，刀尖朝上；随上步之势，身体从右向左转体45°。（图7—40）

**【要求】**开左步、插右步要轻灵自然。由劲下沉，力贯刀刃。刀要粘贴器械，忌猛磕猛碰。

**【用法】**设对方刺我左腿，我随即侧身向左插步，左腿下蹲，用刀避开枪刺之势，贴枪杆进击。

图7—40

## 第十四式　右拨草寻蛇

**动作：**接上势。右脚经左脚后向右前方上步，左脚经右脚后向右插步，两腿屈膝盘腿；同时，右手持刀，左掌贴刀背，使刀从左下方向右下方拦刀，刀尖朝下；随拦刀之势，身体从左向右转体90°；目视刀下方。（图7—41）

**【要求】**右开步、左插步速度要快，身法下沉。向右侧身、左手贴刀背外推时要用抖劲。

**【用法】**设对方用枪刺我右腿，我立即插步下蹲，用刀刃避其枪杆，顺势进击。

图7—41

## 第十五式　青龙出水

**动作一：**接上势。左腿向左前上方提起，重心在右脚，成独立步；同时，右手持刀，左手贴于刀背，使刀尖从下经左向前划弧，刀刃朝左，刀尖朝前；随左腿提起之势，身体从右向左转体90°；目视前方。（图7—42）

**【要求】**转身提腿剜刀要同时进行，周身上下一致，身法自然轻灵。

**【用法】**滚闭对方刺来的器械。

**动作二：**接上势。左腿震脚落地，同时右脚提起，身体从右向左转体 40°；右手持刀，左手掌贴于刀背，将刀提至左胸前，使刀从右向左稍回带，刀背贴于胸前，刀尖朝右；目视前方。（图 7—43）

图 7—42

图 7—43

**【要求】**左脚震脚落地，周身蓄而待发。

**【用法】**刀刃朝外滚贴其器械，闭其锋芒。有大踏步前刺之意。

**动作三：**接上势。右脚向右侧上一大步，重心在右，成右弓步；与右脚上步同时，右手持刀，从胸前向右侧扎出，高与肩平，刀刃朝前；同时，左掌从胸前向左推出（呈上弧形），高与肩平；目视右前方。（图 7—44）

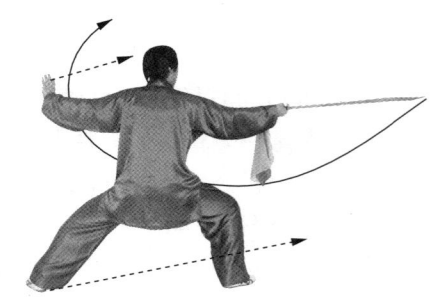

图 7—44

**【要求】**前刺时，步、身、刀同时达到力点。

**【用法】**右腿向前迈一大步，刀顺对方枪杆迅速前刺其胸或咽喉。

## 第十六式　风卷残花

**动作一：**接上势。重心移至右脚，左腿提至右膝前；同时，右手持刀外旋，刀尖朝下，使刀从右经后向左摆至额上方；同时左掌收至胸前。（图 7—45）

**【要求】**在提左腿剪步向右跳时，右手持刀从右经背后向左上撩时，要提膝松胯，肋部、腹部肌肉要松弛下沉，使气不能上浮，步法才能稳健。

【用法】刀要缠头裹脑，有上护头顶下护身之意。

动作二：接上势。左脚在右脚外侧落地，右脚从左脚后向右侧跨一步，重心在右成右弓步；同时，右手持刀，从左经胸前向右平砍，刀与肩平，刀刃朝右，刀尖朝前；目视右前方。（图7—46）

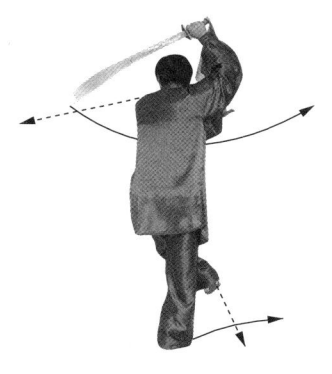

图7—45

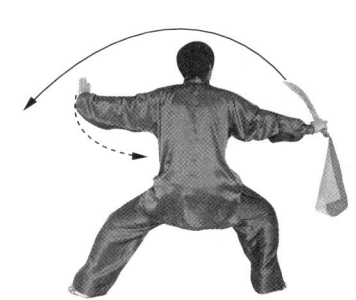

图7—46

【要求】右手握刀横砍与左掌经胸前向左推出的发劲，应以腰为轴，通过肩肘，力达刀刃。此时，必须做到下盘稳固，身躯端庄有力。

【用法】拦腰横砍取其肋部，力达刀刃。

# 第十七式　雁别金翅

动作一：接上势。右手持刀，从右向上、向左下劈刀；左掌从左侧摆至右腋下，掌指向上；随劈刀重心左移，成左弓步，身体从右向左转体90°；目视前方。（图7—47）

【要求】刀从右走上弧向左下劈时，随着重心移动，要结合腰、裆劲，力达刀刃。

【用法】臂左边来侵之敌，提右脚踢其裆部。

图7—47

动作二：接上势。重心移至左腿，右腿屈膝提起；随着提腿，右手持刀，继续从前下方摆至左腿外侧，右臂内旋，

使刀刃朝前，刀尖朝下；同时，左掌摆至胸前；目视刀背。（图7—48）

【要求】左腿稳定重心，屈膝松胯，内劲上下相合，意贯刀背。

【用法】刀护身体左侧，用挂撩刀法时，要力贯刀背，方能化掉其器械之攻势。提右腿有"欲下踏开步"之意。

动作三：接上势。以右脚在左脚内侧震脚落地为实，同时左腿屈膝提起为虚成独立步；右手持刀，提至胸前方；左掌从胸前摆至左下方；目视左下方。（图7—49）

【要求】重心定于右腿，身体上下相合，提左腿屈膝松胯。右手持刀上提有"欲下先上，欲上先下"之意。

【用法】左腿提起可蹬踹对方，刀有"下扎上撩"之意。

动作四：接上势。右腿屈膝，重心下沉，左脚向左前方上步，脚跟里侧着地，脚尖上翘里合。（图7—50）

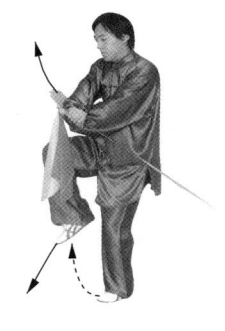

图7—48

图7—49

图7—50

【要求】重心定于右腿，左脚跟内侧贴地滑出。右手持刀上提和左掌下按要有开劲。

动作五：接上势。重心前移至左脚，随即右腿提起，身体从右向左转体15°；同时，右手持刀，从右上方向下摆至左肩外侧，刀尖朝上，刀刃朝左；左掌从下经左侧摆至额前上方；目视右前方。（图7—51）

【要求】身体自然直立，松胯微屈膝，右腿提膝相合，刀藏于身体左侧，气贯刀刃。

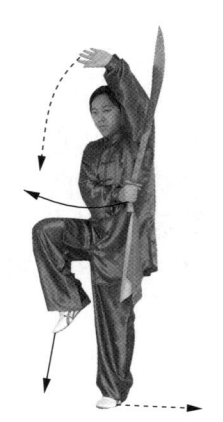

图7—51

【用法】此势成独立势，有"藏刀掩面"之态，防守中含攻击之意。

## 第十八式　夜叉探海

**动作一**：接上势。右脚在左脚内侧震脚落地，随即左脚向左前方上步；同时，右手持刀，从左带至身体右侧，刀尖朝前，刀刃朝下；左掌从额上方沉至胸前；目视前方。（图7—52）

【要求】内气随震脚下沉，重心在右，左脚轻轻上步，气贯左掌，藏刀于身体右后。

【用法】向右侧化过来势，接用抢、劈、扎等刀法均可。

**动作二**：接上势。重心由右移至左腿成左弓步；同时，左掌叉在左腰间；右手持刀，从右经上向左侧扎出。刀尖朝左下，刀刃朝上；目视左前方。（图7—53）

图7—52

图7—53

【要求】随重心左移，结合腰裆，气贯刀尖。

【用法】上架下扎，犹如"夜叉探海"。

## 第十九式　左翻身砍

**动作一**：接上势。左腿支撑重心，松胯微屈膝，身体自然立起，随即右腿屈膝提起。随提腿之势，身体从左向右转体90°；同时，左掌从左腰间摆至额前上方；右手持刀，从额前上方摆至身体右侧。刀尖朝前，刀刃朝下；目视前方。（图7—54）

【要求】翻身转体、提膝松胯、右手持刀下挂要同时快速。上下相合，周身一致。

【用法】接上势。设身后又有敌袭，风微动触我身，猛转体，刀往下挂避其锋刃。

动作二：接上势。右脚震脚落地，随即左脚向前上一步，重心在右腿；同时，右手持刀，向后微提起，刀尖朝下，刀刃朝后；左掌从额前方摆至胸前；随左脚上步之势，身体从左向右转体90°；目视前方。（图7—55）

【要求】随震脚之势气往下沉，重心在右，塌腰落胯，轻开左步，脚跟内侧铲地，气贯左掌指。

【用法】左手挡拦，右手持刀蓄好前劈之势。

动作三：接上势。左脚掌着地，重心由右前移至左脚成左弓步；同时，右手持刀，从右向上、向前下抢劈；左掌上摆至头上方；身体从右向左转体90°；目视前下方。（图7—56）

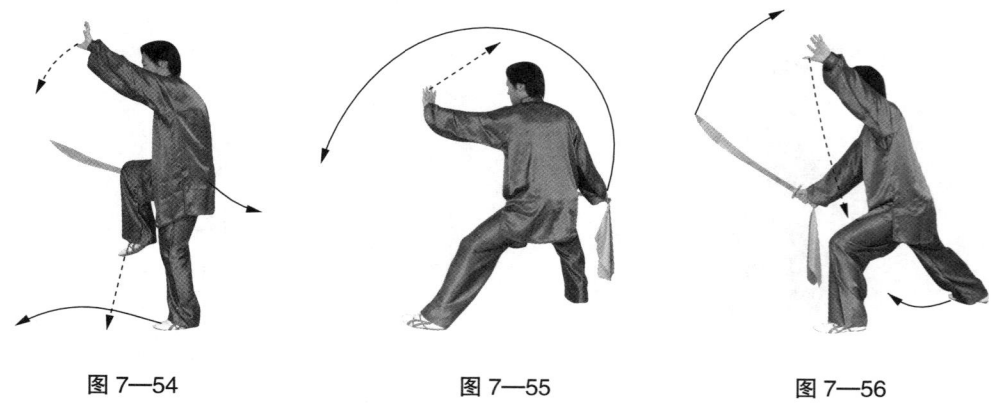

图7—54　　　　　　　图7—55　　　　　　　图7—56

【要求】劈刀时要蹬右腿、扭腰、转胯、旋腕、转膀，方能力达刀刃。左手上掤要和抢劈刀的右手协调配合。

【用法】左右翻身砍应"刀如猛虎"。当对方偷袭身后时，我要猛然转身，大劈大砍。

## 第二十式　右翻身砍

动作一：接上势。重心左移，提起右腿，身体从左向右转90°；同时，右手持刀，翻腕从左下方托至额前上方，刀刃朝上；左手下按至左侧下方；目视前

方。（图7—57）

【要求】持刀右手翻腕转身，提膝松胯，上下相合。

【用法】接上势。对方从后袭，我猛转身避其锋刃，乘势进击。

动作二：接上势。右脚震脚落地，屈膝松胯，身体随震脚从左向右转180°，左脚向左前上一步，重心在右；同时，右手持刀，从头上方下摆至身体右下侧，刀尖朝前下方，刀刃朝下；左掌从左侧向右弧形推至胸前，高与肩平；目视左前方。（图7—58）

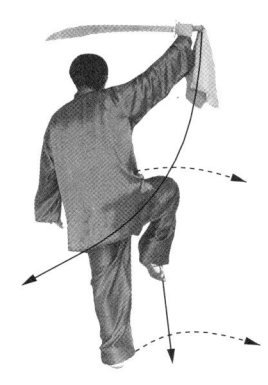

图7—57　　　　　　　　　　　　　图7—58

【要求】立身中正，气往下沉，劲贯于左掌和刀刃，步法稳健，有随时抢劈之势。

动作三：接上势。重心前移至左腿，屈膝松胯成左弓步；同时，左掌从左侧上掤至太阳穴上方；右手持刀，从右下方经右后向左前下方抢劈；随劈刀身体从右向左转体75°；目视前下方。（图7—59）

图7—59

【要求】重心前移，结合腰劲气贯刀刃，左掌上掤与刀的下劈要上下配合。

【用法】震脚上步，力劈华山。

# 第二十一式　白蛇吐信

动作一：接上势。左脚尖外摆，重心左移，右腿屈膝提起，身体从右向左转

体35°；同时，右手持刀外旋摆至胸前，刀尖朝右，刀刃朝前；左掌从头上方下收至胸前贴于刀背；目视右前方。（图7—60）

【要求】以脚跟为轴，左脚外摆，移重心，提右腿。收刀旋转，周身相合，上下一致，蓄而待发。

动作二：接上势。右脚向右侧上步，重心在右成右弓步；同时，右手持刀，从胸前向右侧扎出，高与肩平，刀刃朝前，左掌从胸前向左推出（呈上弧形），高与肩平；目视右前方。（图7—61）

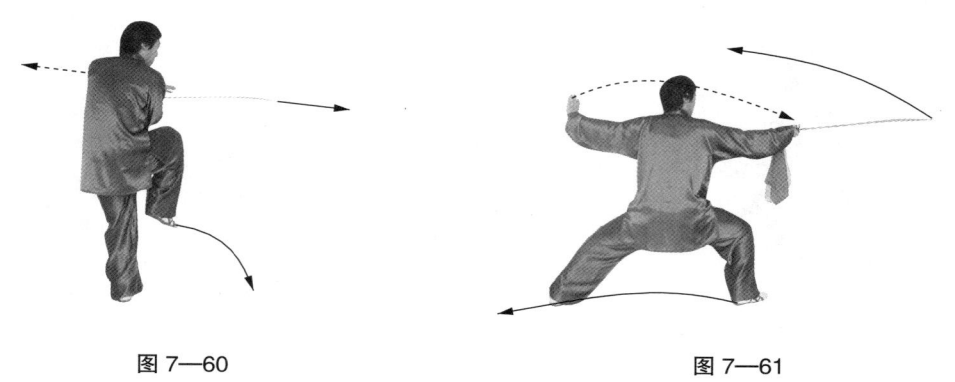

图7—60                                    图7—61

【要求】踏右步扎刀和推掌要同时进行。扎刀时要劲发弹抖，力由脊发。

【用法】避开器械，进步前刺对方胸肋。

# 第二十二式　怀中抱月

动作一：接上势。右脚经左脚后向右后方撤一步，脚掌着地，重心在左，随撤步身体向右转体90°；同时，右手持刀，屈肘下沉，使刀斜立，刀尖朝上，刀刃朝前；左掌从后弧形摆至胸前贴于右手腕；目视右前方。（图7—62）

【要求】重心移至左腿后轻撤右腿，耳听背后，准备抢击后侵之敌。

动作二：接上势。重心后移；右手持刀，从前向右下方撩带，刀尖朝前下方，

图7—62

刀刃朝下；左掌向前推出；随推掌身体从左向右转体70°，目视前方。（图7—63）

【要求】随后撤右腿转体，右手持刀向后下方猛带，抢砍速度要快。

动作三：接上势。右膝微屈，脚尖外摆，左脚从左向前移步，前脚掌点地，随移步身体从左向右转体20°；同时，左掌走下弧前合接刀护手；右手持刀走上弧合于胸前，使刀背贴于左臂；目视前方。（图7—64）

图7—63

图7—64

【要求】本式中的三个动作为收刀的三个分解动作，要连续不断，干净利索，一气呵成。

# 第二十三式　收　势

动作一：接上势。左脚全脚着地，两手从前下摆至左右两侧，右手心朝前，左手虎口朝前；目视前方。（图7—65）

【要求】左脚向前垫一小步踏实，双手从腹前下分，心气下沉。

动作二：接上势。右脚向左脚内侧上步，两腿并立；同时左手握刀盘，向左、向上、向下弧形环绕，贴靠左大腿外侧；与此同时，右臂内旋，手掌向右、向上、向下弧形环绕贴靠右腿向下压掌，掌心朝下；目视前方。（图7—66）

【要求】两腿并立，屈膝松胯，右掌下按，周身放松，心气下降。

动作三：接上势。右掌心贴右腿；身体放松，恢复自然；目视前方。（图7—67）

【要求】两腿并立，两臂放松垂于身体两侧，心静气缓，归于丹田。

图 7—65

图 7—66

图 7—67

# 第八章 陈式太极枪

## 第一节 陈式太极枪简介

陈式太极枪亦名"梨花枪夹白猿棍",是陈式太极器械套路中长兵器的一种。它汇集枪、棍之特点,在实战应用中,既有枪扎一条线,又有棍打一大片的效果,尤其注重陈式太极拳中缠绕沾粘的练法,故称"陈式太极枪"。

此枪套路严密紧凑,风格特异,在太极拳协调身法的配合下,充分显示出枪、棍各具特色和相互为用的独到之处。它以扎、拦、披、崩、扫、点、挑、劈、拨、架、绞、缠、刺、打等以及多种舞花组成的独特用法,真正体现出梨花枪夹白猿棍在演练和使用中的变幻莫测,它动如雷震,势如游龙,节奏流畅,气势磅礴,既有长兵器之威,又有长兵短用之能。

太极枪是比较难练的一种兵器,练起来很"吃功夫",故有"百日刀,千日枪"之说。练习要持之以恒,勤学苦练,细心揣摸,结合太极拳的手、眼、身法、步,配合螺旋缠绕,沾粘连随,松活弹抖的技法,展现出"百兵之王"的雄姿。正如太极名家陈照丕大师在枪法歌中云:

> 枪法微细莫视轻,身手腿法要练精;
> 千回万遍多多演,功到熟时巧自生;
> 与人比试论高低,虚实变化理须知;
> 谨慎认势胆放大,便是临时制胜机;
> 武艺由来十八般,唯有花枪独占先;
> 扎打崩缠多妙用,学者莫作等闲看。

## 第二节　陈式太极枪动作名称

| | | |
|---|---|---|
| 第　一　式 | 起势 | |
| 第　二　式 | 夜叉探海 | |
| 第　三　式 | 全舞花 | |
| 第　四　式 | 中平枪 | |
| 第　五　式 | 急三枪 | |
| 第　六　式 | 上平枪 | |
| 第　七　式 | 珍珠倒卷帘 | |
| 第　八　式 | 下平枪 | |
| 第　九　式 | 颠腿橹一枪 | |
| 第　十　式 | 扎青龙献爪 | |
| 第十一式 | 上步提一枪 | |
| 第十二式 | 扫地刺 | |
| 第十三式 | 边拦枪 | |
| 第十四式 | 往前打两枪 | |
| 第十五式 | 黄龙点杆 | |
| 第十六式 | 撩扎一枪 | |
| 第十七式 | 半个舞花 | |
| 第十八式 | 腰群拦枪 | |
| 第十九式 | 回头半个舞花 | |
| 第二十式 | 手按地蛇枪 | |
| 第二十一式 | 挑一枪 | |
| 第二十二式 | 扎一枪 | |
| 第二十三式 | 掩两枪 | |
| 第二十四式 | 左摇旗一扫朝天枪 | |
| 第二十五式 | 右摇旗一扫铁牛耕地 | |
| 第二十六式 | 回头半个舞花 | |
| 第二十七式 | 下滴水枪 | |

| | | |
|---|---|---|
| 第二十八式 | 掩两枪 | |
| 第二十九式 | 上骑龙枪 | |
| 第　三　十　式 | 往前进拨草寻蛇 | |
| 第三十一式 | 往后退白猿拖枪 | |
| 第三十二式 | 回头刺乌龙入洞 | |
| 第三十三式 | 颠回腿收琵琶势 | |
| 第三十四式 | 往前打两枪 | |
| 第三十五式 | 摇旗扫地 | |
| 第三十六式 | 泰山压卵 | |
| 第三十七式 | 半个舞花 | |
| 第三十八式 | 灵猫扑鼠 | |
| 第三十九式 | 左扑一枪 | |
| 第　四　十　式 | 右扑一枪 | |
| 第四十一式 | 翻身回头刺枪 | |
| 第四十二式 | 踢一跟子 | |
| 第四十三式 | 单手出枪 | |
| 第四十四式 | 全舞花 | |
| 第四十五式 | 二郎担山扫一枪 | |
| 第四十六式 | 半个舞花 | |
| 第四十七式 | 下六分枪 | |
| 第四十八式 | 回头半个舞花 | |
| 第四十九式 | 鹞子扑鹌鹑 | |
| 第　五　十　式 | 右扫一枪 | |
| 第五十一式 | 挑一根子 | |
| 第五十二式 | 扎一枪 | |
| 第五十三式 | 全舞花 | |
| 第五十四式 | 二郎担山扫一枪 | |

# 第三节　陈式太极枪动作图解

## 第一式　起　势

**动作一：** 并步自然站立；右手持枪，直立于右脚外侧，左手自然下垂；目视前方。（图8—1）

**动作二：** 右臂屈肘，同时右手向上提枪，并滑把至枪末端时，实把握住，拳眼向上，拳心向左，枪尖向上，左手自然下垂；目视前方。（图8—2）

图8—1　　　　　　　　　　　　　图8—2

319

**动作三**：重心移至右腿，左脚尖外摆，身体向左转90°；同时，右手持枪，由上向左划弧，枪尖落于左侧地面；目视枪尖。（图8—3）

**【要求】**立身中正，心静气活，周身放松，神态舒展自然。

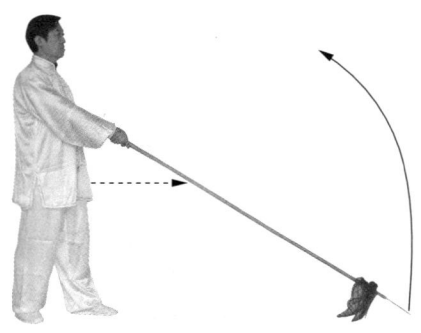

图8—3

## 第二式　夜叉探海

**动作**：接上势。重心移至左腿，右脚后撤半步，重心由左腿移至右腿，成左虚步；同时，左手虎口向上托枪杆于后中部；右手随右腿后撤向后抽枪至右腰侧；目视枪尖。（图8—4）

**【要求】**两腿要虚实分明，松胯屈膝下蹲，两手持枪灵活，注意力集中，有以静待动、侦探虚实、见机行事之势。

图8—4

## 第三式 全舞花

**动作一：**接上势。身体左转 45°，左脚尖外摆；右手滑把至枪杆中后部，左手滑至枪杆前中部，两手活握枪，使枪尖向下、向左划弧；目视前方。（图 8—5）

**动作二：**上动不停，身体向左转 135°，随转体右脚向前上一大步；两手持枪，使枪尖向左后划弧。（图 8—6）

**动作三：**上动不停。重心移至左腿，身体继续左转 135°，随转体右脚向左前上一大步；同时，两手持枪，使枪尖向上、向后、向下、向前划一立圆，右手停于左腋下，两臂成交叉状；目视枪尖。（图 8—7）

**动作四：**上动不停。身体继续左转 135°，重心由左腿移于右腿；两手活把持枪，使枪尖向上、向后、向下划弧。（图 8—8）

图 8—5

图 8—6

图 8—7

图 8—8

**动作五**：上动不停。身体左转90°，随转体左脚向左后撤一大步；两手持枪，使枪尖向后划弧，至身体左后侧；目视右前方。（图8—9）

**动作六**：上动不停。身体略右转，重心左移，右脚尖外摆；两手持枪，使枪由左后下方向上、向前、向下划一立圆，至身体右前方；目视枪尖。（图8—10）

**动作七**：上动不停。身体继续右转90°，重心移至右腿，随身体右转，左脚向右前方上一大步；两手持枪，使枪尖继续向右后划弧至右后方，两臂左上右下交叉于胸前；目视右前方。（图8—11）

**动作八**：上动不停。右脚尖外摆，左脚跟外摆；两手持枪，使枪尖向上、向后、向下划弧至身体左后侧；目视枪尖。（图8—12）

图8—9

图8—10

图8—11

图8—12

**动作九**：上动不停。以右脚跟为轴，右脚尖外摆，身体向右转180°，随转体左脚向前上一大步；两手持枪，使枪尖向下、向前划弧至左前方；目视枪尖。（图8—13）

【要求】全舞花是枪随身法，步法灵活的左右旋转抢臂。熟练时，要求周身协调，抢枪不露身形，有防护周身，挡乱箭穿身之用。

图8—13

# 第四式　中平枪

**动作一**：接上势。左脚尖内扣，身体右转90°，随转体提起右脚；同时，两手持枪，使枪尖向上、向前、向下划弧，两臂左上右下交叉于胸前；目视枪尖。（图8—14）

**动作二**：上动不停。右脚落地震脚，同时左脚提起；两手持枪，使枪尖向后、向上、向前划一立圆至正前方。在枪尖划圆的同时，右手滑把至枪杆末端；目随枪正视前方。（图8—15）

图8—14

图8—15

323

**动作三**：上动不停。左脚向前上一大步，重心前移成左弓步；随重心前移，向前扎枪；目视前方。（图8—16）

【要求】此势用枪左右抡劈后进左步，两手端枪向前平刺其胸肋，要求成左弓步。重心、腰劲、两臂劲同时到，周身一致，可以发力前刺。

图8—16

# 第五式　急三枪

**动作一**：接上势。重心移至右腿，同时左脚收回半步，前脚掌着地成左虚步；同时，右手实把握枪，配合左手活把托枪杆中部，左臂外旋，左手心向上；右手翻腕至右肩前，拳心向外，使枪杆在腹前由下向上擀滚；两手持枪，使枪尖向上、向左约在30厘米为直径的范围内划半弧形；目视枪尖方向。（图8—17）

**动作二**：接上动。左脚向左开一步，同时右脚向左促步跟进，重心在右腿；随进身进步的同时，两手持枪向前扎出；目视枪尖。（图8—18）

图8—17

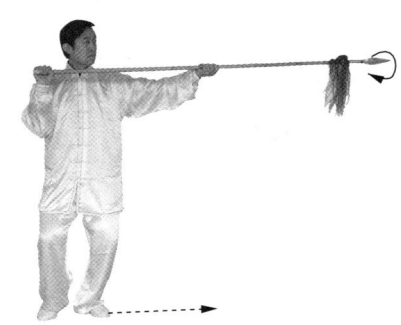

图8—18

**动作三**：接上动。左脚向左开一大步成左弓步；同时，两手持枪，使枪杆在腹前由上向下擀滚，右臂屈肘向下转腕，肘尖向右，拳面向下，在右腋下实把握枪；同时，左臂侧平举，内旋，使枪尖向上、向右、向下在 30 厘米为直径的范围内划半弧形；目视枪尖（图 8—19）。紧接着，右脚向左脚并步跟进，两腿微屈；同时，两手持枪向前刺进；目视枪尖。（图 8—20）

**动作四：**接上动。左脚向左前上一大步；同时，左手外旋，右手翻腕至右肩前，拳心向外，使枪杆在腹前向下、向右、向上擀滚，枪尖在 30 厘米直径范围内划半弧形；目视枪尖。（图 8—21）

**动作五：**接上动。动作说明与动作二相同。（图 8—22）

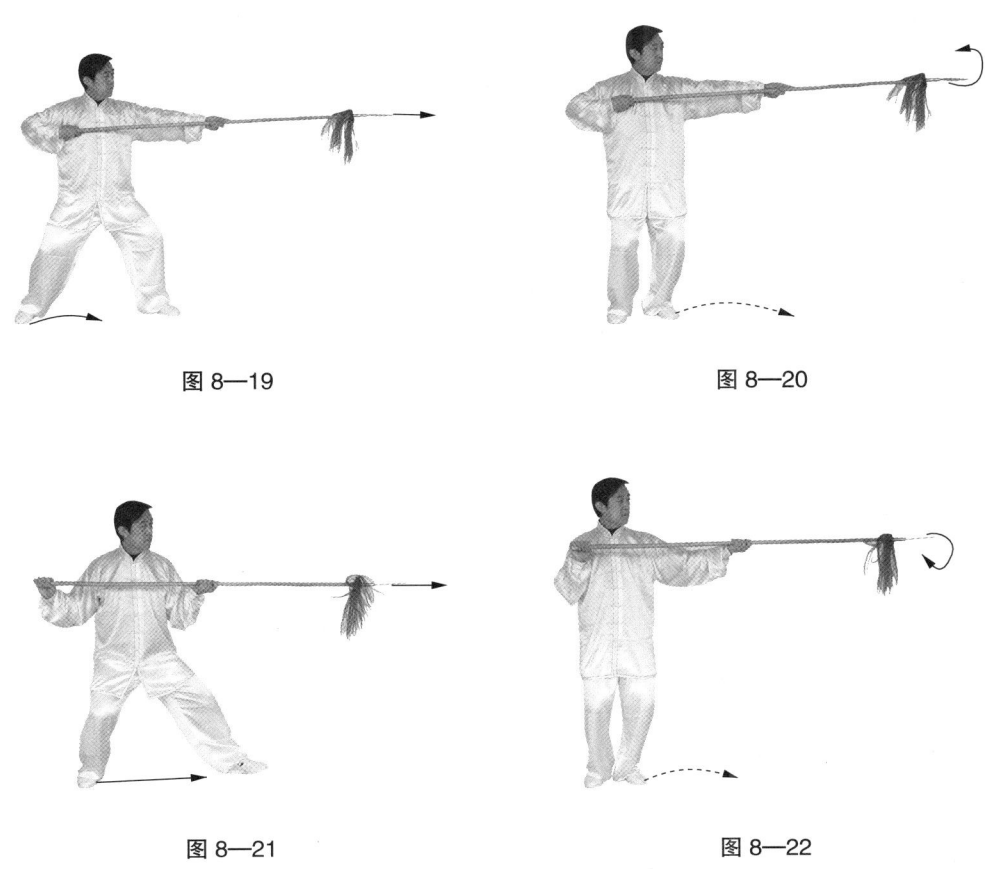

图 8—19　　　　　　　　　　　　　图 8—20

图 8—21　　　　　　　　　　　　　图 8—22

【要求】随促步身手并进连击三枪，刺敌胸肋，要求上下协调，枪要滚翻缠绕，有缠逼对方器械击刺之意。

# 第六式　上平枪

**动作一：**接上势，动作不停。重心移右腿，左腿向前开一步，脚跟着地，脚尖上翘；两手外缠下翻，合与胸平；目视枪尖。（图8—23）。随即右脚跟进，并步直立；枪前刺与咽喉平；目视前方。（图8—24）

【**要点**】在上势基础上，用缠绕动作将对方器械避开，并刺敌咽喉。

【**要求**】枪滚翻击刺进步要快，目标要准。

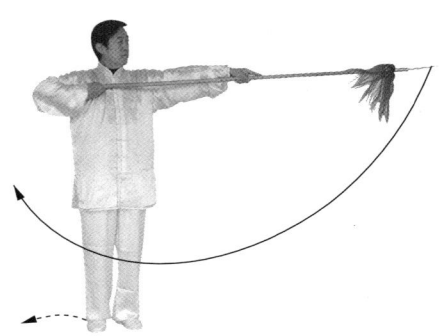

图8—23　　　　　　　　　　　　　　　图8—24

# 第七式　珍珠倒卷帘

**动作一：**接上势。重心移于右腿，左脚向后倒一步，身体左转45°；右手滑至枪杆中部，两手均活把持枪，使枪尖向下经左腿外侧向后划弧至左后侧；目视前方。（图8—25）

**动作二：**上动不停。重心移至左腿，身体右转45°，右脚向后倒一步；同时，两手持枪，使枪尖向上、向前、向下经身体右侧划弧至身体右后侧，两前臂左上右下交叉于胸前；目视前方。（图8—26）

图8—25

动作三：上动不停。重心移于右腿，左脚向后倒一步，身体左转 90°；两手持枪，使枪尖向上、向前、向下、向后经身体左侧划一立圆至左后下方；目视左后方。（图 8—27）

图 8—26

图 8—27

【要求】周身配合，连倒三步，两手在胸前交叉转换枪，在左右两侧抢劈划弧，有败中防守，见机取胜之意。

# 第八式　下　平　枪

动作一：接上势。重心移于左腿，右脚提起悬于裆内，身体右转 90°；两手持枪，使枪尖向上、向前、向下划一立圆至身体右侧，枪尖向下，两上臂相合，两前臂交叉于胸前，两手持枪，左手虎口向下，右手手心向上；目视前方。（图 8—28）

动作二：接上动。右脚落地震脚，同时提起左脚，两腿微屈，腰胯松开；与此同时，使枪尖向后、向上、向前划弧，右手滑至枪杆末端，实把握枪，使枪杆成一水平，枪尖向前；目正视前方。（图 8—29）

图 8—28

动作三：上动不停。左脚向前迈出一大步成左弓步；同时，两手随进步进身向前刺枪，右手实把握枪杆末端推至右腰际止，手心向内，左手心向下；目视刺枪方向。（图 8—30）

图 8—29                             图 8—30

**【要求与用法】**接上势抡枪倒步，突然震脚进步前刺敌丹田，要求换把灵活，进步刺要快。

# 第九式　颠腿橹一枪

　　**动作一：**接上势。重心移至右腿，提左腿向左后倒一大步，身体左转 90°；随转体右手滑至枪杆中后部，两手持枪，使枪尖向下经身体左侧向后划弧至身体左后侧，枪尖向左后下方。（图 8—31）

　　**动作二：**上动不停。重心移至左腿，提起右腿，身体向右转 90°；随转体提腿，两手持枪，使枪尖向上、向前、向下经身体右侧向后划一立圆至身体右后侧，枪尖向右后下，两臂交叉于胸前。（图 8—32）

图 8—31

图 8—32

**动作三**：上动不停。右脚震脚，同时左脚提起；右手滑把至枪杆末端，屈臂上举于右后侧，拳高于头，肩肘相平，拳心向外，使枪尖向上、向前划弧；左手手心向上，活把托枪于胸前，使枪尖斜向下；目视枪尖。（图8—33）

**动作四**：接上动。左脚向前上一步成左弓步；同时，两手持枪，顺枪尖方向向前下刺出，力达枪尖；目视被刺方向。（图8—34）

图8—33　　　　　　　　　　　　　图8—34

【要求】枪在身体左右两侧划动，如摇橹。将敌兵器闭开，前刺其膝或裆部。要求转换灵活，击刺有力。

# 第十式　扎青龙献爪

**动作**：接上势。右脚向前上一大步成右弓步，身体迅速向左转90°；右手单手实把持枪，随转体上步之势，向前下方刺击；左手变掌离枪，向左后上方划弧摆出，与右手相呼应；目视枪尖。（图8—35）

【要求与用法】向前上步单手刺枪与左手向左后摆动要一致。左手向上挡架，右手单手刺枪，也是枪法中的一种用法。

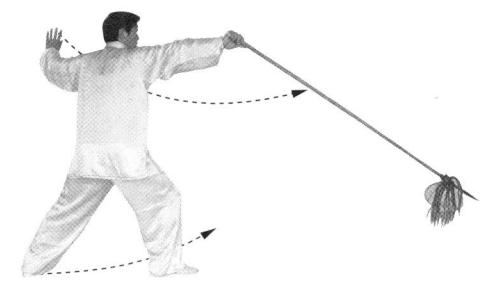

图8—35

## 第十一式　上步提一枪

**动作一：** 右脚尖外摆，身体向右转 90°，左脚提起，脚尖自然下垂，右腿微屈；同时，右手提枪于右肩后侧，拳心向外，虎口向前；左手随转体向前划弧，手心向上托枪于枪杆中部；目视前下方。（图 8—36）

**动作二：** 左脚向前上一步变左弓步；随上步进身，两手持枪向前下方扎出，力达枪尖；目视枪尖方向。（图 8—37）

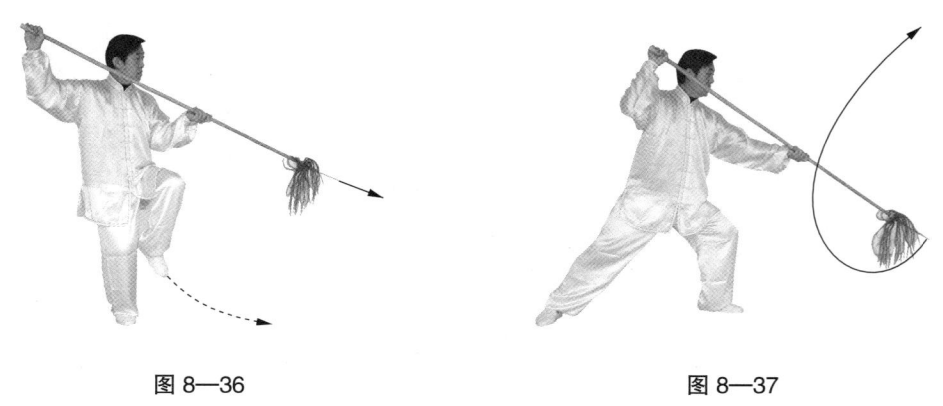

图 8—36　　　　　　　　　　　图 8—37

**【要求】** 此势蓄发相变，先蓄后发，上下一体，进步前刺，劲力完整。

## 第十二式　扫地刺

**动作一：** 接上势。重心移于右腿，变成左仆步；同时，以左手为支点，右手实把握枪顺缠划弧至右腰际，拳心向内，虎口向前；左手随枪内旋变手心向下，使枪尖在体前向左、向上划弧，枪尖斜向上；目视枪尖。（图 8—38）

**动作二：** 上动不停。两手持枪，继续向右、向下、向左划弧；与此同时，重心移至左腿，右脚向左脚后插步，蹲成歇步；左手持枪杆中部；目顺左臂和枪杆向左上方斜视。（图 8—39）

**【要求与用法】** 此势为反手上撩低刺枪法。要求缩身合力，身法、步法协调、灵敏。

图 8—38

图 8—39

## 第十三式　边拦枪

**动作一：**接上动。右脚向右后撤一大步，变左仆步；两手持枪，使枪尖向左、向下、向右方划弧；目视枪尖。（图 8—40）

**动作二：**接上势。重心迅速移于左腿，两手持枪，使枪尖向右、向下、向上、向左上方划弧发力；目视枪尖。（图 8—41、图 8—42）

**【要求】**结合腰、裆劲划弧，向左后方崩劲，要求劲力完整，力达枪杆。

图 8—40

图 8—41

图 8—42

331

## 第十四式　往前打两枪

**动作一：**接上势。身体迅速左转90°，随转体右脚向前上一大步成右弓步；右手滑把于枪杆中后部。随上步使枪杆后部向上、向前、向下劈砸；目视前方。（图8—43）

**动作二：**身体迅速向右转90°，左腿向前上一大步成左弓步；同时，右手滑把至枪杆末端，实把握枪；左手滑把至枪杆中部，随转体上步，使枪尖向上、向前、向下砸劈；目视枪尖。（图8—44）

**【要求与用法】**此势有棍法中的劈打点击法。上步击打要煞腰下沉，力达棍端。

图 8—43

图 8—44

## 第十五式　黄龙点杆

**动作：**接上势。身体微左转再迅速右转（只转腰，步不动）；同时，两手持枪，使枪杆在腹前由上向下擀滚，并使枪尖在直径为30厘米的范围内向上、向右、向下划半弧形；目视枪尖。（图8—45）

**【要求与用法】**这也是棍法中的下点棍法，结合裆、腰劲，用双手里缠下

图 8—45

点，力达枪头，顺敌枪杆滑劈。

# 第十六式　撩扎一枪

**动作一：**接上势。身体向左转 90°，随转体右脚向前上一大步；右手单手实把持枪，使枪尖向右、向后上方划弧，使枪杆中后部搭于右肩上；同时，左手变掌离枪向左后划弧，与右手协调呼应配合；目视前方。（图 8—46）

**动作二：**接上动。右脚向右前方稍开，重心随之移于右腿；右手持枪，使枪尖向右、向前划弧平扫；目视枪尖。（图 8—47）

**动作三：**上动不停。右手持枪，使枪尖继续向左下、向后划弧，同时，左手接枪杆中部。枪尖向左后斜向下；目视枪尖。（图 8—48）

图 8—46

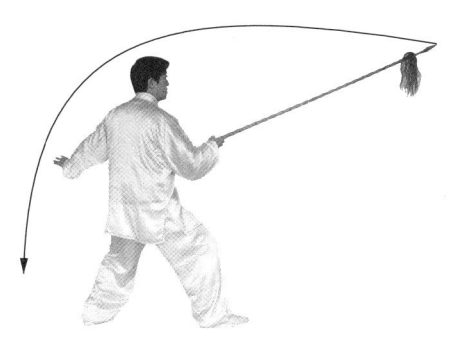

图 8—47

图 8—48

【要求】此势为棍法中的横扫法。以裆、腰劲催右肩靠枪杆里合，右手持枪横扫一周。

## 第十七式  半个舞花

动作一：接上势。重心移至左腿，身体右转90°，同时右腿收回半步，脚跟着地，脚尖外摆成虚步；与此同时，两手持枪，右手滑把至枪杆中部，使枪尖向上、向前、向下划一大弧，两臂左上右下交叉于胸前；目视右前下方。（图8—49）

图8—49

动作二：上动不停。重心移于右腿，身体向右转90°，随转体左脚向前上一步；同时，两手持枪，使枪尖向后、向上、向前、向下经身体右侧划一立圆；目视枪尖。（图8—50）

动作三：上动不停。右脚尖外摆，身体向右转180°，随转体，左脚向前上一大步；与此同时，两手持枪，使枪尖随上左步向前划弧；目视枪尖。（图8—51）

【要求】枪随身动，身随步活，周身协调，旋转自如。

图8—50

图8—51

## 第十八式 腰群拦枪

**动作一：**接上势。左脚尖内扣，身体向右转120°，同时提起右脚；两手持枪，使枪尖向上、向右、向下划弧，两前臂左上右下在胸前交叉。枪尖指向右前下方；目视枪尖。（图8—52）

**动作二：**右脚向前方上一大步；同时，两手持枪，使枪尖在体前向右、向上、向左划弧，右手滑把至枪杆末端实把握至右腰侧，枪尖指向左上方；目视前方。（图8—53）

**动作三：**重心迅速右移，腰右转，随转腰移重心；两手持枪，使枪尖向左、向下、向右上划弧；目视前方。（图8—54）

图8—52

**【要求与用法】**结合裆、腰劲，向右横扫挑刺，有拦腰截击和拦夺器械之意。

图8—53

图8—54

## 第十九式 回头半个舞花

**动作一：**接上式。右脚尖外摆、身体向右转180°，左脚随转体向前扫一圈，脚跟着地，成左虚步；两手持枪，使枪尖向上、向左、向右划弧，枪尖向下；两前臂左上右下在体前交叉；目视前方。（图8—55）

动作二：上动不停。左脚尖内扣，重心移于左腿，身体向右转135°，随转体右脚尖外摆；与此同时，两手持枪，使枪尖向右、向上、向后划一立圆，枪尖斜向左后下；目视前方。（图8—56）

动作三：上动不停。重心移于右腿，身体右转180°，随转体，左脚向前上一大步；同时，两手持枪向前划弧，枪尖向左前下；目视枪尖。（图8—57）

图8—55

【要求】猛转体180°，身法、步法要协调一致，枪随身左右旋转，顺随自然。

图8—56

图8—57

## 第二十式　手按地蛇枪

动作一：接上势。左脚尖内扣，身体向右转90°，随转体提起右腿；同时，两手持枪，使枪尖向上、向右、向下划弧至身体右侧下方，枪尖朝下，两前臂左上右下交叉于胸前；目视前方。（图8—58）

**动作二：**上动不停。右脚落地震脚，同时提起左腿；与此同时，两手持枪，使枪尖向后、向上、向前划弧，枪尖向前，左手持枪杆中部，手心向下，右手实把握枪杆末端于右腰际；目视正前方。（图8—59）

**动作三：**接上动。左脚向前迈出一大步，成左仆步；与此同时，两手持枪，向前下方劈刺，枪尖触地；目视左前方。（图8—60）

**【要求与用法】**枪随身法，仆步下按是枪套路里低身法的一种。

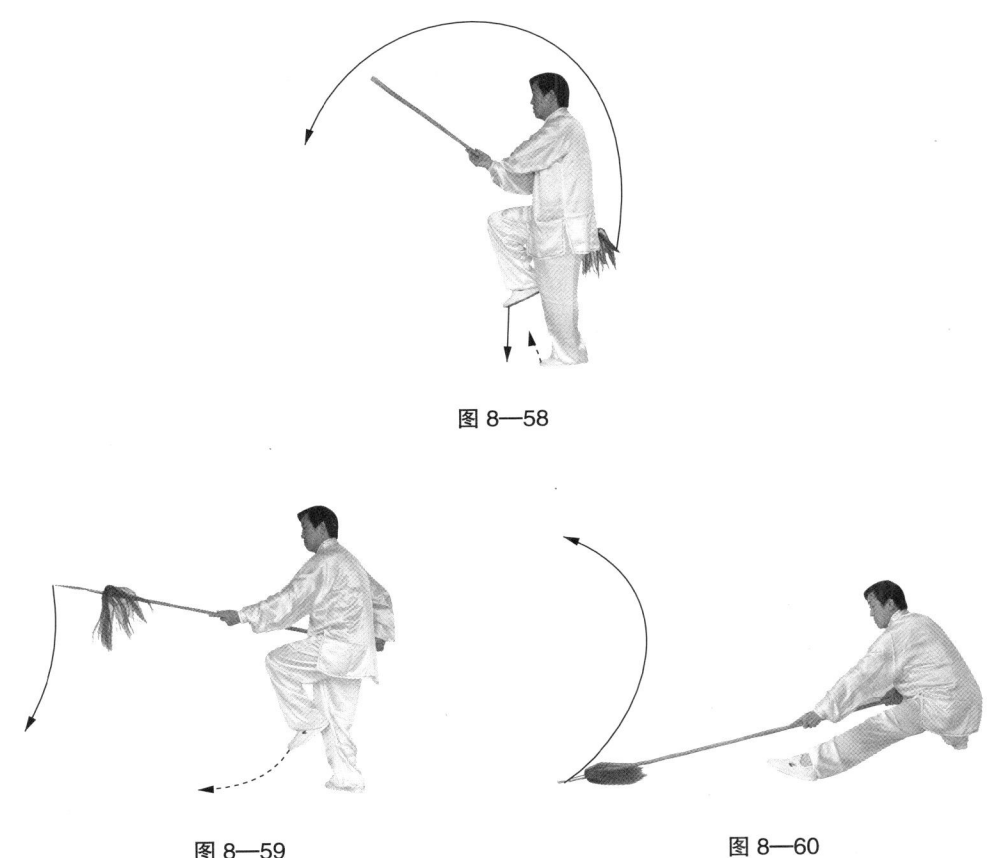

图8—58

图8—59　　　　　　　　　　　图8—60

## 第二十一式　挑　一　枪

**动作：**接上势。重心前移，移于左腿，成左弓步；同时，两手持枪，使枪尖向右、向上、向左划弧撩挑，力达枪尖；目视枪尖。（图8—61）

337

图 8—61

【要求】结合裆、腰劲，由下往左上用外崩劲。

# 第二十二式　扎一枪

**动作一**：接上势。身体微右转，重心右移；两手持枪，使枪尖向下、向后划弧抽回，右手抽至头右后上侧，使枪尖斜向左前下方；目视枪尖。（图8—62）

**动作二**：接上势。重心前移，两手持枪，向前下方刺击，左手随之滑至枪杆后部；目视刺击方向。（图8—63）

图 8—62

图 8—63

【要求】随重心前移，向前下扎枪，左手握枪要灵活，右手实把紧握，不可直来直去。

## 第二十三式　掩两枪

**动作一：**接上势。重心移于右腿，同时提起左腿；右手实把持枪，抽于腰右后侧；左手向枪尖方向滑把至枪杆中部，滑时向内摇转枪尖（即圈枪），使枪中平，枪尖向前；目视正前方。（图8—64）

**动作二：**左腿向前迈步落地，重心前移，同时提起右腿；在进步的同时，右手持枪向前刺击，同时左手向右手滑靠；目视正前方。（图8—65）

图8—64　　　　　　　　　　　　　　图8—65

**动作三：**接上动。右脚向前迈步落地，重心前移；同时，右手持枪，水平抽回至身体右后；左手向枪尖方向滑至枪杆中前部；右手抽枪时逆缠内旋，使枪尖向内摇转；目视正前方。（图8—66）

**动作四：**接上动。左脚向前上一大步，重心前移（移于左脚）；同时，右手实把持枪向前刺击；左手向右手滑靠；目视正前方。（图8—67）

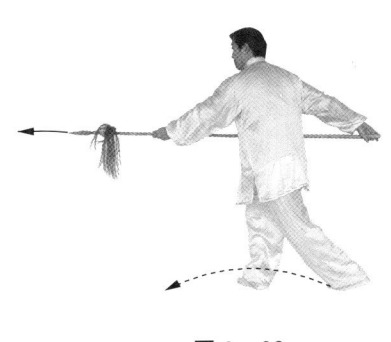

图8—66

**动作五：**接上动。右手持枪杆末端抽枪至右腰侧；左手滑至枪杆中部；目视前方。（图8—68）

**【要求】**结合身法、步法，活把滑枪连刺两枪，要求抽枪、刺枪均旋转缠绕，不可直来直去。

图 8—67　　　　　　　　　　　　图 8—68

# 第二十四式　左摇旗一扫朝天枪

**动作一**：重心移至左腿，提起右腿，身体向左转 90°；与此同时，两手持枪，使枪尖在 30 厘米直径内顺时针划圆，然后向下至身左前方；右臂屈肘推枪杆于头右上侧，使枪杆上下竖直，枪尖向下；目视前方。（图 8—69）

**动作二**：上动不停。右脚落地震脚，左腿提起，身向左转 90°；两手持枪，使枪尖在身体左侧向后、向上划弧，枪尖向上；目视前方。（图 8—70）

**动作三**：接上动。左脚向左前迈步落地，重心随即移至左腿；随迈步移重心之势，两手握枪杆向前推进，左手心向右，右手心向左，虎口均向上，枪尖向上；目视左前方。（图 8—71）

**【要求】**此势摇枪转身，用枪杆挡推，闭敌后侵之势。速度要快。

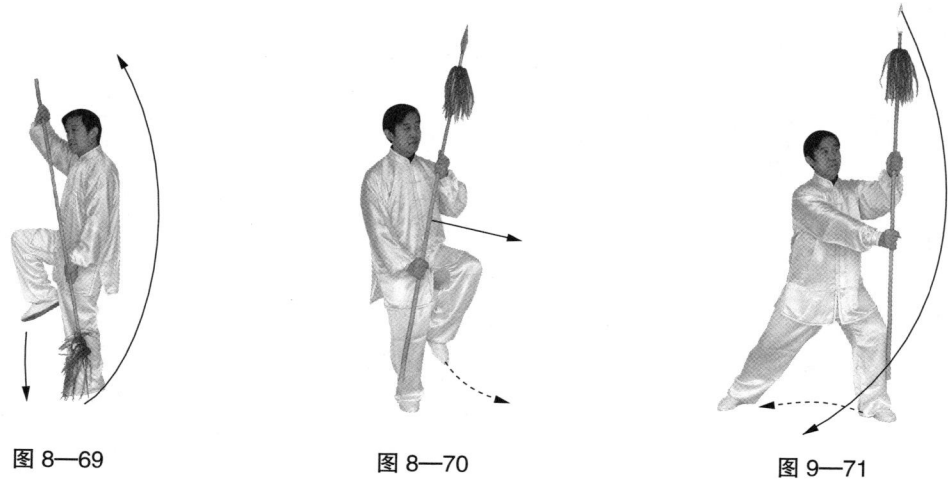

图 8—69　　　　　　　　图 8—70　　　　　　　　图 9—71

## 第二十五式　右摇旗一扫铁牛耕地

　　**动作一：** 接上势。重心移于右腿，同时左脚收至右脚内侧，脚尖点地，两腿微屈成左虚步；两手持枪，使枪尖向前、向下划弧至左腿外侧，枪尖向下；目视枪尖。（图8—72）

　　**动作二：** 上动不停。重心移于左腿，右腿提起；同时，两手持枪，使枪尖向上、向右、向下划弧至身体右侧，枪尖向下，两臂左上右下交叉于胸右侧。（图8—73）

　　**动作三：** 右脚落地震脚，左腿提起，身体向右转45°；两手持枪，使枪尖向右、向上、向前划弧至前下方，枪杆后部划至右腋下；目视前下方。（图8—74）

　　**动作四：** 接上动。左脚向前开一大步，成左弓步；同时，两手持枪，向前下方刺击；目视刺击方向。（图8—75）

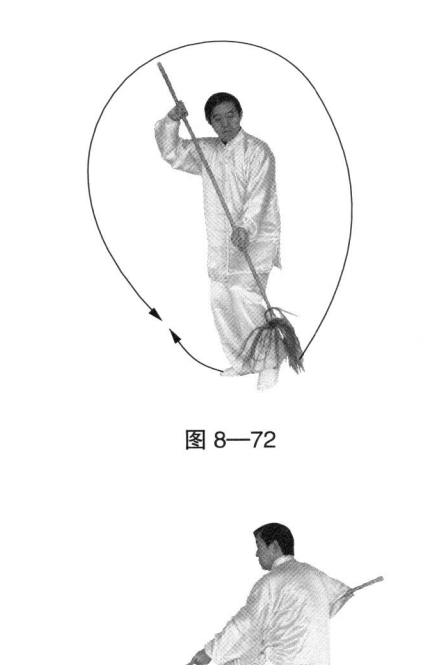

图8—72

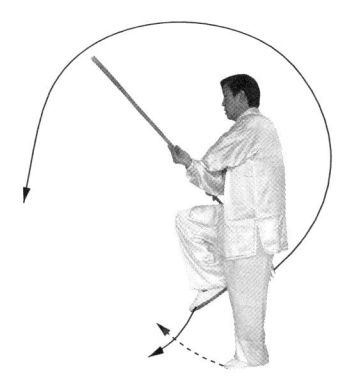

图8—73

图8—74

图8—75

【要求】此势为短距离转身，刺击对方膝盖或脚面，手持枪杆中部，与裆、腰劲结合。

## 第二十六式　回头半个舞花

动作一：接上势。左脚尖内扣，身体向右转180°，同时提起右腿，随转身向回收半步落地，脚跟着地成虚步；两手持枪，使枪尖向上、向后、向下划弧至右脚旁，枪尖斜向下，两臂左上右下交叉于胸前；目视枪尖。（图8—76）

图 8—76

动作二：上动不停。重心移至右腿，身体右转120°，随转体左脚向前上一大步；同时，两手持枪，使枪尖经身体右侧向后、向上、向前、向下划一立圆，枪尖斜向下；目视枪尖。（图8—77）

动作三：上动不停。身体向右转180°，随转体左脚向前上一大步；同时，两手持枪，使枪尖经左腿外侧向前、向上划弧至左前下方，枪尖斜向下；目视左前方。（图8—78）

图 8—77

图 8—78

【要求】转身回头，枪在身体左右两侧划弧抡圆，周身协调一致。

## 第二十七式　下滴水枪

**动作一：**接上势。左脚尖内扣，身体向右转90°，随转体右脚提起；同时，两手持枪，使枪尖向上、向前、向下划弧至身体右侧，枪尖朝下，两臂左上右下交叉于胸前；目视右前方。（图8—79）

**动作二：**上动不停。右脚落地震脚，同时左腿提起；两手持枪，使枪尖向后、向上、向前划弧至前下方，枪尖斜向下，右手滑把至枪杆末端实把握枪，举至头右后侧；目视枪尖。（图8—80）

**动作三：**接上动。左脚向左前开一大步，成左弓步；两手持枪，向前下方刺击；目视刺击方向。（图8—81、图8—82）

图8—79

图8—80

图8—81

图8—82

【要求】随回头舞花，进步前扎枪，扎敌下盘，要求力达枪尖。

## 第二十八式　掩两枪

**动作一：**接上势。重心移至右腿，同时提起左腿；两手持枪成中平式，移重心向后抽枪时，右手顺缠，使枪外旋抽回；左手随枪外旋变手心向下；目视正前方。（图8—83）

**动作二：**此组动作说明同第二十三式，唯方向相反。（图8—84~图8—86）

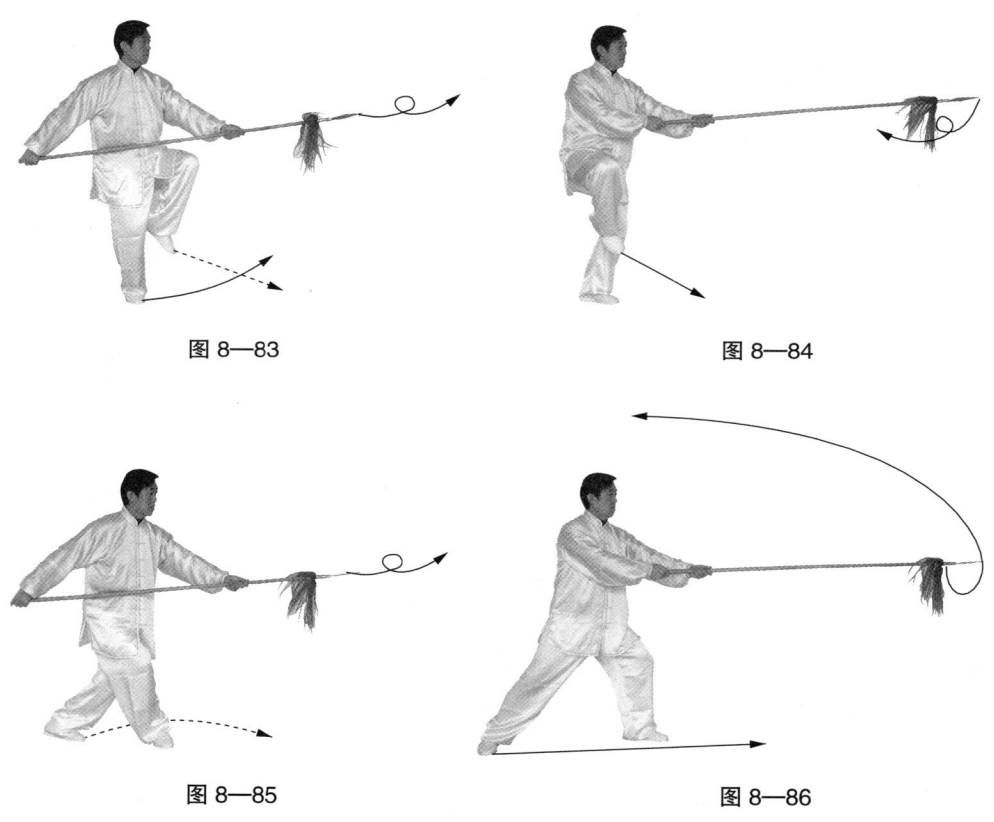

图8—83　　　　　　　　　　　　　　　　　图8—84

图8—85　　　　　　　　　　　　　　　　　图8—86

## 第二十九式　上骑龙枪

**动作一：**接上势。右脚向右前上一大步，成半马步；两手持枪，使枪尖向下、向右、向上、向左划弧，枪尖向左上方；目视右前方。（图8—87）

**动作二：**身体微左转再右转，重心迅速移至右腿；同时，两手持枪，随移重心使枪尖向下、向右上方划弧，左手缠把握枪推至胸前，右手实把握枪把端抱至右腰侧；目视枪尖。（图8—88）

**【要求】**裆圆煞腰，身端臂合，扭腰合力往上挑，并要求力达枪尖。

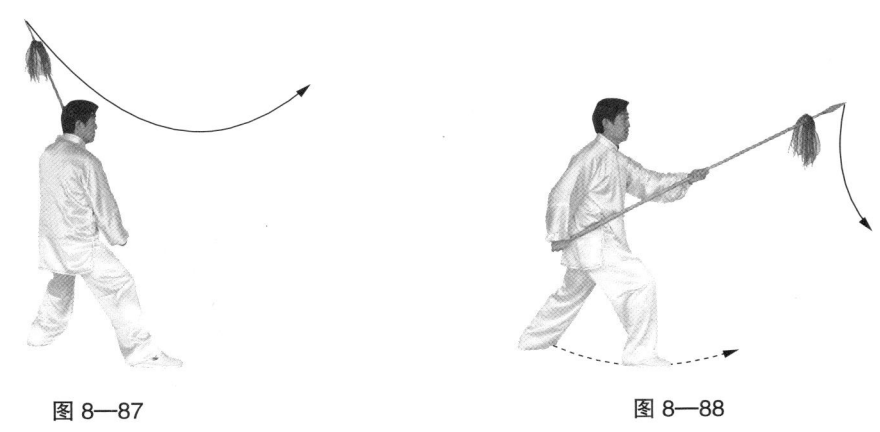

| | |
|---|---|
| 图8—87 | 图8—88 |

## 第三十式　往前进拨草寻蛇

**动作一：**接上势。身体向右转90°，随转体左脚向右前方上一步成左虚步；两手持枪，使枪尖向下、向右划弧，右手实把握枪，屈臂上举于头右后侧，拳心向外，虎口向右；左手托枪杆中部，手心向上，使枪尖斜朝下；目视枪尖。（图8—89）

**动作二：**接上动。左脚向左开一步，右脚促步跟进；与此同时，两手持枪向前下方刺进；目视枪尖。（图8—90）

| | |
|---|---|
| 图8—89 | 图8—90 |

345

【要求与用法】枪随步进，枪外拨接向前下刺，如草中寻蛇之状。

## 第三十一式　往后退白猿拖枪

动作一：接上势。左脚尖内扣，右脚尖外摆，身体向右转 90°，两脚微屈，右脚尖点地成右虚步；与此同时，两手持枪左逆右顺缠，使枪尖在 30 厘米直径内顺时针划圆；目视枪尖。（图 8—91）

动作二：接上动。右脚向前迈一步，左脚也向前迈一大步；两手持枪，拖于身后不变。（图 8—92、图 8—93）

【要求与用法】此势有拖枪败走之势，但身法含而不散，突然回首一击，败中取胜。

图 8—91

图 8—92

图 8—93

## 第三十二式　回头刺乌龙入洞

动作一：接上势。右脚向前迈一大步，紧接着左脚跟进半步成左虚步；与此同时，身向左转 90°，含胸、屈膝、松胯；两手持枪，使枪尖向右、向上、向左划弧发力，枪杆成中平姿势；目视左方。（图 8—94）

动作二：接上动。左脚向左开一大步，右脚也促向左步跟进；同时，两手持枪，随促步向左方刺进。枪成上平姿势；目视刺击方向。（图 8—95）

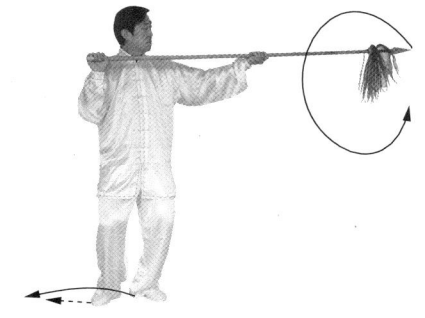

图 8—94　　　　　　　　　　　图 8—95

【要求与用法】接上势拖枪败走，突然回首一击，是虚笼诈诱之法。

## 第三十三式　颠回腿收琵琶势

动作：提右脚向右撤一步，重心移于右腿；左脚随即向右脚靠近，脚尖点地成左虚步；同时，两手持枪，随撤步向右、向下划弧，再向上、向左上崩枪，如同手抱琵琶势。（图8—96）

【要求与用法】此势为崩枪法，要求上下相合，步身协调，用缠劲外崩，力达枪杆梢端。

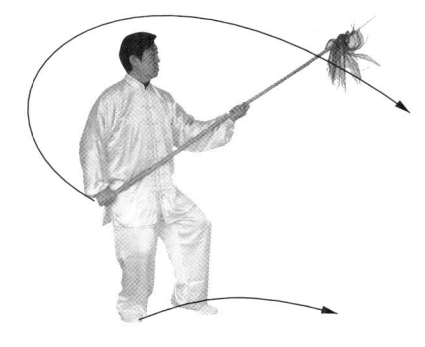

图 8—96

## 第三十四式　往前打两枪

动作一：接上势。重心左移，右脚往左前上一步，落地震脚有声；随身体左转上步，左手握枪，向枪尖方向滑至枪杆前中部，右手亦由把端向枪尖方向滑至枪杆中部，右手持枪把，由身体右侧向前方击打，重心在右；目视右前方。（图8—97）

动作二：上动不停。左脚往右前上步，落地震脚有声，随身体右转上步，左手由身体左侧用枪尖端部向前方击打；随击打发力，右手向枪把方向自然滑动。重心在左；目视左前方。（图8—98）

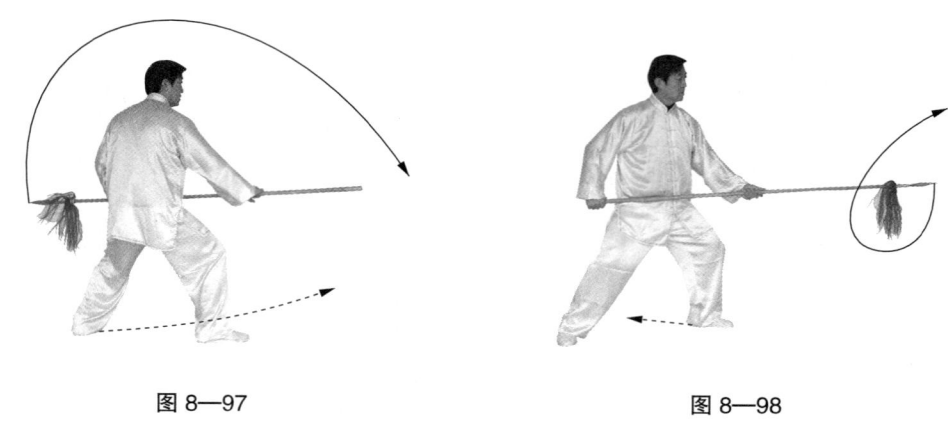

图 8—97　　　　　　　　　　　　图 8—98

**【要求与用法】**用枪杆两头连劈打两次，是棍法里边的点打，要求枪步一致，劲力完整，力达梢端。

## 第三十五式　摇旗扫地

**动作：**接上势。枪尖向左上方划弧，左手握枪，由手心向下随划弧成手心向上；同时，重心右移，左脚后撤半步，脚尖点地于右脚内侧；两手持枪，使枪尖向左下侧划弧。上动不停，左脚经右脚内侧向左后退步，重心在右；目视左前方。（图 8—99、图 8—100）

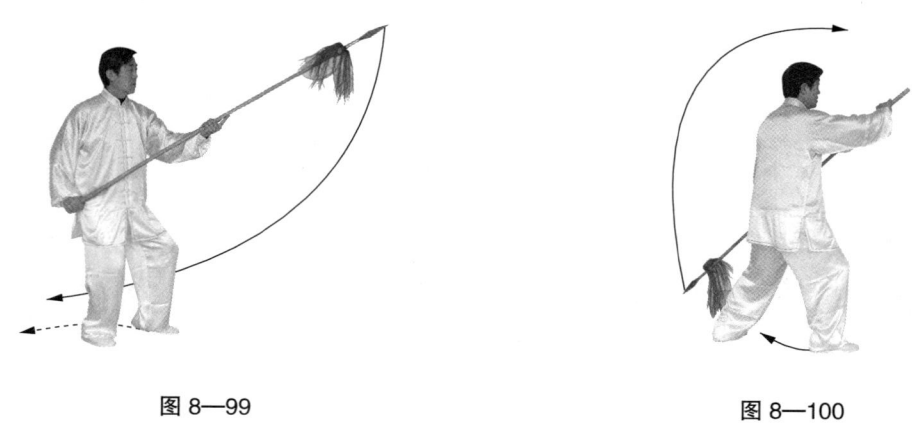

图 8—99　　　　　　　　　　　　图 8—100

**【要求与用法】**用枪尖随撤步后扫，有挡拨众多兵器之势。要配合腰劲。

## 第三十六式　泰山压卵

**动作：**接上势。枪尖由左下侧向左上方划弧；重心左移，右脚向左脚内侧靠拢，以足尖点地成丁八步；枪尖向上，两手左上右下握枪置于胸前；目视右前方。（图 8—101）

**【要求与用法】**此势有泰山不倒之威，沉稳有力。周身放松，合力下沉，有泰山压卵之势，是枪法中一守势也。

图 8—101

## 第三十七式　半个舞花

**动作一：**接上势。身体稍高，右脚尖外摆，向右前方进步；同时，枪尖由上向身体右侧下方划弧，两手左上右下交叉于胸前，枪尖向下；目视右前下方。（图 8—102）

其余动作说明，参阅第十七式半个舞花的动作（图 8—103~图 8—105）

要求与用法同第十七式。

图 8—102

图 8—103

图 8—104

图 8—105

## 第三十八式　灵猫扑鼠

　　**动作一**：接上势。枪尖由下、向后、向上、向前继续划弧；同时，右脚落地震脚，左腿提起。随抡枪身体右转 90°；两手持枪杆中部，相距尺许，枪尖向左前上方；目视枪尖指向。（图 8—106）

　　**动作二**：接上动。左脚向左前方上一大步，随即重心移于左腿；随重心左移，使枪尖向左前上方扎出；目视左前上方。（图 8—107）

　　**【要求与用法】**此势突然转身后刺，有灵猫扑鼠之势。身手要协调一致。

图 8—106

图 8—107

## 第三十九式　左扑一枪

**动作一：** 接上势。重心右移，身向左转 135°，左腿提起；使枪尖向左下后划弧；目视左前。（图 8—108）

**动作二：** 上动不停。左脚落地震脚，提起右腿，身体向左转 45°；同时，枪尖由左下向右上划弧，两手左上右下交叉握枪杆中部置于胸前；目视右前方。（图 8—109）

图 9—108

图 8—109

**动作三：** 接上势。右脚向右前方上一大步；两手持枪，随上步移重心，使枪向前上方扎出；目视右前方。（图 8—110）

图 8—110

【要求与用法】此势为长兵短用法。在小范围内，如四面有人围攻，大抡大刺不开，就用枪杆的一半，做近身的刺击法。要求转身与步法灵活，上下相合，刺枪有力，眼神扫顾四周。

# 第四十式　右扑一枪

**动作一：**接上势。重心左移，身体向右旋转约 135°，同时提起右腿；两手持枪，使枪尖向右、向下划弧，两臂左上右下交叉握枪杆中部，置于胸右侧；目视左前方。（图 8—111）

**动作二：**上动不停。枪尖继续划弧至左前方时，右脚落地震脚。同时左腿提起；两手握枪杆中部置于胸右侧；目视左前方。（图 8—112）

图 8—111

图 8—112

**动作三:** 接上势。左脚向左前方上一大步;两手持枪,随上左步变左弓步的同时,向左前上方扎出 (发劲);目视左前方。 (图 8—113)

**【要求与用法】** 此势与第三十九式基本相同,唯转身与枪刺方向不同。

图 8—113

# 第四十一式　翻身回头刺枪

**动作一:** 接上势。左脚尖内扣,重心在左脚,右腿由左腿后倒一大步,身体向右旋转 135°;两手持枪,使枪尖从头上迈过蓄于右肩前。两手左上右下交叉握枪杆中部置于胸前;目视右侧。 (图 8—114)

**动作二:** 接上势。重心迅速右移,上体姿势基本不变;随移重心向右前上方扎枪;目视右前上方。 (图 8—115)

图 8—114

图 8—115

【要求与用法】当左右扑枪后，仍未解脱围攻，突然转身回头再刺一枪，要求转身要快，身法团聚不散。

## 第四十二式　踢一根子

**动作：** 左脚提起自然收回，同时身体向左转45°，然后左脚向前方突然踢出，其高度与胸平；两手握枪，随转体踢脚，自然置于身体右侧，枪尖向上；目视前方。（图8—116、图8—117）

【要求与用法】在前几势左右转身刺枪后，仍未脱围，紧接着向后边加上一脚，再跳步单手出枪，闯出一条路，冲出重围。几势紧密相连，均要求协调一致。

图8—116

图8—117

## 第四十三式　单手出枪

**动作一：** 接上势。左脚收回落地震脚，随即提起右腿，身体向左转90°；同时，枪尖由上向前下划弧，枪尖向下，两手右上左下握枪，置于胸前偏左；目视前方。（图8—118）

**动作二：** 上动不停。右脚向前上一大步，身体略左转，重心略偏左脚；枪尖继续划弧，由下经后至身体右侧，双手左上右下交叉握枪置于胸前，枪杆水平，枪尖向右；目视右方。（图8—119）

图 8—118

图 8—119

**动作三**：重心迅速右移；右手单手持枪，向右侧平扎；同时左手向左侧推掌，其高度与肩平；目视右方。（图 8—120）

图 8—120

# 第四十四式　全舞花

**动作一**：接上势。重心左移，身体微左转，右脚收回至左脚内侧，脚尖点地；同时，右手上提枪，使枪尖由前向下、向左划弧，左手接枪。双手左下右上持枪，枪尖向下；目视右前方。（图 8—121）

其他动作，参考第三式全舞花动作说明（图 8—122~图 8—129）

要求和用法参考第三式全舞花动作说明，唯其方向不同。

图 8—121

图 8—122

图 8—123

图 8—124

图 8—125

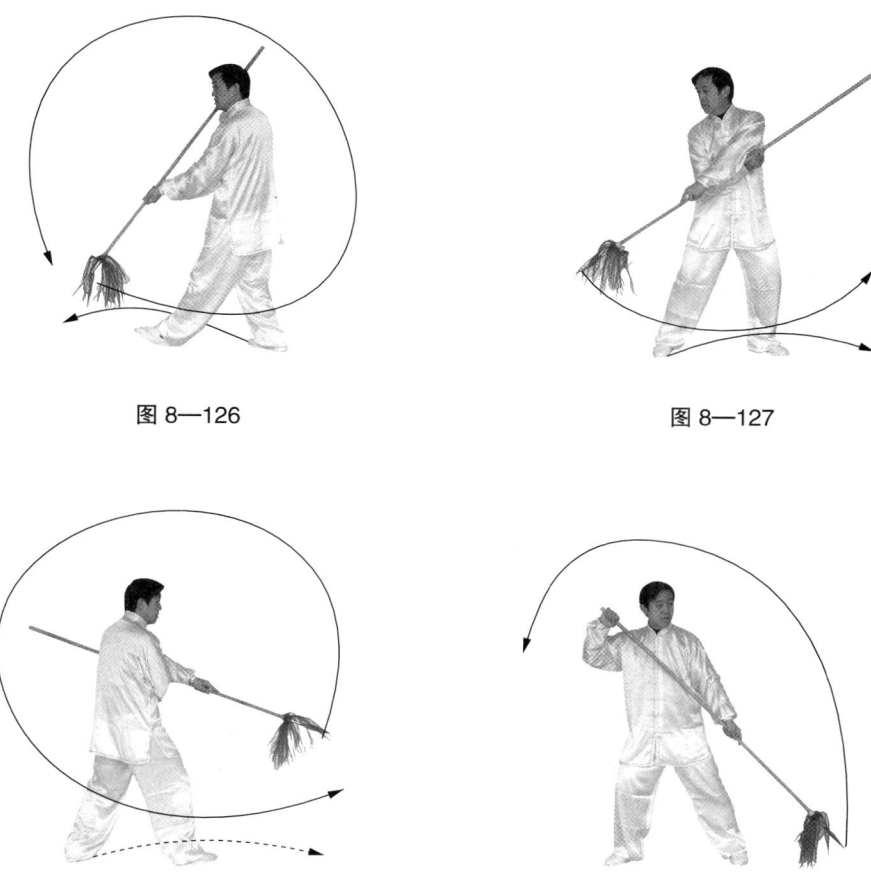

图 8—126

图 8—127

图 8—128

图 8—129

## 第四十五式　二郎担山扫一枪

**动作一**：接上势。重心微左移，右脚尖外摆，身体向右转 135°；同时，枪尖由左下向上、向前、向右下划弧，两手左上右下交叉握枪，置于胸前；目视前方。（图 8—130）

**动作二**：接上势。重心右移，左脚向左侧上一大步，脚跟着地，脚尖微抬，身体向右转 45°；同时，枪尖由右下继续向上、向左划弧，右手握枪由枪杆中段滑至末端；左手托枪杆中段，双手平举枪于面前，高度略高于目；目视左侧。（图 8—131）

357

图 8—130

图 8—131

**动作三**：接上势。左脚尖落地踏实，右脚向左脚靠拢，脚尖点地于左脚内侧；同时，枪微上举，略高于头顶；目仍视左侧。（图 8—132）

**动作四**：上动不停。目光由左而视右下方。双手持枪，姿势基本不变，身体微右转，向右开右步；接着重心右移，左脚经右脚内侧向右前方上步（盖步）。（图 8—133、图 8—134）

图 8—132

**动作五**：上动不停。紧接着重心移至左腿，提右腿向前上一步，随即左腿再从右腿后插步；同时身体略向左转；左手脱开枪杆，枪尖由后向右划弧，用右肩外侧靠住枪杆；目视右前方。（图 8—135）

图 8—133

图 8—134

动作六：接上势。右脚尖内扣，重心右移，左脚跟里合，身体向左转180°；同时，随身体左转；枪尖由后向前、向左、向下划弧，左手在划弧过程中迎接枪杆中段，两手右上左下握枪，置于胸前；目视左侧下方。（图8—136）

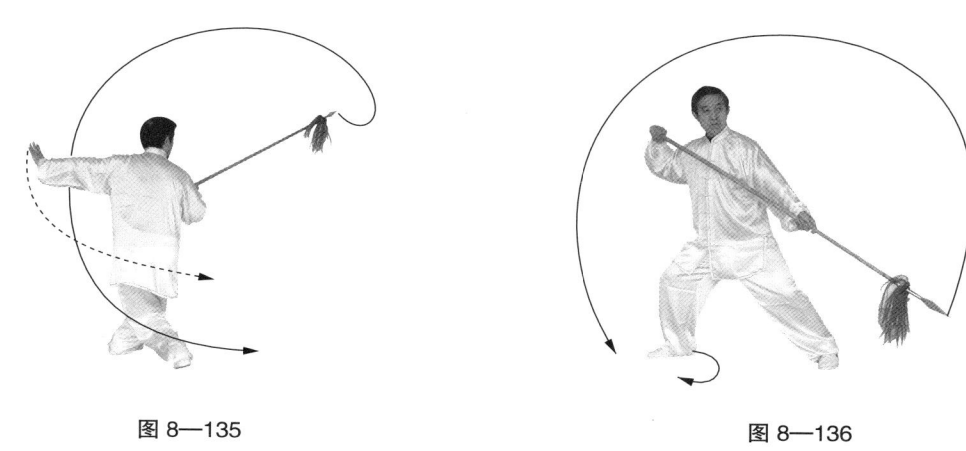

图 8—135　　　　　　　　　　　　　　图 8—136

【要求与用法】此势是架枪防护引走法，身步法协调灵活。在动作图8—135转图8—136时，枪随身体旋转横扫时，用右肩外侧靠与右手配合，速度要快。

# 第四十六式　半个舞花

动作一：接上势。重心左移，身体右转90°，提右脚，脚尖外摆向前方迈出，脚跟着地，重心在左；同时，枪尖由左下向上、向右下划弧，两手左上右下交叉握枪，置于胸前；目视前方。（图8—137）

动作二：上动不停。右脚尖外摆，身体向右转90°，随转体，左脚向前上一大步；与此同时，两手持枪，使枪尖向后、向上、向前、向下经身右侧划一立圆；目视枪尖。（图8—138）

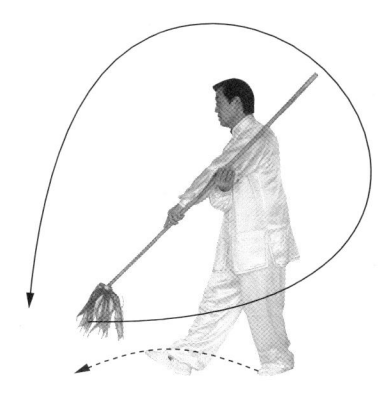

图 8—137

**动作三**：上动不停。右脚尖外摆，身体向右转180°，随转体左脚向前上一大步；与此同时，两手持枪，使枪尖随上左步向前划弧；目视枪尖。（图8—139）

图8—138　　　　　　　　　　　　　　　　图8—139

# 第四十七式　下六分枪

**动作一**：接上势。左脚尖内扣，随即重心移至左腿，同时身体向右转90°，随转体提起右腿；两手持枪，使枪尖向上、向前、向右下划弧，两前臂左上右下交叉于胸前；目视前方。（图8—140）

**动作二**：接上势。右脚落地震脚，左腿随即抬起；同时，枪尖由右后下方向上、向前下划弧，右手由枪杆中部滑至尾部，左手持枪杆中部置于胸前；目视枪尖所指方向。（图8—141）

**动作三**：上动不停。左脚向左前上步，右脚跟进，以脚尖点地于左脚内侧；同时向左下方扎枪；目视左下方。（图8—142）

**【要求与用法】**此势要求，拨枪进步向前下方刺，动作快速有力，周身协调一致，力达枪尖，刺敌下盘的膝或脚面。

图8—140

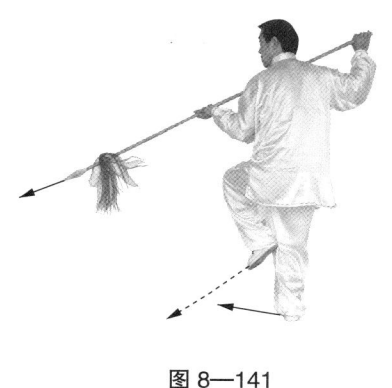

图 8—141

图 8—142

## 第四十八式　回头半个舞花

　　**动作一**：接上势。左脚尖内扣，身体向右转 90°，同时提起右腿，随转体向前落地，脚跟着地成虚步；两手持枪，使枪尖向上、向前、向下划弧，右手滑把至枪杆中部；两臂左上右下交叉于胸前；目视枪尖。（图 8—143）

　　**动作二**：上动不停。重心移于右腿，身向右转 90°，随转体左脚向前上一大步；同时，两手持枪，使枪尖经身体右侧向后上、向前下划弧（成一立圆），枪尖斜向下；目视枪尖。（图 8—144）

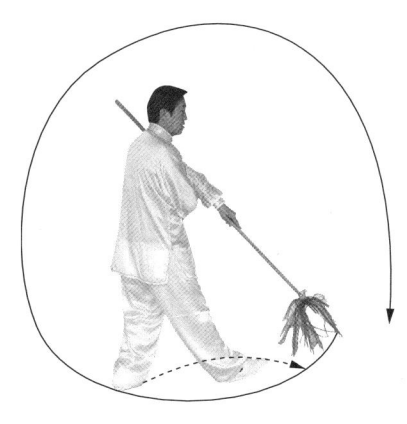

图 8—143

图 8—144

**动作三**：上动不停。身体向右转180°，随转体左脚向前上一大步；同时，两手持枪，使枪尖经左腿外侧向前、向上划弧至左前下方。枪尖斜向下；目视左前方。（图8—145）

**动作四**：接上势。左脚尖内扣，重心移至左脚，身体向右转90°，随转体右腿提起；同时，两手持枪，使枪尖向上、向右、向下划一立圆，枪尖向右后下，两臂左上右下交叉于胸前；目视前方。（图8—146）

图8—145

图8—146

## 第四十九式　鹞子扑鹌鹑

**动作**：接上势。右脚落地震脚，身体向右转90°，随即左脚向左前方伸出，脚掌着地；随伸左脚，身体下蹲成仆步；同时，枪尖由右下向后上前划弧，至前方时，右手滑至枪杆尾部，手心向上；左手握枪杆中部，手心向下；随身体下蹲，用枪尖按地；目视左前枪尖按地方向。（图8—147）

图8—147

**【要求与用法】**此势由高身法突然变为低身法，仆步下沉，结合枪杆、枪尖合力下按，有鹞子扑鹌鹑之势，有将对方器械下引欲挑之形。

## 第五十式　右扫一枪

动作：接上势。身体稍起，略向右转，重心由右脚移至左脚；随移重心，枪向右横扫；目视前方偏右枪尖所指方向。（图8—148）

【要求与用法】此势是接上动，将按下器械向右引空。要求身法右转，重心左移，枪合劲右引，严密配合。

图8—148

## 第五十一式　挑一跟子

动作：接上势。左脚尖稍外摆，身体左转180°，右脚向右前方；随转体上踢。双手向枪尖方向稍滑，露出枪杆尾部，由下向前、向上挑起，手心左上右下握枪尾，高于肩部；目视右前上方。（图8—149）

【要求与用法】在上一势下按右引的同时，待对方急于上挑抽回时，我突然将枪抬起，使对方猛向后仰回抽。在此瞬间，我右脚随同枪尾部快速向前连挑带踢，击敌前胸或下颏部。

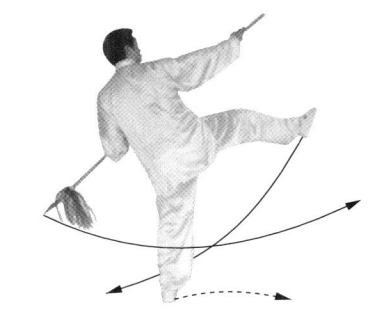

图8—149

## 第五十二式　扎一枪

动作：接上势。利用右脚收回的惯性，身体左转180°，右脚落于身体左侧，震地有声。左脚在转体震足后提起，向左侧进步；随转体两手持枪，使枪尖向左后划弧，随左脚向左侧进步的同时，向左侧方向扎枪，重心偏左；目视枪扎方向。（图8—150、图8—151）

【要求与用法】紧接上势，挑枪踢足时，敌方一旦后退速度快，没有击中，随即转身震脚落地，向同一方向猛刺一枪。要求速度要快，劲力完整。

图 8—150                        图 8—151

## 第五十三式  全舞花

**动作一**：接上势。重心移至右腿，身体左转 90°，随转体左脚向后退一大步；同时，两手向枪尖方向滑把，左手滑至枪杆前中部，右手滑至后中部，两手持枪，使枪尖向下、向后划弧至左后下方；目视前方。（图 8—152）

**动作二**：上动不停。重心移至左腿，右脚向前上半步成虚步，脚跟着地，脚尖翘起外摆；同时，两手持枪，使枪尖向上、向前、向下划弧至右前下方，枪尖斜向下。两臂左上右下交叉于胸前；目视枪尖。（图 8—153）

图 8—152                        图 8—153

**动作三：**上动不停。重心移至右腿，身体向右转90°，随转体左脚向前上一大步，重心随即移于左腿；同时，两手持枪，使枪尖向后、向上、向前、向下经身体右侧划一立圆；目视枪尖。（图8—154）

**动作四：**上动不停。右脚尖外摆，重心移至右腿，同时身体向右转180°。随转体，左脚向前上一大步；两手持枪，使枪尖向下、向前划弧至左前上方；目视左前下方。（图8—155）

图8—154

图8—155

**动作五：**上动不停。重心移至左腿，身体向右转180°，随转体，右脚向后倒退一大步；两手持枪，使枪尖向上、向前、向下经身体右侧向右后划弧，两臂左上右下交叉于胸前；目视枪尖。（图8—156）

**动作六：**上动不停。重心移于右腿，身体向左转90°，随转体左腿提起，并向左前开半步，左脚跟着地，脚尖上翘外摆；同时，两手持枪，使枪尖向上、向前、向下划弧至左前下方，枪尖斜向下；目视前方。（图8—157）

图8—156

**动作七：**上动不停。重心移至左腿，身体左转90°，随转体右脚向前上一步；同时，两手持枪，使枪尖向后、向上、向前、向下在身左侧划一立圆。两臂左上右下交叉于胸前；目视右前下方。

（图 8—158）

图 8—157

图 8—158

**动作八**：上动不停。重心在左，身体向左转 180°，随转体右脚向左脚前上一大步；两手持枪，使枪尖向下、向前、向上划弧至右前上方；目视枪尖。（图 8—159）

**动作九**：上动不停。右脚尖内扣，重心右移，身体左转 180°，随转体，左脚向后倒退一大步；两手持枪，使枪尖向左、向下、向后划弧至左后下方；目视右前方。（图 8—160）

图 8—159

图 8—160

## 第五十四式 二郎担山扫一枪

**动作一：**接上势。重心左移，身体右转90°，右脚提起，脚尖外摆，脚跟落地；两手持枪，使枪尖由左后向上、向前随身体右转，再向右下划弧，双手左上右下交叉握枪中段置于胸前；目视前方略偏下。（图8—161）

**动作二：**接上势。重心右移，左脚向右脚左侧上一大步，脚跟着地，脚尖微抬，身体向右转90°；同时，枪尖由右下继续向上、向左划弧，右手握枪由枪杆中段滑至末端，左手托枪杆中段，双手握枪平举在体前；目视左侧。（图8—162）

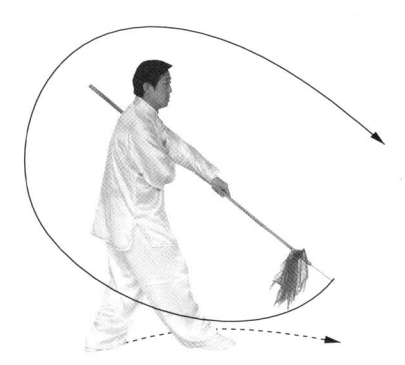

图8—161

图8—162

**动作三：**接上势。左脚尖落地踏实，右脚向左脚靠拢，脚尖点地于左脚内侧；同时，枪微上举，略高于头顶；目仍视左侧（图8—163）。

**动作四：**上动不停。向右开右步，接着重心右移，左脚经右脚内侧向右前方上步（盖步）；两手持枪，姿势同动作三。（图8—164、图8—165）。

**动作五：**接上势。重心移于左腿，提右腿向前上一步，随即左腿再从右腿后插步。同时身体略向左转；左手脱开

图8—163

枪杆，枪尖由后向右划弧，用右肩外侧靠住枪杆；目视右前方。（图8—166）

　　**动作六**：接上势。右脚尖里扣，重心右移，左脚跟内旋落地，身体向左转180°；同时，随身体左转，枪尖由后向前、向左、向后扫一平圆。左手在划弧过程中，迎接枪杆中段，两手右上左下握枪置于胸前；目视左侧下方。（图8—167）

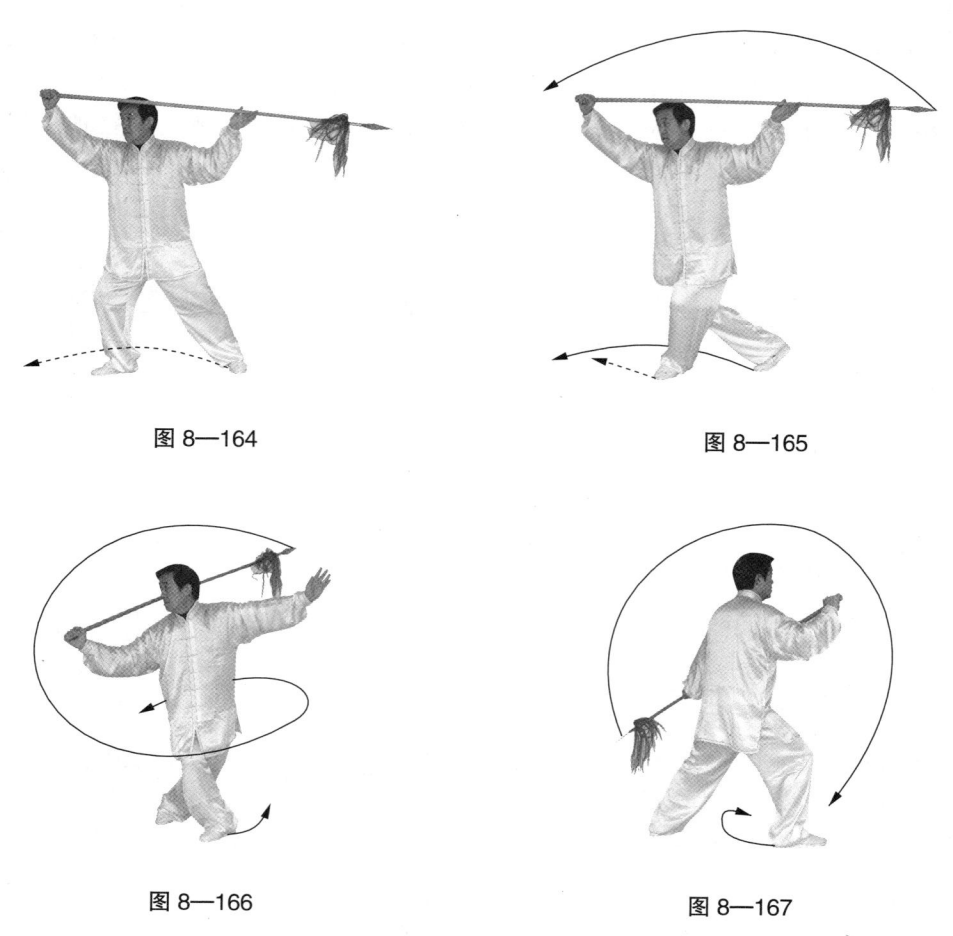

图8—164

图8—165

图8—166

图8—167

# 第五十五式　半个舞花

　　**动作一**：接上势。重心左移，身体右转90°，右腿提起，脚尖外摆，脚跟落地；同时，枪尖随转体，由左侧向上随身体右转再向前、向右下划弧，双手左上

右下交叉，握枪中段置于胸前；目视前方略偏下。（图 8—168）

动作二：上动不停。重心移于右腿，身向右转 90°，随转体左脚向前上一步；两手持枪，使枪尖向后、向上、向前下划弧；目视左前下枪尖所指方向。（图 8—169）

动作三：上动不停。右脚尖外摆，重心移于右腿，身向右转 180°，随转体左脚向右脚前上一大步；同时，两手持枪，由下向前划弧；目视左前方。（图 8—170）

动作四：上动不停。重心左移，右腿提起，身向右转 90°，随转体右脚落地震脚，左脚向前开一步；同时，两手持枪，使枪尖向上随身右转向前下划弧，两臂持枪，左上右下交叉于胸前；目视前方。（图 8—171）

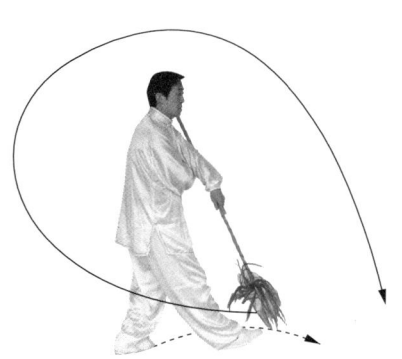

图 8—168

图 8—169

图 8—170

图 8—171

## 第五十六式　美女纫针

**动作：**接上势。重心右移，左脚略回收，脚尖点地；同时，枪尖由右侧下方向后、向上、向前划弧，右手握枪滑至枪杆尾部；目视枪尖所指正前方。（图8—172）

【**要求与用法**】此势是在半个舞花旋转的基础上，突然转身虚步静止，枪持中平，枪尖略高。要求以静待动，内持静重，守护中门。

图8—172

## 第五十七式　玉女穿梭

**动作一：**接上势。左脚往前上一大步，重心前移至左脚，然后右脚自然跟上，以脚尖点地于左脚内侧。握枪姿势基本不变；目视前方。（图8—173、图8—174）

图8—173

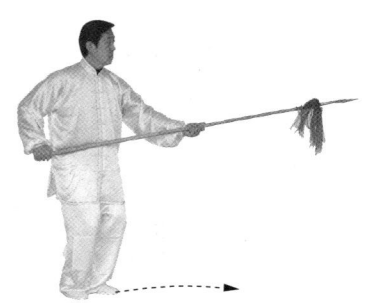

图8—174

**动作二：**上动不停。将此动作连续重复两次。（图8—175、图8—176）

【**要求与用法**】在上势的基础上做"玉女穿梭"，枪法不变，连续逼进三步，像穿梭一样。要求速度要快，枪尖直刺敌胸部或咽喉。

图 8—175　　　　　　　　　　　　　图 8—176

## 第五十八式　刺闯鸿门枪

　　**动作一**：接上势。枪尖沿顺时针方向划弧至前下方；同时右腿提起；目视枪尖所指前下方。（图 8—177）

　　**动作二**：上动不停。右脚落地震脚，身体左转 90°，左腿随即提起；与此同时，随转体，枪尖速向左后划弧，右手握枪微向中段滑；目视左侧。（图 8—178）

图 8—177　　　　　　　　　　　　　图 8—178

　　**动作三**：上动不停。左脚向左后方进步，随进步重心移至左腿。随移重心向左侧刺枪；目视枪尖所指左前方。（图 8—179）

　　**【要求与用法】**接上势，直逼对方后退。此时，左后方又有敌袭来，前边快速划圈抖一枪，突然提腿转身后刺。动作要上下协调配合，发力完整。

371

图 8—179

# 第五十九式　回头扫一枪

**动作：**接上势。左脚尖微扣，身法微下沉，松左胯，身体右转 180°，随转体右脚经左脚以脚尖擦地向后顿足；同时枪尖由左后向上、向前划弧下劈，重心在左；目视前下方。（图 8—180）

**【要求与用法】**承上势的刺后，前边之敌又反扑过来，我猛转身用枪尖连枪杆由左后向上、向前抢劈。此为棍法中下劈之势，要结合身法与顿足，劲力完整一气。

图 8—180

# 第六十式　全舞花

**动作一：**接上势。重心移至右腿，身向左转 90°，随转体，左脚向后退一大步；同时，两手向枪尖方向滑把，左手滑至枪杆前中部，右手滑至后中部，两手持枪，使枪尖向下、向后划弧至左后下方；目视前方。（图 8—181）

**动作二：**上动不停。重心移至左腿，右脚向前上半步成虚步，脚跟着地，脚尖翘起外摆；同时，两手持枪，使枪尖向上、向前、向下划弧至右前下方，枪尖斜向下，两臂左上右下交叉于胸前；目视枪尖。（图 8—182）

图 8—181

图 8—182

　　**动作三**：上动不停。重心移至右腿，身体向右转 90°，随转体，左脚向前上一大步，重心随即移于左腿；同时，两手持枪，使枪尖向后、向上、向前、向下经身体右侧划一立圆；目视枪尖方向。（图 8—183）

　　**动作四**：上动不停。右脚尖外摆，重心移至右腿，同时身体向右转 180°，随转体，左脚向前上一大步；两手持枪，使枪尖向下、向前划弧至左前下方；目视左前方。（图 8—184）

图 8—183

图 8—184

　　**动作五**：上动不停。重心移至左腿，身体向右转 180°，随转体，右脚向后倒退一大步；两手持枪，使枪尖向上、向前、向下经身体右侧向右后划弧，两臂左上右下交叉于胸前；目视枪尖。（图 8—185）

373

**动作六：** 上动不停。重心移至右腿，身体向左转90°，随转体，左脚提起并向左前开半步，脚跟着地，脚尖上翘外摆；同时两手持枪，使枪尖向上、向前、向下划弧至左前下方，枪尖斜向下；目视前方。（图8—186）

图 8—185

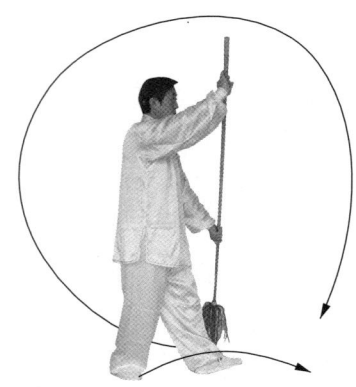

图 8—186

**动作七：** 上动不停。重心移至左腿。身体左转90°，随转体，右脚向前上一步；同时两手持枪，使枪尖向后、向左、向前、向下在身体左侧划一立圆，两臂左上右下交叉于胸前（图8—187）。上动不停。重心在左，身体向左转180°，随转体，右脚向左前上一大步；两手持枪，使枪尖向下、向前、向上划弧至左前下方（图8—187、图8—187附图）。此为过渡图。

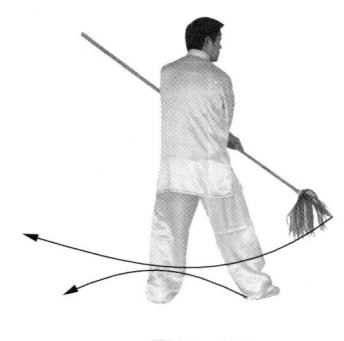

图 8—187

图 8—187 附图

**动作八：** 上动不停。右脚尖内扣，重心右移，身体左转180°，随转体，左脚向后倒退一大步；两手持枪，使枪尖向上、向前、向下、向后经身左侧划一立

圆至左后下方；目视前方。（图8—188）

图8—188

## 第六十一式　护膝枪

**动作一：**接上势。重心左移，身体右转90°，右腿提起；同时，右手活把向枪杆中段微滑，枪尖由左侧向上、向右侧后方划弧，双手左上右下交叉握枪杆中段；目视前方。（图8—189）

**动作二：**接上势。身体微右转，右脚落地震脚，随即屈膝松胯，重心下沉，左脚向前上一小步，以脚尖点地；同时，枪尖由后向上、向前划弧，待枪持平时，右手滑至枪杆尾端；目视前方。（图8—190）

**【要求与用法】**此势要求屈膝松胯下沉，枪尖略低，高与膝平，以防裆、膝、脚被刺，故名护膝枪。

图8—189

图8—190

# 第六十二式 掩两枪

**动作一：**接上势。重心右移，同时提起左腿；左手握枪变虚，右手握尾端向后抽枪；目视前方。（图 8—191）

**动作二：**接上势。左腿向前迈步（也可跳步）落地，重心前移，同时提起右腿；在进步的同时，右手持枪向前刺击，同时左手向右手滑靠；目视正前方。（图 8—192）

**动作三：**接上动。右脚向前迈步落地，重心前移，同时提起左腿；右手持枪，水平地抽回至身右后，左手向枪尖方向滑至枪杆中部，右手抽枪时逆缠内旋，使枪尖向内摇转；目视正前方。（图 8—193）

**动作四：**接上动。左脚向前上一大步，重心前移成左弓步；同时右手实把持枪向前刺击（刺击时右手顺缠外旋），左手向右手滑靠；目视正前方。（图 8—194）

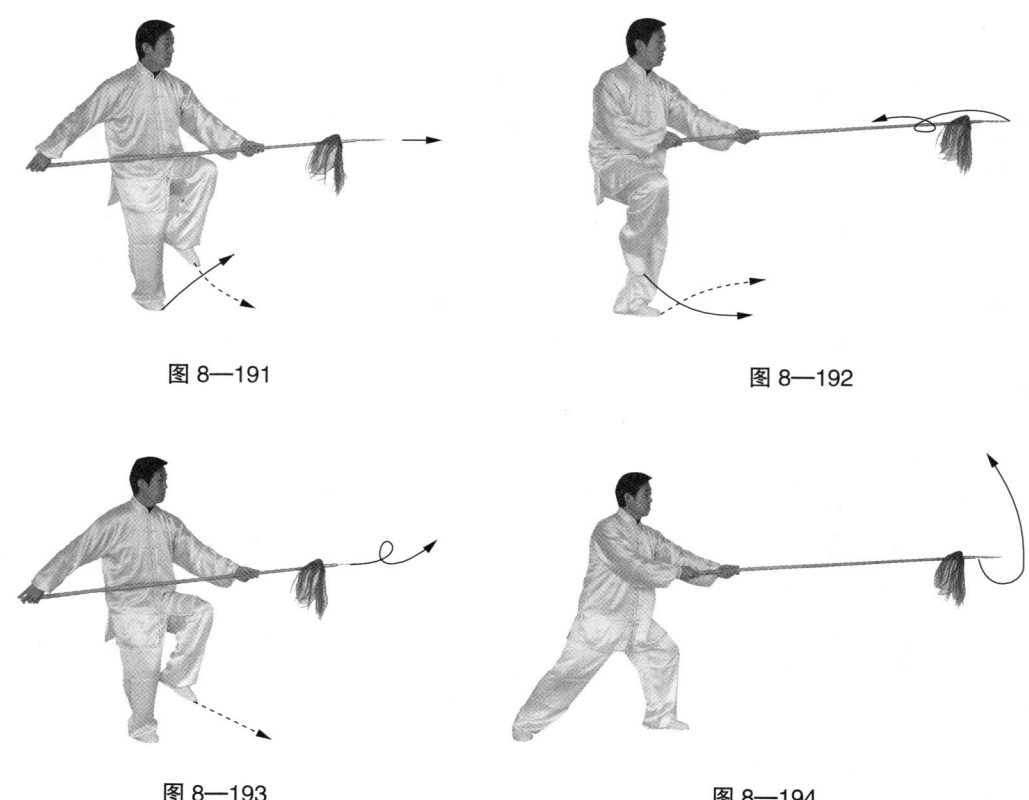

图 8—191　　　　　　　　　　　图 8—192

图 8—193　　　　　　　　　　　图 8—194

【要求与用法】同第二十三式掩两枪。

# 第六十三式　苍龙摆尾

**动作一**：接上势。重心下沉，双脚不动，身体左转60°；枪尖向右、向上划弧，双手左上右下持枪；目视前方。（图8—195）

**动作二**：接上动，重心右移，左脚经右脚内侧向后退步，脚尖着地成交叉步；同时，枪尖由上向左、向下划弧，重心在右；目视枪尖所指前下方。（图8—196）

**动作三**：接上势。重心左移，右脚经左脚内侧向后退步；同时，枪尖由下向右、向上划弧；目视前方。（图8—197）

**动作四**：接上势。重心右移，左脚经右脚内侧向后退步，脚尖点地成交叉步；同时，枪尖由上向左、向下划弧。重心在右；目视枪尖所指的前下方。（图8—198）

图8—195

图8—196

图8—197

图8—198

**动作五：**接上势。重心左移，右脚经左脚内侧向后退步；同时，枪尖由下向右、向上划弧至与腹平；随划弧左手向枪尖方向滑至枪杆中段。重心在左腿；目视前方。（图8—199）

**【要求与用法】**此势用绞枪后退时，身法、步法、枪法相互配合，缠绞严密。以防护为主，败中取胜。绞枪的关键在于以前手为点，右手转动。

图8—199

## 第六十四式　往前挡一枪

**动作：**接上势。松左胯，身体左转180°，右脚经左脚内侧向前方上一大步；同时右手握枪尾部，由右后向前方挡，随挡枪动作的完成，右手微向内滑，使枪尾部露出，其高度与枪尖平，重心在右腿；目视前方。（图8—200）

**【要求与用法】**此势接上势后退时，用枪法缠绞住对方器械向上猛挑，速用枪把随身法上步，由下而上挑打击其前身要害。

图8—200

## 第六十五式　往前再挡一枪

**动作：**接上势。右脚尖微外摆，松右胯，身体右转180°，左脚经右脚内侧向前上一大步；同时，枪尖由左后经下向前挡枪，重心在左脚，枪尖高度与膝平；目视左前下方。（图8—201）

**【要求与用法】**在上势的基础上连续上步击打，要身法协调、劲力完整。

图8—201

## 第六十六式 往左挡一枪

**动作：**重心右移；右手滑在枪杆尾端，枪尖由前下向左、向上划弧（图8—202）。接着重心再左移，右脚经左脚后向左插步，身体下蹲成坐盘步；同时，枪尖向右、向下、向左、向上继继划弧，两手反把外缠，由下向左上挑；目视枪尖方向。（图8—203）

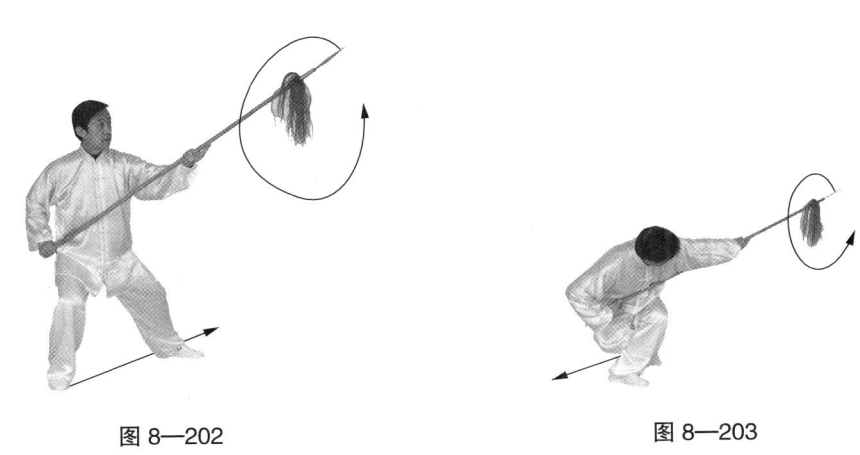

图8—202                        图8—203

## 第六十七式 往右挡一枪

**动作：**接上势。重心上升，右腿提起，经左脚跟后向右侧开步；枪尖向右划弧，重心在右；目视前方。（图8—204）

图8—204

【要求与用法】以上二势，结合身法，左拨右挡，均为引劲落空法。

## 第六十八式　半个舞花

动作一：接上势。左脚经右脚内侧向后撤一步，身体左转180°；同时，枪尖向下、向左后划弧；目视左前方。（图8—205）

动作二：上动不停。重心移至左腿，右脚收回半步，脚跟着地，脚尖外摆。身体向右转90°；随转体，两手持枪，使枪尖由左后下方向上、向前、向下划弧至右前下方，枪尖斜向下，两手左上右下交叉握枪置于胸前；目视枪尖方向。（图8—206）

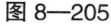

图 8—205

图 8—206

动作三：上动不停。重心移至右腿，身体向右转90°，随转体，左脚经右脚内侧向前上一大步；同时，两手持枪，使枪尖经身右侧向后、向上、向前、向下划一立圆。（图8—207）

动作四：上动不停。右脚尖外摆，身体向右转180°，随转体，左脚经右脚内侧向右脚前方上一步，使枪尖向下，随左脚上步向前划弧至左前下方；目视枪尖。（图8—208）

图 8—207

图 8—208

# 第六十九式　太公钓鱼

**动作一：**上动不停。重心在左腿，身体向右转 90°，右脚随转体提起并悬于裆内；同时，枪尖由左下向上、向右下划弧，两臂左上右下交叉于胸前，枪尖向下；目视右前下方。（图 8—209）

**动作二：**接上势。右腿提起，随即向右前上一大步，重心在左；枪尖由下向后、向上划弧，于头上绕过至身体左上方，紧接着重心迅速右移，结合腰劲，使枪走下弧向右上方挑刺，力达枪尖；目视前方。（图 8—210、图 8—211）

**【要求与用法】**上步移重心，向上挑枪，必须与腰劲结合，完整一气。

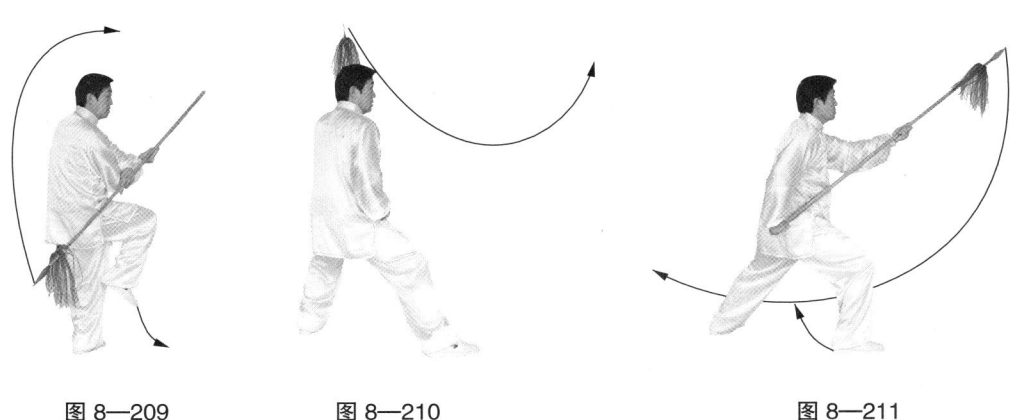

图 8—209　　　　　　图 8—210　　　　　　　　图 8—211

381

## 第七十式　回马枪

**动作一：**接上势。左脚尖往外摆，重心左移，身体向左转90°，提起右腿；枪尖向下、向左划弧至左前下方，成独立步；目视左侧下方。（图8—212）

**动作二：**接上势。微松左胯，身体向左转，转至90°时，右脚里扣；震脚落地。随震右脚重心下沉，提起左腿，使身体再左转90°；同时，枪尖向左后划弧。双手持枪，高度与胸平；目视枪尖所指方向。（图8—213）

**动作三：**接上势。左脚向左开一大步；同时向左扎枪；随扎枪，重心移至左脚；目视枪尖方向。（图—214）

图8—212

图8—213

图8—214

**【要求与用法】**此势回马枪，又名"转身回刺一枪"，就是在前势"太公钓鱼"的基础上，给对方个空隙，让对方向我胸刺来，我用枪杆将对方枪挡过，突然跳步一转身，顺其枪杆前刺，击敌胸。要求转体迅速，刺枪要快。

## 第七十一式　收　势

**动作：**接上势。重心右移，左脚向右脚自然并拢，同时，右手往右下抽枪，两手往枪尖方向滑动，双手左上右下虚握枪杆中段，将枪置于右脚外侧，枪端着

地，然后左手离枪，自然置于左侧；目视前方。（图 8—215、图 8—216）

图 8—215

图 8—216

# 第九章 陈式春秋大刀

## 第一节 陈式春秋大刀简介

陈式春秋大刀，亦名"青龙偃月刀"，是陈式太极器械套路中长兵器的一种，也是太极拳师祖陈王廷最擅长的兵器之一。因陈王廷公老年长须飘髯，又惯用大刀，故有"赛关公"之称。当时，蒋发随陈王廷公学艺，貌似周仓。陈王廷公年老画像时，蒋发持刀侍立于后，以做留念。因三国名将关羽惯用"青龙偃月刀"，故此而得名。

陈式春秋大刀套路名称由三十句歌诀组成，与其他套路名称不同。其他套路一个名称基本上是一个动作，此路刀一句歌诀包括几个动作。

陈式春秋大刀套路布局合理，上下呼应，左右逢源。它的劈、砍、撩、挂、斩、抹、截、拦、挑、刺、推、拖、架等以及舞花等刀法，交待得清清楚楚，干净利落，确有"大刀如猛虎"的风格。一招一式有威武、凛烈的气概。

在练习大刀时，必须有扎实的拳术基础，尤其对腰、腿劲及臂力的要求更为重要。因大刀是兵器中大型重武器，须有充足饱满的内气和腰、腿、臂力，才能运用自如，劈、砍、推、斩、翻、滚、盘、压无不得其自然。因大刀杀伤力颇大，被誉为"百兵之帅"。

## 第二节 陈式春秋大刀动作名称

## 第三节　陈式春秋大刀动作图解

### 第一式　关圣提刀上霸桥

**动作一：**双脚自然站立；右臂弯曲，右手握刀上把，手心向左，刀刃朝前，刀钻触地于右脚外侧；左手以掌心向内，自然下垂，置于左胯；目视前方。（图9—1）

**【要求】**头自然正直，二目平视，意识集中，心气下降，呼吸自然。沉肘松肩，含胸塌腰。气沉丹田，降于涌泉，注入全身，以静待动。

**动作二：**重心左移，微抬右脚，向右上划弧，用脚外侧中部踢刀钻，使刀身由右上向左、向下划弧，随即震右脚提左脚；同时，左掌向右上划弧至右胸前，掌心向右，指尖向上；右手握刀于身右侧，离身尺许，手心向后，刀钻向上，刀刃向后；目视左侧。（图9—2）

**动作三：**接上势。左脚向左开一大步；以脚跟里侧铲地伸出。然后重心左移；同时，左掌微逆缠，随身左转向左开于身体左侧，高与肩平，掌心向左前，指尖向上；随换重心，右手握刀，拇指食指用劲逆缠，使刀把紧贴臂外侧，刀刃向右上，刀钻向左上方；左脚尖外摆，右脚尖里扣；目视前方。（图9—3、图

图9—1

385

9—4）

【要求】此势为提刀势。在预备势后，右脚踢刀钻震脚开左步，提刀成势；威风凛凛，气势磅礴，有关云长提刀斩将，浩然之势。

动作四：接上势。右手握刀姿势不变，以刀背向前、向上划弧撩刀；同时，身体左转90°。随重心左移，右腿提起；左手顺缠，向右划弧接住中把，刀刃朝前，刀钻向后下；目视前方。（图9—5）

图9—2

图9—3

图9—4

图9—5

动作五：接上势。握刀姿势不变，继续划弧至右后方，右手握上把，左手握中把与下把之间，刀刃朝下，刀钻朝前；同时，身体右转90°，右脚向左前上步，重心由左脚移至右脚；目视前方。（图9—6）

动作六：接上势。重心完全移至右脚，提左脚向前上一大步，重心由右脚移至左脚，身体左转 90°；随上步，双手握刀继续划弧，向前上方挑刀发劲，刀刃向上，刀钻向左后，中把紧贴左腰间；目视刀刃。（图 9—7、图 9—8）

【要求】图 9—5~图 9—8 为连续动作，挑刀上步，协调一致。最后上大步挑刀时，结合裆、腰劲，贯注刀刃。

【用法】此势名曰："关圣提刀上霸桥。"就是提刀上步，上撩下拦，结合步法，裆、腰劲向上挑刀，有劈山摘桃之势。

图 9—6

图 9—7

图 9—8

## 第二式　白云盖顶逞英豪

动作一：接上式。身体右转 90°，重心右移；同时，以刀背领劲向右下、向后、向上、向左划弧，划弧过程中，左手向中把微滑，双手右上左下交叉，握力置于胸前，刀刃朝下，刀钻向右上方；目视左下。（图 9—9、图 9—10）

动作二：上动不停。以刀刃领劲，继续划弧至身右侧，同时身体右转 180°，提左脚向右侧上一大步；双手交叉握刀姿势不变，刀刃朝上；目视刀刃。（图 9—11）

动作三：左脚尖微内扣，重心移至左脚，身体右转 90°，随转体提起右腿；同时，以刀刃领劲划弧至右侧下方，左手向下把微滑，刀刃向后，刀钻朝上；目视前下方。（图 9—12）

图 9—9

图 9—10

图 9—11

图 9—12

**动作四**：接上势。身体右转 90°，右脚落地震脚，提起左腿；随转身，双手将刀向身体右侧稍送，然后以右手握刀，刀刃朝右后，刀钻朝上，以刀把紧贴右臂外侧；左手开始离开刀把；目视左前方。（图 9—13）

**动作五**：接上动。右手握刀不变；左脚向左侧开步，重心左移；同时，左掌微逆缠，随身转向左侧挪出，高与肩平，肘微屈，指尖向上，掌心向左；右手握刀微逆缠，和左手形成对拉的开劲，使刀把紧贴右臂外侧和右背；目视左掌。（图 9—14、图 9—15）

图 9—13

图 9—14

图 9—15

【要求】向后倒步抡刀，左右划弧要圆，在身体左右两侧顺势划圆走顺势直线，不能横刀。以后的舞花抡刀均如此。

【用法】此势在倒步抡刀时，如白云翻滚，左右护身护顶，起防护作用，为败中取胜之势。

## 第三势　举刀磨旗怀抱月

**动作一：**接上势。以刀背领劲，经右侧下方向前划弧，左手微顺缠，向胸前划弧，接住中把，用指尖虚握，掌心向上，使刀置于右腋下，刀刃朝下，刀钻向后；同时，身体左转 90°，右脚提起，脚尖点地，脚尖向右前置于左脚尖右侧；目视刀尖所指方向。（图 9—16）

**动作二：**接上势。右脚向后退一步，重心由左脚移至右脚，左脚再后退半步，脚尖向前点地。身体先右转 90°，

图 9—16

再左转 90°；同时，以刀背领劲划弧至右后时，左手向下把滑动，由右后向右下、向前划弧时，以刀刃领劲；左手由下把滑至中把，手心朝下；右手心朝上，两手相离八九寸，两手左上右下交叉握刀于右上臂之上，刀刃朝上，刀钻朝后；目视位于前方的刀刃。（图 9—17、图 9—18）

【要求】步法灵活，换把方便，上下协调，虚实分明。

图 9—17                    图 9—18

【用法】此势为变换虚实步法，转换左右把法，蓄势合刀于胸前，待机上步出刀。

## 第四式    上三刀吓杀许褚

**动作一：**接上势。松左胯，重心左移，身体左转 90°，右脚向前上一大步，重心再右移；随转体上步，将刀上举，由身体右侧过头至额前，同时左手换把握住下把，右手心朝上，左手心向前，刀刃朝上，刀钻向左；目视右侧刀刃。（图9—19）

**动作二：**接上势。松左胯，重心左移，身体左转 90°，提右脚向左侧上步；随转体上步，以刀刃领劲，由右向上、向左划弧，左手握下把置于右腋下，刀刃朝下，刀钻朝后；目视前方。（图9—20）

图 9—19                    图 9—20

**动作三：**接上势。刀刃领劲，由右向前下、向左、向上、再向右偏后划一立圆，右手握上把，左手握下把，刀刃朝下，刀钻朝前上；随划立圆重心由右向左移，身体左转 90°；目视前方。（图 9—21、图 9—22）

图 9—21

图 9—22

**动作四：**接上势。松左胯，左脚尖微外摆，重心下沉，身体左转 180°，提右脚经左脚内侧向前上一大步；随转体上步，以刀刃领劲由右后向前划弧，刀刃朝上，刀钻朝左；目视刀刃。（图 9—23）

**动作五：**接上势。松右胯，右脚尖内扣，重心下沉，身体左转 90°，左脚经右脚跟后向右插步；同时，以刀刃领劲，由侧右向上、向左划弧，左手置于右腋下，刀刃朝下，刀钻朝后；目视刀刃。（图 9—24）

图 9—23

图 9—24

将图 9—21 至图 9—24 的动作再重复两次，称为"上三刀"。

动作六：接动作五。重心左移，身体左转180°，然后提右脚落地震脚，随即左脚向前上步，重心前移至左脚；随转体震脚上左步，刀在胸前由右向下、向左、向上至右下划一立圆。右手握上把，左手握下把，贴于右腰间，刀刃朝下，刀钻向前上方；目视左前方。（图9—25、图9—26）

图9—25

图9—26

动作七：接上势。松左胯，身体左转90°；同时以刀刃领劲，向前上方挑刀发劲，刀刃朝上，刀钻朝后，双手握刀紧贴左腰际；目视刀刃。（图9—27）

【要求】身法旋转要快，步法敏捷轻灵，刀随身转，身随刀转，得法合体，顺随自然，劲力完整。

【用法】此法身刀协调一致，速如旋风，为上步进攻之法。

图9—27

# 第五式　下三刀惊退曹操

动作一：接上势。松右胯，脚尖外摆，身体右转90°，重心右移，左脚尖微内扣，同时随转体交换重心；以刀背领劲，向前、向下、向右、向上、向左划一立圆，右手握上把，左手握中把，贴于右腋下，刀刃向右，刀钻朝右后上；目视左前下方的刀刃。（图9—28、图9—29）

动作二：接上势。松右胯，身体下沉，脚尖外摆，身体右转180°，随即提左脚，经右脚内侧向右侧上一大步；随转体上步，握刀姿势基本不变，以刀刃领劲向

右侧划弧，刀刃朝上，刀钻朝右后，中把紧贴胸右侧；目视刀刃。（图9—30）

动作三：接上势。松左胯，重心左移，身体下沉，左脚尖内扣，身体右转90°，提右脚，经左脚跟后向左侧插步；以刀刃领劲向上、向右后划弧，刀刃向下，刀钻向左后上方，右手握上把，左手由中把滑至下把；目视刀刃（图9—31）

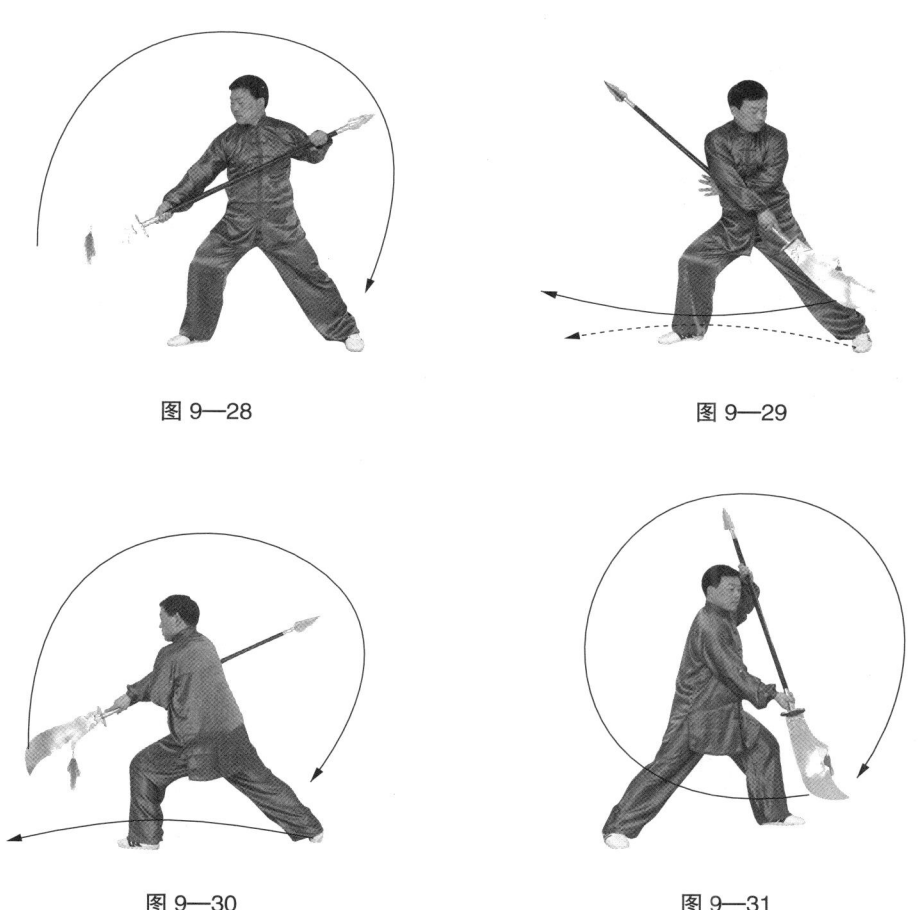

图9—28

图9—29

图9—30

图9—31

动作四：上动不停。重心右移，身体右转90°；同时，以刀刃领劲，在身前划一立圆，右手握上把，左手由下把滑至中把，置于右腋下，刀刃朝下，刀钻朝右上；目视左侧下方。（图9—32）

将图9—29至图9—32的动作再重复两次，称为"下三刀"。

动作五：接动作四。松右胯，重心右移。身体微沉，右脚尖外摆，身体右转135°，提左脚经右脚前向右侧上步；随转体上步，握刀姿势不变，以刀刃领劲，向右侧划弧，刀刃朝前上，刀钻向右后上，中把紧贴胸右侧；目视刀刃。
（图9—33）

图9—32

图9—33

　　**动作六**：接上势。松左胯，身体微沉，左脚尖内扣，身体右转135°，随即提右脚；随转体以刀刃领劲，向上、向前、向右下划圆，同时，左手滑至下把，然后以刀刃领劲，在身右侧向后、向上、向前、向右侧下方划一立圆；身体随划圆微右转；左手随划立圆，由下把滑至中把并开始离把；右手握刀紧贴右臂外侧，置于身体右后方，刀刃朝后，刀钻向上；目视前方。（图9—34、图9—35）

图9—34

图9—35

　　**动作七**：接上势。震右脚，提左脚，在震脚与提脚过程中，身体右转（连同动作六中的后半段的微右转）90°；右手握刀，姿势基本不变，左手微逆缠离开

右腋，向左上方掤；目视左侧。（图9—36）

　　**动作八：**说明同第一式"关圣提刀上霸桥"图9—3、图9—4的说明，动作如图9—37。

图9—36

图9—37

　　【要求】下三刀，如车轮翻滚，其快无比。身、步、刀顺随自然，协调连贯，与上三刀形成一个上下对称。最后震足提刀定势，大有惊退曹操之势。

# 第六式　白猿拖刀往上砍

　　**动作一：**接上势。右手握刀，顺缠拧刀，使手心向上，刀刃也向右上，以刀刃领劲向上举刀，中把贴肘弯，下把贴右肋部，刀刃朝左，刀钻朝下；目视左侧。（图9—38）

　　**动作二：**接上势，左脚尖外摆，身体左转180°，提右脚，经左脚前往左侧上一大步；同时，右手举刀，以刀刃领劲往左侧劈刀；左掌顺缠迎接中把，刀刃朝下，刀钻朝后；目视右前方。（图9—39）

　　**动作三：**接上势。以刀刃领劲，向下、向左、向上、向右下，在身前划一立圆；当刀由上往下右时，左脚经右脚跟后往右侧插步；左手滑至下把，双手握刀，刀刃朝下，

图9—38

刀钻朝后；目视右下。（图 9—40）

　　**动作四**：接上势。身微左转，重心移至右脚；左手握刀下把，微向左上后领劲；然后抬左脚，同时右脚蹬地起跳，使身体在空中向左旋转 360°，双脚左先右后落地有声；随起跳、翻身，双手握刀，以刀刃领劲，在空中划一立圆下砍，双脚落地后，刀刃朝下，刀钻朝后；目视刀砍的方向。（图 9—41、图 9—42）

图 9—39　　　　　　　　　　　　　　　图 9—40

图 9—41　　　　　　　　　　　　　　　图 9—42

**【要求】** 此势名谓"拖刀上砍"，就是在前式提刀定势后，以右手一手握刀，由身后上翻，好像拖刀一样。所以一手拖刀上举，翻砍与上步转身压刀，上下协调一致。蓄势要蓄紧，翻身上纵下砍、步法落地与刀下砍要沉重有力。

**【用法】** 上步压刀，就是指在压住对方器械，使对方无法撤回而上抬挣扎之时，突然撤刀上纵翻身下砍，使对方在恍惚之时，受重刀劈砍。

# 第七式　全舞花

**动作一：** 接上势。重心左移，身体向右转135°，右脚经左脚内侧向后退步。随转身退步，以刀背领劲，向右后划弧至右侧，刀刃朝下，刀钻向右上；目视前方。（图9—43）

**动作二：** 接上势。重心右移，左脚微抬，脚尖外摆落于原处，身体左转90°；同时，以刀刃领劲由右下向上、向左下划一立圆，左手握中把置于右腋下，刀刃朝下，刀钻向右后上；目视左前略下方。（图9—44）

图9—43　　　　　　　　　　　　　　　图9—44

**动作三：** 接上势。松左胯，重心左移，身体左转90°，提右脚，经左脚内侧向前上一大步；同时，刀刃领劲，在身左侧向后、向上、向下划一立圆，刀刃朝下，刀钻朝右略上；目视右前下。（图9—45）

**动作四：** 左脚尖微外摆，身体左转180°，提右脚经左脚前往左侧上步；随转体上步，以刀刃领劲向左划弧；然后右脚尖内扣，提左脚经右脚后向右侧插步，同时身体再左转180°；以刀刃领劲，向上、向左下方继续划弧成一立圆，

左手握中把置于右腋下，刀刃朝下，刀钻向右后方；目视刀刃。（图9—46、图9—47）

动作五：接上动。以刀刃领劲，向下、向左、向后、向上、向前划一立圆。至前方偏右时，继续向右后划弧；同时，重心右移，右脚尖外摆，身体右转180°，提左脚经右脚内侧向前上步，刀刃朝上，刀钻朝左上，重心在左；目视刀刃。（图9—48、图9—49）

图9—45

图9—46

图9—47

图9—48

图9—49

398

**动作六**：接上势。刀刃领劲，再划立圆；同时右脚尖外摆，重心右移，身体右转 180°。提左脚，经右脚内侧向右上一大步；左手握中把置于右腋下，刀刃朝上，刀钻朝右后；目视刀刃。（图 9—50、图 9—51）

图 9—50

图 9—51

**动作七**：接上势。重心左移，脚尖内扣。身体右转 90°，提起右腿；同时刀刃领劲，随转体向上、向右后划弧，左手滑至下把，使刀刃朝后，刀钻朝上，双手握刀，置于右腿外侧；目视右前下方。（图 9—52）

**动作八**：接上势。身体右转 90°，右脚落地震脚，提左脚向左侧开步。同时随震右脚；以刀刃领劲，在身体右侧划一立圆，使右手单手握刀上把，紧贴右肋部，置于身体右侧；左手随开左步，微逆缠掤向左侧，掌心向左，指尖向上；随左手左掤，重心移至右脚；目视左手。（图 9—53、图 9—54）

图 9—52

**【要求】** 全舞花一势，按照分解动作做熟练后，应将动作连贯起来，一气呵成。在身体左右两侧抢舞花时，应顺势走，不能有横刀。要求步法、身法、刀花自然顺随。

**【用法】** 舞花是练习手、眼、身法、步法等拳术的基本要求，与刀法严密配合的方法之一，也是防守的一种方法。在古战场上，用刀、枪、棍，抢起舞花来御乱箭射身。此势是以防为主，待机出击。

图 9—53

图 9—54

## 第八式　一捆虎就地飞来

**动作一：**接上势，提右脚，以脚尖点地于左脚内侧，身体左转 45°；同时，以刀背领劲向前划弧，左掌回收，在右腋下接中把。上动不停。刀继续向右上划弧；同时重心右移，提左脚向左前 45°处上一大步；左手由中把滑至下把，双手举刀在右后上方，刀刃朝前，刀钻在左膝外侧朝下；目视前方。（图 9—55、图 9—56）

图 9—55

图 9—56

**动作二：**上动不停。重心左移；随移重心，右手由上把滑至中把，以刀刃领劲，向前、向左、向后、再向右下过头划一平圆。右手又滑至上把，刀刃朝前，刀钻朝左上；目视刀刃。（图 9—57、图 9—58）

图 9—57

图 9—58

【要求】身体下沉，刀从身前经头顶快速抢一平圆，要与裆、腰劲结合。

【用法】结合裆、腰、周身之劲，两手握刀钻部位，用刀刃横扫一圈，以解重围。

## 第九式　分鬃刀难遮难挡

动作一：接上势。以刀刃领劲不停，向前划弧；同时松左胯，左脚尖外摆，身体左转180°，提右脚，经左脚内侧向左侧上一大步，然后，重心右移；刀随向前划弧的惯性向上、向左下划弧。左手于右腋下以指虚握中把。刀刃在左下朝前，刀钻朝右上方；目视左下方。（图 9—59、图 9—60）

图 9—59

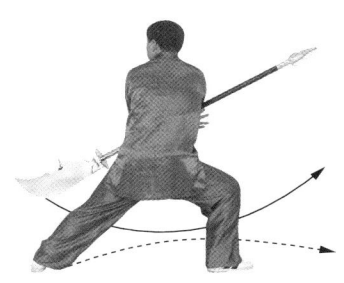

图 9—60

动作二：接上势。松右胯，右脚尖外摆，身体右转180°，提左脚，经右脚内侧向右侧上一大步；同时，握刀姿势基本不变，随转体上步向右划弧；目视刀刃。（图9—61）

动作三：接上势。上动不停。刀刃领劲向上、向右、向下再向前划弧；同时，当刀转到右腿外侧时，重心左移，左脚尖外摆，提右脚随刀向前上一大步。身体向左转180°，重心移至右腿；刀刃向上，刀钻向左；目视刀刃。（图9—62）

图9—61　　　　　　　　　　　图9—62

动作四：接上势。松左胯，重心左移，左脚尖外摆，身体左转90°，提右脚，经左脚前向左侧上一步；同时以刀刃领劲，向上、向左划弧，重心在右，左手握中把，置于右腋下；右手握上把使刀杆紧贴右臂部，刀刃朝下，刀钻朝后；目视刀刃。（图9—63）

动作五：上动不停。以刀刃领劲，向下、向左、向上、向右划一立圆；同时，左脚经右脚后向右插步，身体左转90°，下蹲成坐盘步；左手滑至下把，刀刃朝下，刀钻朝左；目视右方。（图9—64）

动作六：接上势。身体稍起，微左转。重心移至右脚，提左脚，右脚蹬地起跳，使身体在空中左转360°，然后，双脚左先右后落地震脚，重心在右脚；同时，左肘向上、向后捆劲，右手握刀，以刀刃领劲，随起跳翻身，在空中抡一立圆向下猛劈，力达刀刃，刀钻向左；目视刀刃。（图9—65、图9—66）

【要求】此势是分鬃刀接压刀翻身砍。身体向左转后，向前上三步。刀随上步，在身体左右两侧由下而上向前上方做分刀法时，必须达到步、身、刀协调一致。顺身立圆要自然，快速圆转。然后突然转身向后压刀翻身砍，完整一气。

图 9—63

图 9—64

图 9—65

图 9—66

【用法】动作是连续上步进攻法，如分乱马鬃一样。突然转身压刀翻身砍，是进攻背后来侵之敌。

## 第十式　十字刀劈砍胸怀

动作：接上势。重心左移，身体右转 90°，提右脚在左脚内侧处落地震脚，然后提左脚向左前方 45°处上步；同时以刀背领劲，向右后方划弧；震脚开左步后，松左胯，腰左转；以刀刃领劲，以右手为主，向左前方猛推发劲，刀刃朝左前，刀钻朝后；目视刀刃。（图 9—67、图 9—68）

403

图 9—67

图 9—68

【要求】屈膝松胯，塌腰松肩，劲力完整，力达刀刃，使刀身与步法成十字形，刀与胸平。

【用法】此势是在不用舞花时，垫步合力当胸推砍一刀。

## 第十一式　磨腰刀回头盘根

动作一：接上势。右手微逆时针旋转向上撂刀；左手微松把，使刀把落入手中后，刀刃不由向左转成向右；然后重心右移，身体右转，提左脚经右脚前向右上步，使身体右转180°；随转体以刀刃领劲，向右后旋转平腰抹刀一周（360°），刀刃朝后，刀钻朝左；目视左前方。（图9—69~图9—71）

动作二：接上势。重心左移，身体右转135°，右脚经左脚后向右后方插步，身体下蹲成坐盘步；同时，右手握上把稍前推，左手握下把，微向右后拉，使刀刃朝前，刀钻朝下，随身体下蹲置于右前方；目视正前方。（图9—72、图9—73）

图 9—69

图 9—70

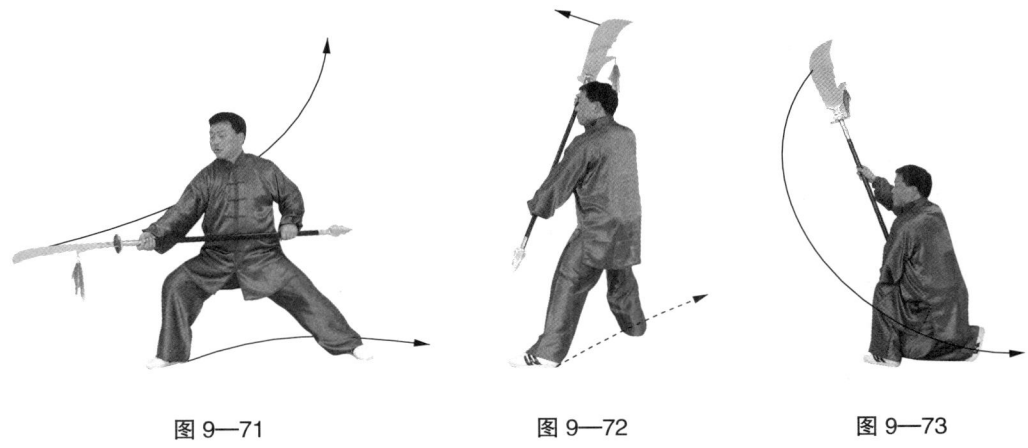

图9—71　　　　　　　图9—72　　　　　　　图9—73

【要求】磨腰刀平抹旋转时，要跳步快速转体，如旋风之速变下蹲蓄势，上下结合，专注一方。

【用法】此势是拦腰平抹势变下沉蓄势。

## 第十二式　舞花撒手往上砍

**动作一：**接上势。身体起立，左转75°；同时，以刀刃领劲，向左下方划弧，左手滑至中把置于右腋下，刀刃朝后，刀钻向右上方；目视前方。（图9—74）

**动作二：**接上势。右脚尖外摆，身体右转180°，提左脚，经右脚内侧向右上一大步；同时，以刀刃领劲，由左下向上、向右下划一立圆。左手滑至下把，刀刃朝上，刀钻朝左上；目视右侧。（图9—75）

图9—74

图9—75

405

**动作三：** 上动不停。右脚尖外摆，身体右转180°，提左脚，经右脚前向右侧上步；同时，以刀刃领劲，随转身上步在胸前划一立圆，左手由下把滑至中把置于右腋下。刀刃朝上，刀钻朝右上；目视刀刃。（图9—76）

**动作四：** 接上势。重心微左移，右脚向右侧开步，随即左脚经右脚后向右插步，身体下蹲；同时，以刀刃领劲，向上、向右侧划弧，刀刃朝下，刀钻朝左，左手滑至下把握刀；目视右下方。（图9—77）

图9—76　　　　　　　　　　　　　图9—77

**动作五：** 接上势。身体稍起，微左转，重心移至右脚，提起左脚。右脚蹬地起跳，身体在空中左转360°。双脚左先右后落地震脚，重心偏右；随起跳翻身，左手握下把微向上、向后捋劲；右手握刀上把，以刀刃领劲，在空中抢一立圆下劈，和右脚震脚同时完成，力达刀刃，刀钻向左；目视刀刃。（图9—78、图9—79）

图9—78　　　　　　　　　　　　　图9—79

【要求】旋转时，以刀领劲，身随刀转，步随刀走，上下相合，起跳自然，劈刀有力，步法稳健。

【用法】在舞花防守的同时，待机上步压刀，翻身劈刀定势，纵跳转身360°，连劈带砍。

## 第十三式　举刀磨旗怀抱月

**动作一**：接上势。右手微内旋，左手微外旋，使刀刃朝上，领劲向上、向左下划弧，两臂交叉于胸前；随即右脚尖外摆，身体右转180°，提左脚经右脚尖前向右侧上步；刀刃领劲，随转体继续划弧至左上前方，双手右上左下握刀，使刀刃朝右上，刀钻朝右下方；目视前方。（图9—80、图9—81）

图9—80

图9—81

**动作二**：上动不停。松左胯，左脚尖内扣，身体右转180°，右脚经左脚后向左侧倒步；同时，刀刃领劲，继续向后划弧，刀刃朝上，刀钻朝左上；目视刀刃。（图9—82）

**动作三**：接上势。身体微左转，左脚收回，以脚掌着地于右脚旁；同时，刀刃领劲向上划弧至上方，双手举刀至身体右侧，然后以整个刀体向前推发劲，以右手握上把（刀之重心）发劲为主，刀刃朝前，刀钻向下；目视前方。（图9—83、图9—84）

图9—82

动作四：接上势。以刀背领劲，向右侧后方划弧至腰部高度时，转为刀刃领劲，继续向下、向前划弧，双手左上右下交叉握刀，左手握中把贴于右臂之上，刀刃朝上，刀钻向后；下肢姿势基本不变；目视前方。（图9—85、图9—86）

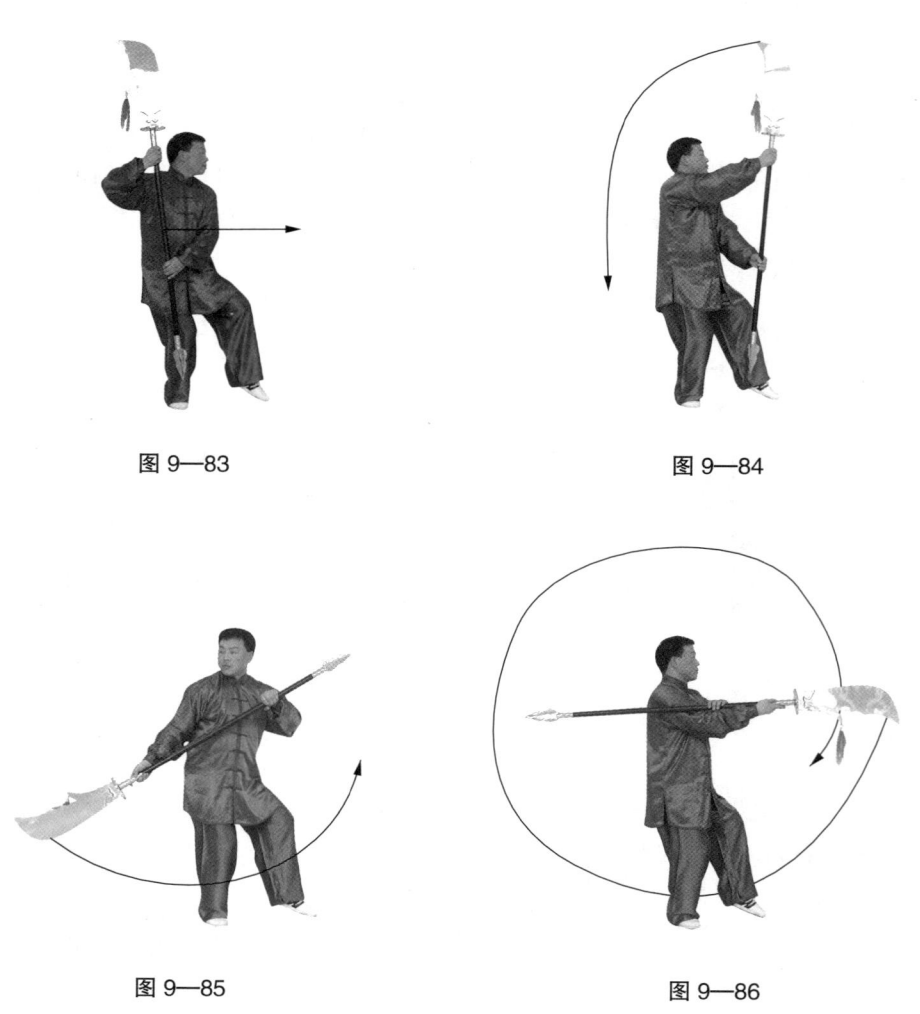

图9—83　　　　　　　　　　　　　　　图9—84

图9—85　　　　　　　　　　　　　　　图9—86

【要求】舞花旋转推刀，要屈膝松胯，合力蓄刀。推刀结合周身迅猛有力。磨旗刀在身右侧划立圆要旋转自然。

【用法】蓄身发力，挡格对方器械。磨旗刀以右手为轴，旋转自然。此动为蓄守之势。

## 第十四式　舞花撤手往下砍

**动作一：**接上势。左脚稍提起，脚尖外摆置于原地；同时，以刀背领劲，由前向右下划弧，至右后时转为以刀刃领劲继续划弧，由右后方向上、向左前下方；然后重心左移，身体左转90°，提右脚，经左脚内侧向前上一步；同时，以刀刃领劲，向左、向下、向后、向上、向前划立圆，刀刃朝下，刀钻向左；目视右前方。（图9—87、图9—88）

**动作二：**接上势。左脚尖外摆，身体左转180°，提右脚，经左脚内侧向左上一步，左脚外摆，身体向左转180°，提右脚向左侧上一步，然后重心右移，提左脚，经右脚后向右侧插步，成坐盘步；同时，双手握刀姿势基本不变，以刀刃领劲划一立圆，使刀刃朝下，刀钻向左；目视刀刃。（图9—89、图9—90）

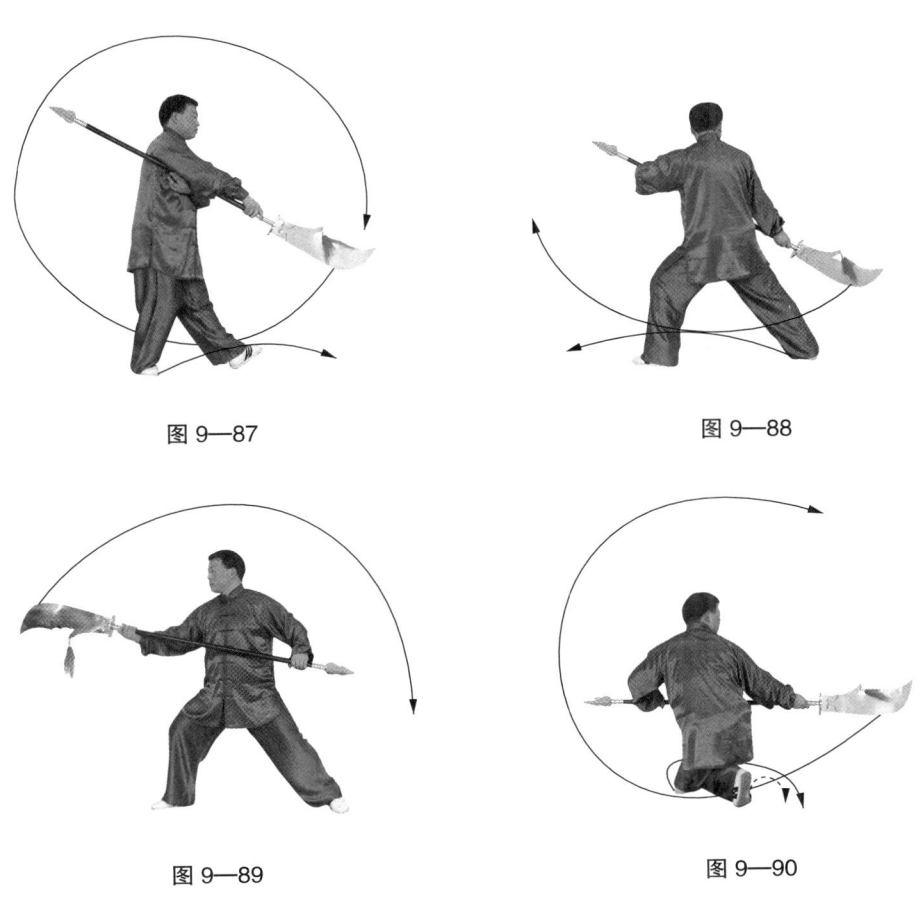

图9—87　　　　　　　　　　　　图9—88

图9—89　　　　　　　　　　　　图9—90

**动作三：** 紧接上势。身体稍起，微左转，重心移至右脚，提起左脚，随即右脚蹬地起跳，使身体在空中左转360°。双脚左先右后落地，重心偏右；随身体腾空左转，左手握下把微向上领劲，以助起跳之势；右手握刀，以刀刃领劲，在空中抡圆下劈，力达刀刃；目视刀刃。（图9—91、图9—92）

图9—91

图9—92

**【要求】** 旋转要圆活自然，步法要灵活稳健，压刀下沉，翻身劈砍要快速有力。

**【用法】** 练习刀身一致，起跳快速轻灵，劈砍刀力猛步稳。

## 第十五式　落在怀中又抱月

**动作：** 接上势。松右胯，右脚尖内扣，身体左转90°，左脚回收，以脚尖点地于右脚左前方；同时，随转身，以刀刃领劲，在身体右侧由下向上划半弧，高与胸平，右手心朝上握上把，左手心向下握中把贴于右上臂之上，刀刃朝上，刀钻朝后；目视前方。（图9—93）

**【要求】** 转身自然，刀随身转，身端步稳，虚实分明。

**【用法】** 转身托刀，蓄势待发。

图9—93

## 第十六式 全舞花刷刀翻身砍

**动作一：** 接上势。提起左脚，脚尖外摆置于原地；同时，以刀背领劲，使刀在身体右侧划一立圆，划至上方时转向左前方变为刀刃领劲；然后重心左移，身体左转90°。提右脚，经左脚内侧向前上一步，以刀刃领劲，继续向右划弧，重心在左，左手虚握中把，置于右腋下，刀刃朝上，刀钻向右上方；目视刀刃。（图9—94、图9—95）

图9—94            图9—95

**动作二：** 接上势。松左胯，左脚尖外摆，身体左转180°，提右脚，经左脚前向左侧上步；同时，刀继续向上、向右后、向下划一立圆；然后重心右移，脚尖内扣，身体左转180°，提左脚，经右脚后向右侧插步；随身体左转，以刀刃领劲，向上、向左下划一立圆，左手握中把，置于右腋下；目视左方。（图9—96、图9—97）

**动作三：** 接上势。右脚尖上翘外摆；以刀刃领劲向上、向右下划弧；然后重心右移，身体右转180°，提左脚，经右脚内侧向右上步；随转体，刀刃领劲向右后、向上、向左方划一立圆，左手握中把，贴于右腋下，刀刃朝右，刀钻朝右后上方；目视左下方。（图9—98、图9—99）

**动作四：** 接上势。松右胯，右脚尖外摆，身体右转180°；握刀姿势基本不变；然后重心右移，提左脚，经右脚后向右侧插步成坐盘步；同时，以刀刃领劲，向上、向右下划弧，使刀刃朝下，刀钻朝左；目视刀刃。（图9—100、图9—101）

图 9—96

图 9—97

图 9—98

图 9—99

图 9—100

图 9—101

**动作五：**接上势。身体微左转，重心移至右脚，身体稍起，提左脚，右脚蹬地上跳，身体在空中左转360°，双脚左先右后落地，右脚震地有声；同时，左手微向上领劲，双手握刀，在空中抢一立圆后向下劈砍，与右脚震脚同时完成。刀刃朝下，刀钻向左；目视刀刃。（图9—102~图9—104）

图9—102　　　　　　　　图9—103　　　　　　　　图9—104

【要求】 "刷刀"为竖立的意思。刷刀的练法应是刀钻扎地，刀头向上，双手握中下把，头朝下脚朝上从刀上翻过，再翻身劈砍。这种练法难度较高，现图改为压刀翻身砍，要求身械协调翻身灵敏，劈刀有力。

【用法】压刀劈砍。

## 第十七式　刺回一举吓人魂

**动作一：**接上势。右脚尖外摆，身体右转180°，提左脚，经右脚前向右侧上步，再松左胯，左脚尖内扣，身体右转180°，右脚经左脚后向左后倒步；同时，使刀尖转向后，以刀尖领劲，随身体右转平抹至近360°时，将刀往上举，刀刃朝前，刀钻朝下置于胸前右方；重心在右，左脚点地成丁八步；目视前方。（图9—105、图9—106）

**动作二：**接上势。微松左胯，腰微左转；以右手为主向前推刀发劲，刀刃朝前，刀钻朝下；目视前方。（图9—107）

【要求】 此势在右转身平抹时，两手应先跌刀换劲，使刀平行，刀尖领劲，随跳步变换旋转一周，再蓄势发力。

【用法】用刀尖后转平刺，变推刀发力。

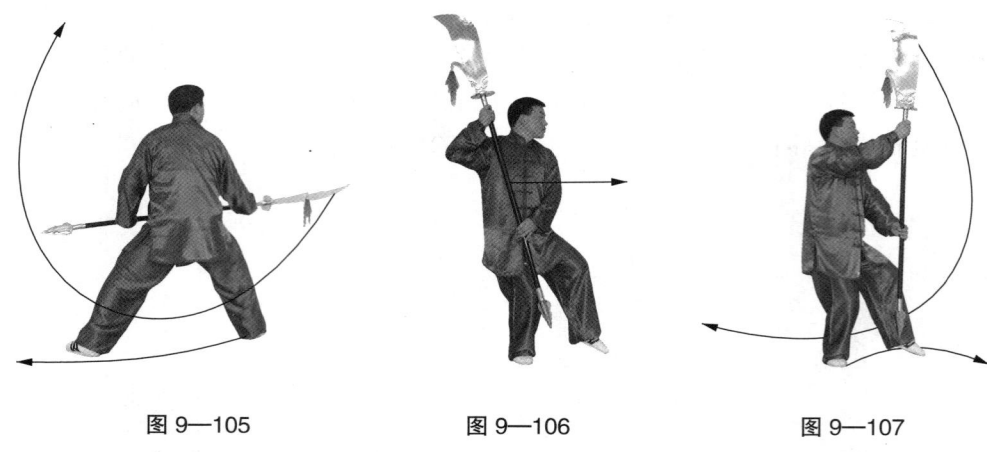

图 9—105　　　　　　图 9—106　　　　　　图 9—107

## 第十八式　舞花往左定下势

**动作一**：接上势。重心稍右移，左脚尖外摆，身体左转 90°，重心左移，提右脚，经左脚内侧向左上步；同时，以刀刃领劲，向左下后划弧。然后左脚尖外摆，身体左转 180°，提右脚往左方上步；同时，以刀刃领劲，随转身上步再划一立圆，重心在右脚，刀刃朝上，刀钻向右；目视刀刃。（图 9—108、图 9—109）

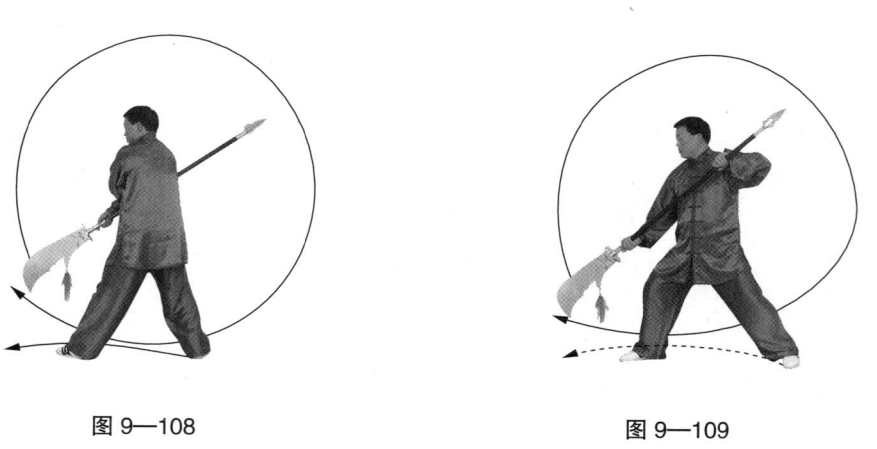

图 9—108　　　　　　　　　　　图 9—109

**动作二**：上动不停。松右胯，脚尖内扣，身体左转 180°，左脚经右脚后向

右侧倒步；同时，以刀刃领劲，随转身倒步向上、向前、向左下划一立圆，刀刃朝上，刀钻向右上；目视右前方。（图9—110）

**动作三：**上动不停。左脚尖内扣，重心移至左脚，身体右转90°，提起右脚；同时，以刀刃领劲，向上、向前、向右下划一立圆，刀刃朝前，刀钻朝上；目视前方。（图9—111）

图9—110　　　　　　　　　　图9—111

**动作四：**接上势。身体右转45°，右脚落地震脚，提左脚向左前方上步；同时，以刀背领劲向右后稍举；然后松左胯，腰左转；以刀刃领劲，向左前下方发劲，刀钻朝后；目视前下方。（图9—112、图9—113）

图9—112　　　　　　　　　　图9—113

**【要求】**重心左移，周身合力，向左前下方切（截、拦）刀。震脚有声，切刀有力。

**【用法】**合力下切刀法。

# 第十九式　白云盖顶又转回

**动作一：**接上势。重心右移，身体右转45°；同时，以刀刃领劲，向下、向右、向上、再向左划一立圆；然后提左脚向右上步；同时，以刀刃领劲，随转身上步向右划弧，刀刃朝上，刀钻朝右，左手虚握中把，置于右腋下；目视刀刃。（图9—114、图9—115）

图9—114

图9—115

**动作二：**上动不停。松左胯，脚尖内扣，身体右转90°，提起右脚；同时，以刀刃领劲，向上、向前、向右、向右下划圆；然后身体右转90°；以刀刃领劲，在身体右侧划一立圆，右手持刀，置于身体右侧，左手离把后，立掌置于胸前，前臂松沉撑圆，掌心向右，指尖向上；同时，右脚落地震脚，提起左脚；刀刃朝后，刀钻朝上；目视右侧。（图9—116、图9—117）

**动作三：**接上势。向左侧开左步，重心左移；随移重心，左手向左侧掤，高与肩平，掌心向左，指尖向上；随左手掤劲，右手持刀微内旋，使刀把贴于右臂后侧；目视前方。（图9—118）

图9—116

图9—117

图9—118

【要求】转身旋转提刀，要转身灵活，提刀定势，稳重大方。

【用法】凡提刀势，如同拳架中的"单鞭"势，乃定势全力之举，意示变换姿势的"中转站"。

## 第二十式　舞花翻身往上砍

**动作一：** 右手持刀微外旋，单手举刀，使刀刃朝左，刀钻朝下，中把高度与头平，贴于右肘内，下把贴于右肋部；目视左侧。（图9—119）

**动作二：** 接上势。左脚尖外摆，身体左转180°，提右脚，经左脚前向左侧上一大步；同时，以刀刃领劲，向左侧劈刀，左掌迎接中把于右腋下，刀刃朝下，刀钻朝后；目视右前方刀刃。（图9—120）

图9—119

图9—120

**动作三**：接上势。重心左移，右脚向右稍开步，重心再右移，提左脚，经右脚后向右侧插步下蹲；同时，以刀刃领劲，在前面划一立圆，左手由中把滑至下把，刀刃朝下，刀钻朝左；目视右侧。（图9—121）

图 9—121

**动作四**：接上势。身微左转，重心右移；左手微向后上领劲。然后提左脚，右脚起跳，使身体在空中左转360°，双脚左先右后落地震右脚；随起跳翻身，双手握刀，以刀刃领劲，在空中划一立圆下砍，刀刃朝下，刀钻向左；目视右下方。（图9—122、图9—123）

图 9—122

图 9—123

【**要求**】举刀翻身砍要动作迅速，威武有力。

【**用法**】上步拦截，压刀再砍。

## 第二十一式　再举青龙看死人

**动作一**：接上式。以刀刃领劲，向上、向左下划弧；然后右脚尖外摆，身体右转180°，提左脚，经右脚前向右侧上一大步；随转身，以刀刃领劲向右上划

弧，左手虚握中把于右腋下，刀刃朝上，刀钻朝右后；目视刀刃。（图9—124）

动作二：接上势。左脚尖内扣，身体右转90°，右脚经左脚后向左侧插步；随转身，以刀刃领劲，向上、向右下后划弧，继续向上划弧；随向上划弧举刀，重心右移，左脚收回于右脚内侧，脚尖点地；刀刃朝前，刀钻朝下；目视前方。（图9—125、图9—126）

图9—124

图9—125

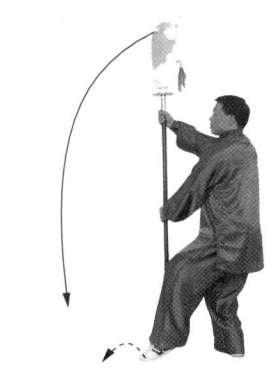

图9—126

【要求】向上撩刀上步、转体推刀要协调一致。

【用法】撩拨转身，当胸推刀。

## 第二十二式　舞花往右定下势

动作一：接上势。左脚提起。脚尖外摆落地，重心左移，身体左转90°，提右脚，经左脚内侧向左方上步；随转身上步，以刀刃领劲，向左下、向左、向上、向右划圆，左手由中把稍向下滑。刀刃朝下，刀钻朝左；目视右下方。（图

9—127、图9—128）

　　**动作二**：上动不停。左脚尖外摆，身体左转180°，提右脚向左侧上步；以刀刃领劲，向左划弧；然后，右脚尖内扣，身体左转180°，左脚向右侧插步；以刀刃领劲，随转身向上、向左下、向后划圆，左手虚握中把于右腋下，刀刃朝上，刀钻向右；目视刀刃。（图9—129、图9—130）

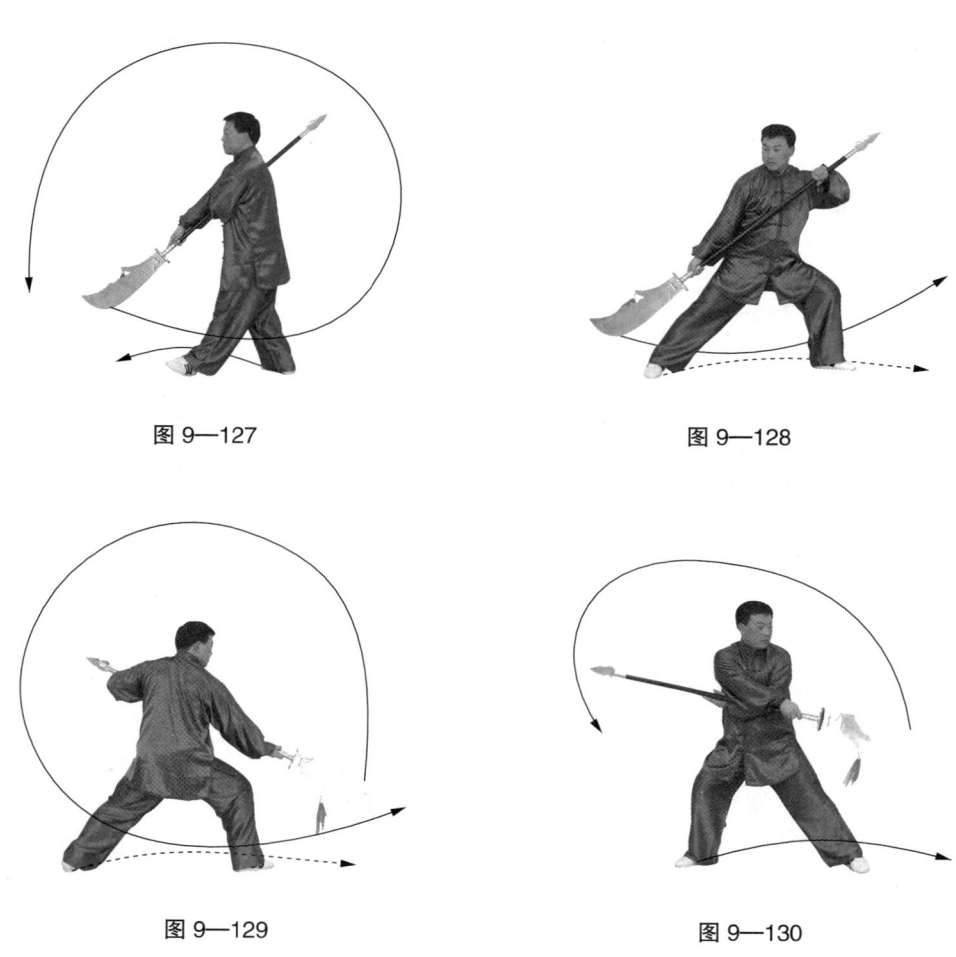

图9—127　　　　　　　　　　　　图9—128

图9—129　　　　　　　　　　　　图9—130

　　**动作三**：接上势。左脚尖内扣，身体右转90°，提起左脚；同时，以刀刃领劲，向上、向右下划弧，左手滑至下把，刀刃朝前，刀钻朝右上方；目视前方。（图9—131）

　　**动作四**：上动不停。身体右转45°，震右脚，提左脚向左前上步，随即重

420

心前移，身体左转，拧腰扣裆；刀背领劲，稍向右后带，随拧腰扣裆；刀背领劲，稍向右后带，随拧腰扣裆，以刀刃领劲，向左前下方推出，刀钻朝左后；目视左前下方。（图9—132、图9—133）

图9—131

图1—132

图9—133

【要求】旋转自然，震脚上步切刀有力、完整。

【用法】合力下切刀法。

## 第二十三式　白云盖顶又转回

　　**动作一：**接上势。重心右移，腰微右转；同时，以刀刃领劲，向右、向上，再向左划圆；然后，身体右转180°，提左脚向右侧上步；随转身上步，使刀向右自然划弧。左手虚握中把于右腋下，刀刃向右下，刀钻朝右上；目视刀刃。

（图9—134、图9—135）

**动作二：** 上动不停。重心左移，身体右转135°，提起右脚；刀由左下向上、向右下划圆，左手滑至下把，刀刃转后，刀钻向左上；目视前方。（图9—136）

**动作三：** 上动不停。震右脚，提左脚；同时，以刀刃领劲，向上、向右前、向右下、向后划圆，左手离把，右手持刀；然后，向左侧开左步，重心左移；左手向左侧捌出；右手持刀，使刀把贴于肘外侧，刀刃向右上，刀钻向左上方；目视前方。（图9—137、图9—138）

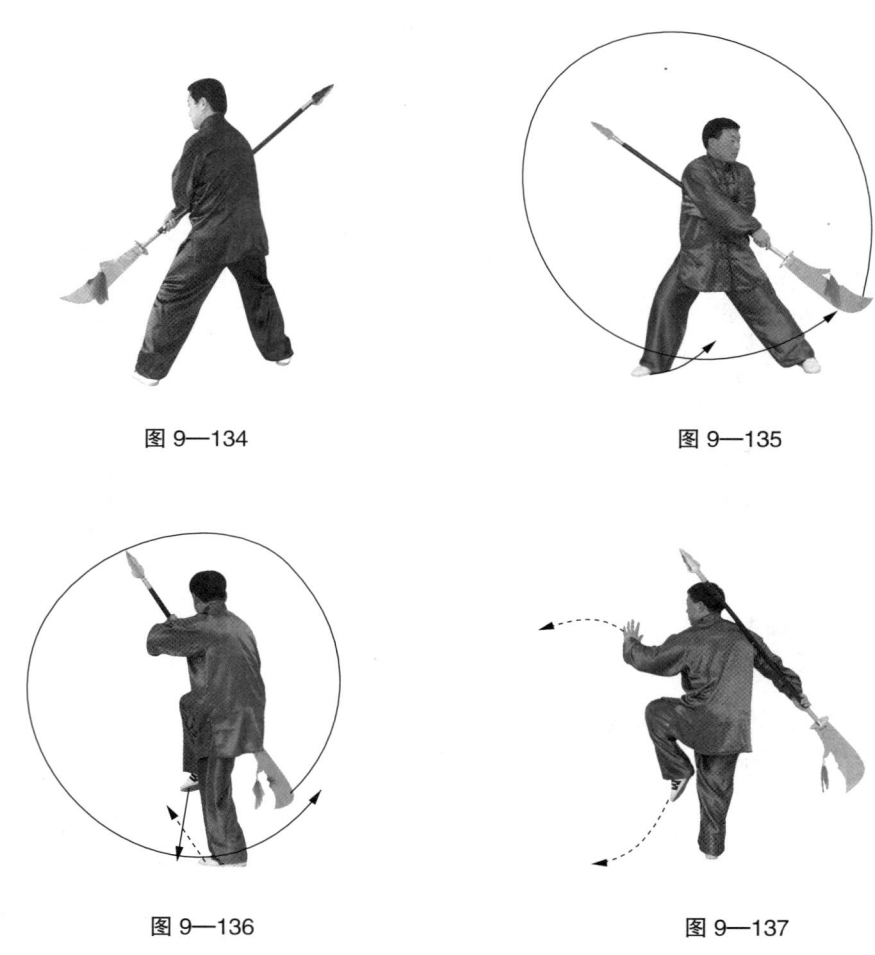

图9—134

图9—135

图9—136

图9—137

**【要求和用法】** 同前边"白云盖顶又转回"一式。

图 9—138

## 第二十四式　　递酒挑袍猛回头

**动作一：**接上势。右手持刀，微外旋，单手举过头；提右脚，经左脚前向左侧上一大步；同时，刀向左方下劈，左手接中把于右腋下，刀刃朝下，刀钻向左方；目视右侧刀刃。（图9—139、图9—140）

图 9—139

图 9—140

**动作二：**上动不停。刀刃领劲，向前下、向左、向上、向右划一立圆，使刀刃向前；然后左脚经右脚后向右侧插步，身体下蹲成坐盘步；同时，刀尖向右刺，双手平举，刀高过头，刀刃朝前，刀钻向左；目视右方。（图9—141、图9—142）

**动作三：** 接上势。身体稍起，左转180°；左手离把，以虎口轻抚于左腰间；右手持刀，微外旋，使刀刃向上，单手举刀向左上方发劲；目视左上方。（图9—143、图9—144）

图9—141　　　　　　　　　　　　　　图9—142

图9—143　　　　　　　　　　　　　　图9—144

**动作四：** 接上势。左脚尖外摆，身体左转180°，提右脚，经左脚前向左方上步；同时，以刀刃领劲，使刀以右手为中心，随转体上步划一立圆，左手接住下把；然后重心右移，左脚向右脚内侧靠拢，脚尖点地；同时，刀尖向右侧上方发劲，刀刃朝下，刀钻向左，双手举刀过头；目视右上方。（图9—145、图9—146）

**动作五：** 接上势。左脚提起，身体左转90°；同时，左手持下把，右手向上推刀，使刀落于左肩，右手推刀后虚握拳，收回至胸前。提左脚、刀落左肩、收右手三者要同时完成。刀刃朝下，刀钻朝前；目视右方。（图9—147、

图 9—148）

图 9—145

图 9—146

图 9—147

图 9—148

　　**动作六：**接上势。左肩扛刀姿势基本不变，目视右方不变；向前方先上左步，再上右步，提起左脚。（图 9—149、图 9—150）

　　**【要求】**此势动作比较复杂。图 9—142 "递酒势"，身要下蹲，刀高过头，刀要平稳。图 9—146 "挑袍势"，以刀尖领劲，两手上托，屈膝下沉，然后背刀回头走三步。行步甩臂，舒展洒脱，协调一致。

　　**【用法】**"递酒"是假象，诱敌深入，突然转身单臂架刀上击，然后转身上步用刀尖上挑、背刀回头败走也是一种败中取胜的姿势。

图 9—149

图 9—150

## 第二十五式　花刀转下铜判竿

**动作一：** 接上势。左脚向前方上步，随之重心前移；右手自然后摆，然后左手下压，左肩微上抬，使刀由左肩向上起，然后向右下落，由右手上迎接住上把，刀刃朝下，刀钻向左偏下；目视右上方。（图9—151~图9—153）

**动作二：** 接上势。左脚尖内扣，身体右转180°，提右脚，经左脚后向左插步；同时，以刀刃领劲，向后、向下、向右、向上划一立圆，刀刃向左，刀钻向右下方；目视左上方。（图9—154、图9—155）

图 9—151

图 9—152

图 9—153

图 9—154

图 9—155

**动作三：**接上势。右脚尖外摆，身体右转 180°，提左脚，经右脚前向右方上步；双手握刀姿势基本不变，随转体向下、向右上划弧，刀刃向上，刀钻向右下方；目视左上方。（图 9—156）

**动作四：**接上势。左脚内扣，身体右转 180°，提右脚，经左脚后向左方插步；同时，以刀刃领劲，向上、向右后划弧；然后重心右移，身体左转 90°，左脚向右脚内侧回收，脚尖点地；同时，刀继续向上划弧，右手稍向下滑把，双手举刀于胸前，刀刃朝前，刀钻朝下；目视前上方。（图 9—157、图 9—158）

图 9—156

图 9—157

图 9—158

【要求】接上势背刀败走之势，突然将刀从左肩撩起过头，右手在前面接刀，迅速转身、跳步转刀举起、虚步定势时，要身灵步稳速度快，虚实分明上下合。

【用法】在旋转中凌空俯视辨认虚实，当机立断。

# 第二十六式　舞花双脚谁敢阻

**动作一**：接上势。左脚微提，脚尖外摆，以脚跟落地；重心前移，身体左转90°，提右脚，经左脚内侧向前上步；同时，以刀刃领劲，向左下、向上、向右划圆，刀刃向下，刀钻朝左上；目视刀刃。（图9—159、图9—160）

图9—159

图9—160

**动作二**：上动不停。松左胯，左脚尖外摆。身体左转180°，提右脚，经左脚内侧向左方上一大步；同时，刀刃领劲，随转体向左方划弧；然后右脚尖内扣，身体左转180°，提左脚经右脚后向右方插步；以刀刃领劲，向上、向左下划圆，左手滑至中把置于右腋下，刀刃朝左，刀钻朝右上方；目视右下方。（图9—161、图9—162）

**动作三**：接上势。右脚尖外摆，重心右移，身体右转90°，左脚向前上步；同时，以刀刃领劲，向上、向前、向右后划立圆，右手离把以掌上举于面前，左手接住上把，单手提刀于身左侧后方，刀刃

图9—161

朝后，刀钻朝上；目视前方。（图9—163）

图9—162

图9—163

**动作四：**接上势。重心前移，右脚上踢；同时，右掌下拍迎击；然后右脚落于前方，重心前移；同时，左手外旋，以刀刃领劲向上划弧，右手迎接中把左肋旁，刀刃朝前，刀钻朝左下方；目视前方。（图9—164、图9—165）

图9—164

图9—165

**动作五：**上动不停。右脚尖外摆，身体右转180°，提左脚，经右脚内侧向右侧上步；同时，以刀刃领劲，向右下、向右、向上、向左下划立圆，刀刃朝

前，刀钻朝右上，重心在右脚；目视刀刃。（图9—166、图9—167）

**动作六**：接上势。右脚尖外摆，身体右转180°，提左脚，经右脚内侧向右上步；同时，以刀刃领劲向右划弧；然后身体右转90°，右脚经左脚后向左侧倒步，重心右移，左脚稍回收，脚尖点地；同时，以刀刃领劲，向上、向右下划弧，左手稍向中把滑，右手脱离下把握住上把，左手握中把，置于右肋旁，刀刃向下，刀钻向后偏上；目视前下方。（图9—168、图9—169）

图9—166　　　　　　　　　　　　　　图9—167

图9—168　　　　　　　　　　　　　　图9—169

**动作七**：接上势。重心前移，右脚向前一步。重心右移；同时，右手持刀，自然向右后使中把，贴于肘部逆缠下沉；左手离把，以掌上举，高与头平，刀刃朝后，刀钻朝上；目视前方。（图9—170）

**动作八**：接上势。左脚上踢，左掌迎击，左脚落于身前，重心落于左脚，提

430

右脚向前上步，身体左转 90°；同时，以刀刃领劲，随身体左转向上、向前、向左下划一立圆，左手虚握中把于右腋下，刀刃向上，刀钻向右偏上；目视刀刃。（图 9—171、图 9—172）

　　**【要求】** 此势是整个套路中唯一的手足结合（拍击）动作，要转换灵活，虚实分明，左右把结合严密。

　　**【用法】** 左右踢脚，在左右手配合之下，根据实际情况，踢、蹬、踹等腿法均可使用，是刀法与腿法配合运用的一种。

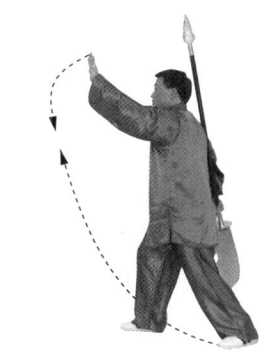

图 9—170

图 9—171

图 9—172

## 第二十七式　花刀转下铁门栓

　　**动作一：** 接上势。松左胯，脚尖外摆，身体左转 180°，提右脚向左侧上步；同时，随身体左转，以刀刃领劲，向上、向右、向下、再向左划一立圆，刀刃向上，刀钻朝左偏上；目视刀刃。（图 9—173）

　　**动作二：** 上动不停。重心右移，右脚尖内扣，身体左转 90°；随转体，左脚经右脚后向右侧倒步；同时，以刀刃领劲，向上、向左后划弧，刀刃朝前，刀钻朝右，双手右上左下交叉握刀，平置于胸腹前，重心在前；目视前方。

（图 9—174）

图 9—173　　　　　　　　　　　　　　图 9—174

【要求】刀随身转后将刀身平端于胸前，身端步稳。

【用法】旋转后，两手交叉将刀平端胸前向前横击，以阻拦面前众敌前进。

## 第二十八式　卷帘倒退难遮闭

动作一：接上势。重心左移，身体左转 90°；以刀刃领劲，向左后划弧；然后左脚尖内扣，身体右转 135°；同时，刀背领劲，随转体向上、向右下、向后划圆，刀刃朝下，刀钻向左前；目视左前方。（图 9—175、图 9—176）

动作二：接上势。右脚尖内扣，身体左转 135°，左脚向后倒步；同时，以刀刃领劲，向上、向左后划圆，左手虚握中把置于右腋下，刀刃朝下，刀钻向右上；目视左下方。（图 9—177）

图 9—175

【要求】卷帘倒退，也就是舞花倒退，刀在身体左右两侧划弧，抡圆后退，要身、械、步协调一致。

【用法】此势乃退中防守之法，用快速抡刀以护身，侍机出击。

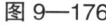

图 9—176

图 9—177

## 第二十九式　十字一刀往上举

**动作一：**接上势。左脚尖内扣，身体右转 90°，提起右脚；同时，以刀背领劲，向上、向右下划圆，左手由中把滑至下把，刀刃朝前，刀钻朝左上；目视前方。（图 9—178）

**动作二：**接上势。右脚落地震脚，提左脚向左前上步；同时将刀向右上举起，左手向中把稍滑，刀刃朝前，刀钻朝下；目视前方。（图 9—179）

图 9—178

图 9—179

**动作三：**接上势。重心前移，腰左转；随转腰向左前下方劈刀；然后提起右脚，腰向右转；同时，以刀背领劲，向右、向后上划弧，刀刃朝前，刀钻朝前下；目视前方。（图 9—180、图 9—181）

433

**动作四：**接上势。右脚落地有声，提左脚向左前上步，重心前移；同时双手持刀，向前方推出发劲，发劲和前移重心同时完成，刀刃朝前，刀钻朝下；目视前方。（图9—182）

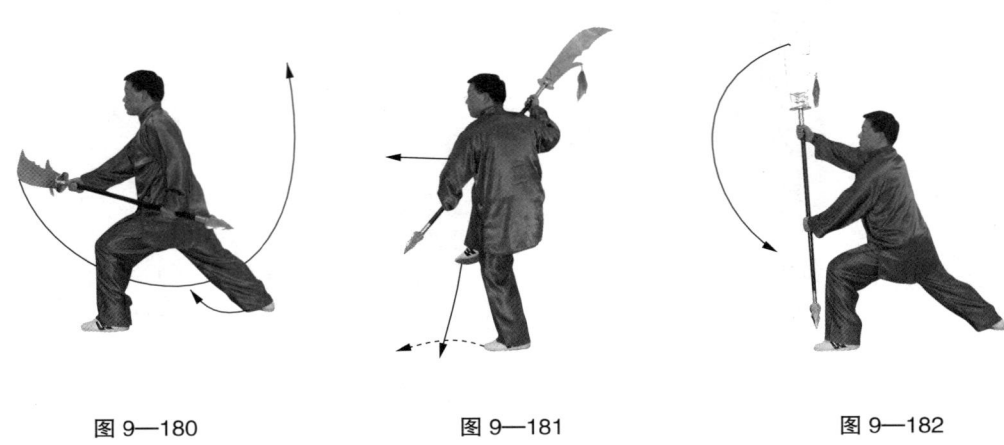

图9—180　　　　　　　　图9—181　　　　　　　　图9—182

**【要求】**此势与前边"十字刀"相似，刀与步成十字形，身端步稳，劲力完整。上步竖刀前推，要快速有力。

**【用法】**此势是连续两个用法，一个下切刀，一个前推刀，都要协调有力。

# 第三十式　翻身再举龙探水

**动作一：**接上势。以刀刃领劲，在身左侧向左下、向前划弧；重心右移，提左脚向前垫一小步，然后右脚尖内扣，身体右转270°，右脚随转体向后倒步；同时，以刀刃领劲，向上、向后下划圆，刀刃朝后，刀钻朝左上。重心在左；目视刀刃。（图9—183、图9—184）

**动作二：**接上势。重心后移；刀往右上举起，左手向后稍推后离把，以立掌置于腹前；右手持刀，使刀钻由下向后、向上转，刀刃朝前，刀尖朝下；目视前方。（图9—185、图9—186）

**动作三：**接上势。重心前移，腰微左转；右手持刀，随移重心转腰，向右前上方推出发劲；然后重心后移，左脚向后收于右脚内侧；同时，刀刃领劲向上转，左手迎接中把，刀下落于右脚外侧，刀刃朝前，刀钻着地，左手离把，以掌自然置于左腿外侧；目视前方。（图9—187~图9—189）

图 9—183          图 9—184          图 9—185

图 9—186          图 9—187          图 9—188          图 9—189

【要求】提刀转身上推，要周身结合，劲力完整。刀尖朝前下有龙吸水之势。回刀收势，屈膝并步，放松下沉，气归于源。

435

**图书在版编目（CIP）数据**

陈式太极拳全书. 上卷 / 陈正雷著. -- 北京 : 人民
体育出版社, 2008（2021.12重印）
ISBN 978-7-5009-3504-9

Ⅰ. ①陈… Ⅱ. ①陈… Ⅲ. ①太极拳—基本知识
Ⅳ. ①G852.11

中国版本图书馆CIP数据核字(2008)第110598号

\*

人民体育出版社出版发行
北京盛通印刷股份有限公司印刷
新 华 书 店 经 销
\*
787×960 16开本 28.5印张 520千字
2009年6月第1版 2021年12月第8次印刷
印数：30,001—32,500册
\*
ISBN 978-7-5009-3504-9
定价：85.00元

社址：北京市东城区体育馆路8号（天坛公园东门）
电话：67151482（发行部） 邮编：100061
传真：67151483 邮购：67118491
网址：www.sportspublish.cn
（购买本社图书，如遇有缺损页可与邮购部联系）